ドイツ現物出資法の展開

久保寬展 著

成文堂

はしがき

　本書は，ドイツの現物出資をめぐる議論を参考にして，若干の日本法への示唆を検討したものである。商法は，近年，毎年改正されており，今年は「会社法制の現代化」も予定されている。現物出資制度についてみても，これまで，少額財産や客観的価値が確立している財産などについて，主として検査役の調査が簡易化される方向で改正されてきた経緯がある。本来，現物出資の目的物は金銭と同様の尺度を有しないことから，その価値を担保するために，裁判所により選任された検査役が目的物の価値を調査することによって，検査役（国家）がいわばお墨付きを与えてきた。従来の説明からすれば，会社の責任財産を確保する観点（債権者保護）から，この調査が法律上要求されていることになる。しかしながら，その反面，この調査には時間と費用がかかるので，あまり利用されてこなかったという背景がある。それゆえ，現物出資を利用し易い制度にするには，検査役制度の要件を緩和する必要があったのである。「会社法制の現代化に関する要綱試案」においても，現物出資について検査役の調査を要しない場合が検討されている。

　しかし，依然として，検査役の調査が要求されることを前提にすれば，検査役の調査に関連して2つの問題が生じる。まず，出資者にとって負担が多いといわれる検査役の調査を何らかの方法によって回避して，結果的に現物出資を実現できないのかという問題である。次に，緩和の方向にあるにもかかわらず，この調査が要求される場面とは，とくにどのような場合かという問題である。比較法的にみれば，ドイツでは，前者の問題については，「隠れた現物出資の理論」として議論されており，他方，後者の問題については，商標権などの無体財産権やそのライセンスを現物出資する場合において議論されている。そうであれば，これらドイツの議論を検討することは，少なくともわが国でも何らかの示唆を得られる部分があるのではないかと思われ

る。本書は，このような単純な疑問に基づき検討を進めたものである。検討の順序としては，まず，総論として，ドイツにおける現物出資制度の沿革，ならびにドイツにおける現物出資制度の利用の実態を扱い，次に，各論として，現物出資規制の潜脱方法としての隠れた現物出資の問題，および主として商標を対象とした利用権の現物出資の問題を扱う。以上の考察から，現物出資規制の潜脱の可能性と，検査役の調査が要求される場面という2つの問題を明らかにしたい。

ただし，「会社法制の現代化に関する要綱試案」でも検討されているように，最低資本金制度が崩れかけている現在では，現物出資制度について，少なくとも現物出資にかかる会社の責任財産の確保自体の意義が検討を迫られよう。さらに，これに関連して検査役の調査の意義自体についての整理も必要となる。したがって，今後の展開には，注目していかなければならない部分が多いと思われる。本書の内容に不十分な部分があることは，筆者が強く感じているところであり，不安もあるけれども，今後の検討課題とせざるをえない。

本書は，筆者が大学院時代に同志社法学において公表したものを一つにまとめ，同志社大学に提出した博士論文に加筆修正を加えたものである。初出は，次のとおりである。「ドイツにおける隠れた現物出資の理論」同志社法学50巻3号201-284頁（1999），「第三者介在型の隠れた現物出資――企業結合関係を中心として――」同志社法学51巻4号133-175頁（1999），「ドイツ株式法における利用権の現物出資――ライセンスを中心として――」同志社法学53巻9号221-265頁（2002），「ドイツ株式会社法制における現物出資規制の史的展開」同志社法学54巻2号134-186頁（2002），「ドイツ有限会社法制における現物出資規制の史的展開」同志社法学54巻5号191-224頁（2003）。

本書が刊行されるにあたり，とくに大学院時代からの恩師である早川勝教授に心から御礼申し上げたい。筆者が同志社大学の大学院に入学した当初から，ドイツの現物出資の問題についてさまざまなご指導を先生から賜った。ドイツ語能力が皆無であった筆者に対して，何度も先生の研究室で手ほどき

を受けたり，ドイツ留学の機会を与えていただいたりした。現物出資の問題に取り組むならば，志村治美先生の『現物出資の研究』（有斐閣，1975）を超えるものでなければならないといわれたが，正直なところ，その目的を達成できた自信はない。不肖の弟子ではあるが，その学恩を今後の研究によって少しでもお返しできればと思っている。また，ドイツ留学中に指導教官であったハンブルグ大学のヒルテ教授（Prof. Dr. Heribert Hirte, LL. M.（Berkeley））からは，ドイツで利用権の現物出資が問題となっていることの示唆を受け，この問題に取り組むきっかけをいただいた。また，博士論文の審査に際しては，同志社大学の森田章教授および川口恭弘教授に副査になっていただいた。京都大学の森本滋教授が監修する商法研究会では，研究成果を発表する機会を与えていただき，福岡大学に赴任後は，九州大学の西山芳喜教授が監修する産業法研究会でも発表する機会を与えていただいた。さらに，早稲田大学の奥島孝康教授には，株式会社成文堂へのご紹介の労をとっていただき，私法学会では中央大学の丸山秀平教授に司会の労をとっていただいた。いろいろな先生方からお世話になっていることもあり，すべての先生をあげることはできないが，同志社大学のスタッフの諸先生，京都大学および九州大学における研究会の諸先生方，また福岡大学へ赴任する機会を与えて頂いた畠田公明教授，砂田太士教授をはじめとする福岡大学のスタッフの諸先生に改めて心から感謝の意を表したい。

　最後に，本書の出版について多大なご配慮を頂いた成文堂・相馬隆夫氏に心から御礼申し上げる。

　なお，本書は，福岡大学より平成16年度の「福岡大学学位論文出版助成に関する規程」による助成を受けたことを付記しておく。

平成17年2月

久保　寛展

目　次

はしがき

序説—問題意識および研究の対象— ……………………………………1

第1章｜問題意識—現物出資規制の潜脱および現物出資目的物の適格性の問題— ………………………………1
第1節｜現物出資規制の潜脱 ………………………………………1
第2節｜ドイツにおける現物出資規制の潜脱 …………………3
第3節｜現物出資目的物の適格性の問題 ………………………4
第4節｜小　括 ………………………………………………………5
第2章｜研究の対象—本稿の構成— ……………………………………8

第1編　ドイツにおける現物出資規制の史的展開 ……………11

第1章｜ドイツ株式会社法制における現物出資規制 …………12
第1節｜現物出資規制の導入後 …………………………………12
　1　序論—1861年普通ドイツ商法典成立までの株式会社制度と法 ………………………………………………………12
　2　1861年の普通ドイツ商法典（ドイツ旧商法）の成立 …15
第2節｜財産引受規制の導入—1870年の株式法改正 ………18
第3節｜事後設立規制の導入後 …………………………………19
　1　1884年の株式法改正（第2次株式改正法） …………20
　2　1897年の新商法典 ………………………………………23
　3　1937年の株式法改正とその経緯 ………………………25
　4　1965年の株式法改正 ……………………………………29

5　1978年の会社法の調整に関する第二指令施行法に基づく
　　　　株式法改正以降 ………………………………………………33
第2章｜ドイツ有限会社法制における現物出資規制 …………………51
　第1節｜序論—有限会社法前史 …………………………………………51
　第2節｜有限会社法の生成期—1892年の有限会社法から
　　　　　第二次世界大戦までの展開 ………………………………………52
　　　1　1892年の有限会社法 ………………………………………52
　　　2　1939年の有限会社法改正草案 ……………………………54
　第3節｜有限会社法の変革期 ……………………………………………56
　　　1　第二次世界大戦後から1969年の参事官草案 ……………56
　　　2　1971年，1973年および1977年の政府草案 ………………60
　第4節｜有限会社法の改正期—1980年の改正 ………………………61
第3章｜結　語—現在の現物出資規制とその潜脱をめぐる
　　　　議論の状況 ……………………………………………………75
　第1節｜株式会社法制 ……………………………………………………75
　第2節｜有限会社法制 ……………………………………………………77
　第3節｜小　括 ……………………………………………………………78

第2編　ドイツにおける現物出資制度の実態について
　　　　—ラルフ・リュールの調査結果を中心として— ……81
　第1章｜現物出資により設立された会社の割合 ………………………82
　第2章｜現物出資の目的物 ………………………………………………87
　　第1節｜第1グループ：既存の営業 …………………………………88
　　第2節｜第2グループ：有体物の意味における物 …………………89
　　第3節｜第3グループ：固定資産 ……………………………………90
　　第4節｜第4グループ：流動資産 ……………………………………90
　　第5節｜第5グループ：営業とその他の出資物との混合 …………91

第6節｜第6グループ：固定資産および流動資産 …………91
　第3章｜現物出資の登記手続期間 …………………………93
　第4章｜結　語 ………………………………………………96

第3編　ドイツにおける隠れた現物出資の理論 …………99

　第1章｜隠れた現物出資 ……………………………………101
　　第1節｜隠れた現物出資の概念 …………………………101
　　　1　判例における隠れた現物出資の事案 ………………101
　　　2　隠れた現物出資の具体的方法 ………………………106
　　第2節｜隠れた現物出資の要件 …………………………109
　　　1　実体的および時間的関連性（sachlichen und zeitlichen Zusammnenhang） ……………………………………109
　　　2　関係者間の合意 ………………………………………110
　　第3節｜隠れた現物出資の法律効果 ……………………110
　　　1　出資社員と業務執行者に対する法律効果 …………111
　　　2　出資社員と業務執行者以外の関係者に対する法律効果 ………112
　　第4節｜小　括 ……………………………………………112
　第2章｜隠れた現物出資の治癒 ……………………………119
　　第1節｜問題の所在 ………………………………………119
　　第2節｜学説の状況 ………………………………………120
　　　1　隠れた現物出資の治癒の可能性 ……………………120
　　　2　クノッベ・コイク（Knobbe-Keuk）の見解 …………121
　　　3　ルッターとゲーリング（Lutter/Gehling）の見解 …121
　　　4　ヴェーグマン（Wegmann）の見解 …………………122
　　　5　プリースター（Priester）の見解 ……………………123
　　　6　小　括 …………………………………………………124
　　第3節｜判例の状況 ………………………………………125

         1　地方裁判所の決定 …………………………………………126
         2　連邦通常裁判所1996年3月4日決定 …………………130
         3　小　括 ……………………………………………………131
     第4節｜治癒手続 …………………………………………………132
         1　社員決議 …………………………………………………132
         2　現物出資報告書 …………………………………………133
         3　出資債権が完全に価値を有していること …………133
         4　完全に価値を有していることの調査 …………………133
         5　商業登記簿への登記申請 ………………………………134
     第5節｜小　括 ……………………………………………………135
第3章｜第三者介在型の隠れた現物出資
　　　　　—企業結合関係を中心として— ……………………139
     第1節｜問題の所在 ………………………………………………139
     第2節｜第三者介在型の隠れた現物出資 ………………………140
         1　問題提起 …………………………………………………140
         2　具体的な事案形態 ………………………………………141
     第3節｜第三者介在型の隠れた現物出資の法律要件の具体化 …144
         1　実体的および時間的関連性 ……………………………145
         2　関係者の合意 ……………………………………………146
         3　人的関連性 ………………………………………………146
     第4節｜第三者介在型の隠れた現物出資の法律効果 …………147
         1　金銭出資義務の継続 ……………………………………147
         2　取引行為の無効 …………………………………………147
     第5節｜第三者介在型の隠れた現物出資に対する判例および
           　学説の対応 ………………………………………………148
         1　判　例 ……………………………………………………148
         2　学説の対応 ………………………………………………156

第 6 節｜小　括 …………………………………………………160
第 4 章｜結　語—日本法の検討— …………………………………164
　第 1 節｜ドイツ法からの示唆 …………………………………164
　第 2 節｜わが国における現物出資規制潜脱の可能性 …………166
　　1　隠れた現物出資の可能性 …………………………………166
　　2　わが国おける現物出資規制 ………………………………167
　　3　わが国おける現物出資規制の潜脱の具体的方法 ………167
　第 3 節｜第三者介在型の隠れた現物出資の可能性 ……………169
　　1　わが国における人的関連性の要件 ………………………169
　　2　第三者が介在した場合の現物出資規制の潜脱事例 ……170
　第 4 節｜仮装払込としての見せ金との関係 ……………………171
　第 5 節｜小　括 ……………………………………………………173

第 4 編　ドイツ株式法における利用権の現物出資 —ライセンスを中心として— …………………………179

第 1 章｜問題の所在 …………………………………………………179
第 2 章｜現物出資目的物の適格性 …………………………………181
　第 1 節｜経済的価値を確定できる現物出資目的物 ……………182
　　1　貸借対照表計上能力 ………………………………………182
　　2　金銭出資と現物出資の機能的等価性 ……………………183
　　3　会社債権者の追及可能性 …………………………………186
　第 2 節｜終局的に自由に処分できる可能性 ……………………188
　　1　現物出資の履行行為の法的な効果 ………………………189
　　2　現物出資者の財産からの分離 ……………………………189
　第 3 節｜小　括 ……………………………………………………193
第 3 章｜利用権（とくにライセンス）の現物出資 ………………201
　第 1 節｜連邦通常裁判所 2000 年 5 月 15 日判決
　　　　　（アディダス事件） …………………………………201

第 2 節｜本判決に対する学説の評価 …………………………204
　　第 3 節｜その他のライセンスの現物出資能力 …………………208
　　第 4 節｜小　括 ……………………………………………………211
第 4 章｜結　語―日本法の検討― ………………………………214
　　第 1 節｜ドイツ法の議論の要約 …………………………………214
　　第 2 節｜ドイツ法からの示唆 ……………………………………215

索　引

序　説──問題意識および研究の対象──

第1章｜問題意識─現物出資規制の潜脱および現物出資目的物の適格性の問題─

第1節｜現物出資規制の潜脱

　会社の設立または新株発行の場合，金銭出資または現物出資が行われる。金銭出資は，それ自体すでに客観的価値が確定されているのに対して，現物出資は，その客観的価値の確定については法律上検査役の調査を経て行われなければならない。このことは，目的物の過大評価を防止し，債権者や他の株主を保護するためにほかならない。現物出資として，たとえば土地や建物のような不動産，自動車等の動産だけでなく，近年では特許，商標やノウ・ハウ[1]等の無体財産権もその対象とされている[2]。この場合，たとえば無体財産権についてみれば，この目的物の客観的価値の確定に困難が伴うことは明らかであるが，この客観的価値の確保のために，発起人が任意に評価できるならば，上述の過大評価の危険が生ずる可能性がある。他方，この危険から現物出資自体を禁止すれば，会社は，設立に際して前もって確保したい目的物を取得できない。会社に対して目的物を出資でき，会社が前もって目的物を取得できるようにさせることに現物出資の存在理由があろう。そこで，現物出資は，法律上検査役の調査を通じて評価された場合にのみ給付できることになる。しかしながら，この調査は，実際には時間と費用がかかり面倒であ

2　序　説

るといわれる(3)。たとえば，現在では全体的に現物出資にかかる検査役の調査に通常50日程度を要し，検査役の報酬として30万円から100万円を定める例が多い(4)。また1989年頃の調査に基づけば，検査役の調査には公認会計士・不動産鑑定士を補助者とすることが多いので，これらの者に支払う報酬額も考慮することが必要となる。そこで，公認会計士に支払う報酬額は少なくとも30万円程度，不動産鑑定士に支払う報酬額は100万円程度を考えなければならないといわれる(5)。さらに，調査期間が不確定であること，裁判所は弁護士を検査役に選任するので，調査に最適な者が検査役になるとは限らないこと，無体財産権等の評価方法が確立しておらず，企業側は種々の資料を提供しなければならないことなど，事務的な負担が大きいといったことも指摘される(6)。簡易検査制度が望まれる理由でもある(7)。このことから，実際には検査役が選任されるのはまれであるといわれる(8)。

　このような検査役調査の煩雑さから，検査役調査を簡易化する立法上の手当てがなされてきた。立法上の手当てとしては，平成2年の商法改正と平成14年の商法改正がある。平成2年の商法改正では，検査役調査の免除にかかる少額財産等の特例が設けられた。たとえば，①定款に定めた価格の総額が資本の5分の1を超えず，かつ500万円を超えない場合(平成2年改正商法173条2項)，②取引所の相場がある有価証券の場合に定款に定めた価格がその相場を超えない場合(同173条2項後段)，③不動産である場合に定款に定めた事項が相当であることについて，不動産鑑定士の鑑定評価に基づき，弁護士の証明を受けた場合(同173条3項)があげられる(9)。また，平成14年の商法改正では，裁判所選任の検査役の調査に代わって，弁護士，弁護士法人，公認会計士，監査法人，税理士，税理士法人または不動産鑑定士が証明する場合の検査役調査の免除規定が設けられただけでなく(平成14年改正商法173条2項3号，181条)(10)，平成15年10月22日に取りまとめられた「会社法制の現代化に関する要綱試案(11)」では，現物出資および財産引受が，一定金額(たとえば500万円)以下の場合や公正な価額が付されている市場価格のある有価証券の場合には，検査役の調査を要しないものとして検討されている。さらに，特別

法として，産業活力再生特別措置法によれば，たとえば分社化に際しての現物出資等における検査役調査に関する特例(12)が設けられている(13)。たしかに，これらの立法上の手当てによると，現物出資制度を容易に利用できる方向性にあるといえよう(14)。しかし，さらに進んで，検査役の調査を廃止する実務からの議論も存在するところである(15)。

このような措置は，上述のように，現物出資の検査役による調査が煩雑であるからにほかならない。しかし，次の段階として，この煩雑さを避けるために，結果的に現物出資を給付したのと同等の効果をもたらすことが企図される場合も少なくない。このことを沿革的にみれば，検査役の調査を避けるために，財産引受および事後設立が利用された事実がある。これにより，財産引受が検査役の調査でもって規制され（商法168条1項6号，173条1項，181条1項），同様に事後設立も規制された（商法246条1項，2項）。このように，現物出資が会社にとって有用であるにもかかわらず，検査役の調査があるために，財産引受や事後設立の形式でこれを回避して，実務上，結果的に現物出資を給付したのと同様の効果をもたらす工夫がなされてきた。

第2節｜ドイツにおける現物出資規制の潜脱

このことを比較法的にみれば，ドイツにおいても状況は同様である。ドイツでも現物出資は規制され，検査役の調査を経なければならない（株式法27条1項，33条1項，2項4号）。わが国と同様に，この調査は煩雑で時間と費用がかかるといわれる。ドイツでも，この負担を避けるために，沿革的に財産引受と事後設立が行われてきた事実がある(16)。しかしながら，さらに現在では，第3の潜脱方法として，「隠れた現物出資（verdeckte oder verschleierte Sacheinlage）」の方法により，現物出資規制の潜脱が企図されている。たとえば，会社が出資者から目的財産を取得するために，出資者から払い込まれた金銭でもって出資者が保有する目的財産を取得するという条件で，出資者が金銭出資を合意し，この合意に基づき金銭を払い込むなどの場合がある。このよう

な方法により，現物出資規制を潜脱すれば，この方法は無効として判断される結果，現物出資としての効果が生じないと解され，非常に厳格に判断されている。このような問題が生じるのは，ドイツでも会社の倒産が増加傾向にあるが，会社の倒産によって破産管財人がこのような現物出資規制の潜脱は無効であるとして，その責任を追及するからにほかならない。その結果，出資者は，法律上，再度金銭出資を払い込まなければならないほか，さらなる法律効果が出資者に発生することになる。それゆえ，次の問題として，この出資者に対して厳格な無効の状態を治癒できないのかについて議論され，現在ではその方法について，さまざまな見解が主張されている状況にある。

さらに，この現物出資規制の潜脱は，企業結合関係などの場合において，第三者を介在させて現物出資規制を潜脱する場合にも存在する。実際に，このような形態において裁判上問題になった事案も少なくない。この場合にも，現物出資の効果は発生しないと解されている。

第3節｜現物出資目的物の適格性の問題

現物出資規制の問題だけでなく，さらに無体財産権等の評価の法的な問題も生じうる。現物出資の目的物は，一般的に動産や不動産が対象とされる場合が多いが，最近では，特許や商標等の無体財産も利用されている。しかし，無体財産は代替性がなく，その個性が強いことから，このような無体財産を現物出資する場合の適格性が問題となる。実際にドイツでは商標のライセンスが現物出資された事案において，商標の現物出資が適格性を有するのかどうか裁判上問題になっている。このことから，無体財産を現物出資する場合に，どのような法律上の観点に留意しなければならないのか検討を要することになる。その場合，ドイツでは現物出資の法律上の要件とされる「経済的価値を確定できる目的物（株式法27条2項）」および「終局的に自由に処分できる可能性（株式法36条2項1文，36a条2項1文）」に基づき現物出資としての適格性が判断されることになるが，無体財産の場合にはその基準をどのよ

うに判断すべきか問題となる。無体財産のなかでも商標のライセンスが問題となったドイツの判例では，前者の要件については，まず従来の貸借対照表計上能力に代わって，額面資本拠出の2つの機能（営業基金および責任基金）に着目し，とくに債権者への弁済提供の目的に供せられる目的物が会社に給付されるかどうか（責任基金の機能）を考慮する。この要件は把握可能な財産的価値と称されている。この要件に基づいて，次に債権者が目的物に対して追及可能であれば，当該現物出資は，あたかも金銭出資と同様に判断できるので，現物出資と金銭出資との機能的等価性が認められることになる。このような要件を具備した現物出資のみ，経済的価値を確定できる目的物として判断されることになる。これに対して，後者の要件については，現物出資に必要な履行行為の実行によって法律上会社に給付されるとともに（たとえば土地の場合には登記），現物出資の目的物が，現物出資者の財産から分離されている必要がある。この場合，現物出資者の財産から分離されているためには，現物出資者に起因する，解約に基づく危険，権利承継に基づく危険ならびに強制執行に基づく危険が除去されていなければならない。学説では，これらの危険が除去されてはじめて，後者の要件が具備されると説明される。このように，ドイツでは，法律上現物出資能力を有するというために，非常に詳細な検討がなされている。

第4節│小　　括

　以上のように，現物出資を給付する場合には，主として検査役の調査のために現物出資の手続が煩雑となるとともに，目的物によっては適格性が問題となる場合がある。そこで，本稿は，比較法的な検討から，わが国でも現物出資規制の潜脱の可能性，ならびに現物出資目的物の適格性について，ドイツの議論を参考に検討することにする。潜脱の問題ならびに適格性の問題が具体化する可能性がわが国にも残されているのであれば，現物出資に必要な検査役の調査との関連において，最低限これを維持・存続させる方向にある

べきではなかろうか。検査役の調査を廃止する見解も見受けられるが[17]，ドイツの議論を参考にすると現物出資についてはいまだ上述の問題がわが国でも残されていると考えられるので，少なくとも完全に廃止する方向にはむかうべきではないと考える。

(1) これまでノウ・ハウの現物出資について検討したものとして，たとえば大隅健一郎「ノウ・ハウの現物出資」『商事法研究（上）』186頁以下（有斐閣，1992）を参照。
(2) 小林久起「東京地裁における商事事件の概況（上）」商事法務1580号9頁（2000）。
(3) 針塚遵「東京地裁商事部における現物出資等検査役選任事件の現状」商事法務1590号4頁（2001）。
(4) 針塚・前掲注（3）5-6頁。
(5) 佐賀義史「商事保全及び非訟事件の実務研究—現物出資等のための検査役選任申請事件」判例時報1323号10頁以下（1989）。
(6) 通商産業省産業政策局産業組織課編『会社合併・分割の現状と課題』別冊商事法務187号185頁以下（商事法務研究会，1996）。
(7) 針塚・前掲注（3）7頁を参照。
(8) 江頭憲治郎『株式会社・有限会社法［第3版］』63頁（有斐閣，2004），岩本安昭＝阿多博文「会社分割の実務」商事法務1534号44頁（1999）。
(9) なお，新株発行の場合について，商法280条ノ8第1項，2項，有限会社法の場合については12条ノ2第2項および3項，52条ノ3第1項，2項を参照。
(10) これについては，前田庸「商法等の一部を改正する法律案要綱の解説〔Ⅴ・完〕—株式制度・会社の機関・会社の計算等に関する改正—」商事法務1625号9頁以下（2002）を参照。
(11) 「会社法制の現代化に関する要綱試案」商事法務1678号8頁（2003）。
(12) 産業活力再生特別措置法の概要については，主として大木雅文「産業活力再生特別措置法の概要」商事法務1541号6頁以下（1999），同「産業活力再生特別措置法について」ジュリスト1165号57頁以下（1999），中原裕彦「産業活力再生特別措置法の概要」金融法務事情1555号15頁以下（1999），同「産業活力再生特別措置法について」ジュリスト1165号57頁以下（1999）を参照。
(13) この調査スキームの概観については，経済産業省のホームページで参照できる，http://www.meti.go.jp/policy/business_infra/downloadfiles/43.pdf.
(14) 「新春座談会・今後の会社法改正に関する基本的な視点」〔神田秀樹発言〕商事法務1548号23頁（2000）。
(15) 内間裕「検査役調査・外国会社」ジュリスト1206号94頁（2001）。
(16) 最近の事後設立に関する文献として，伊藤靖史「事後設立規制の適用範囲について—第三者との契約と事後設立規制—」民商法雑誌125巻6号651頁以下（2002）がある。本論文は，ドイツおよびわが国の事後設立規制の適用範囲を考察し，立法論上の問題点を検討するものである。その結果，設立の際に株式引受人以外の第三者と契約する場合，事後設立規制を課す根拠は少なく，立法論としてその適用範囲を縮小すべ

きであると主張される。
(17)　内間・前掲注（15）94頁。

第2章 研究の対象―本稿の構成―

　本稿は4編から構成される。

　第1編「ドイツにおける現物出資規制の史的展開」では，基礎的研究として，ドイツ商法・株式法および有限会社法における現物出資規制の史的展開を扱う。ここでは，主として現物出資規制の立法的措置ならびに現物出資規制の潜脱をめぐる議論について言及する。現物出資は，1861年の普通ドイツ商法典において，株式合資会社においてはじめて規制され(180条)，株式会社については1870年の株式法改正により現物出資による設立が認められることになった(209b条)。その後，1884年と1897年の改正により若干の変更を受け，1937年の株式法改正において文言上の改正をして，1965年株式法27条に承継された。さらに，1978年の会社法の調整に関する第二指令施行法に基づく株式法改正により，現物出資の目的財産の出資能力に関する規定が新たに導入されるとともに(27条2項)，現物出資の給付時期および設立調査の範囲に関する規定が，新設ならびに変更された(36a条2項，34条2項)。この間，現物出資規制の潜脱を防止するために，1870年の株式法改正によってはじめて財産引受規定が設けられ，1884年の株式法改正で事後設立規定が設けられている。

　次に有限会社法については，1892年の有限会社法から1980年の有限会社法改正までの期間を対象とする。有限会社法の大改正は，1892年の成立から1980年までの期間において行われていない。しかし，その間に幾度も草案が起草され，議論がなされている。すなわち，1939年，1969年，1971年，1973年および1977年における各草案である。1980年の改正有限会社法以外にも，これらの各草案における議論を中心に言及することにする。

　本編では，このようなドイツ株式会社法制および有限会社法制における各

改正ならびに各草案における現物出資規制とその潜脱の議論を検討することによって，現物出資が立法過程でどのように対応されたのかについて明らかにしたいと思う。その上で，現在ドイツで議論がある現物出資規制の潜脱としての隠れた現物出資を，財産引受および事後設立に続く第3の潜脱形態と位置づけて，第3編での検討につなげたいと思う。

　第2編「ドイツにおける現物出資制度の実態について―ラルフ・リュールの調査結果を中心として―」では，ドイツにおける現物出資の実態を扱う。わが国での現物出資の実態調査はすでに指摘したが，これに対してドイツではどのような状況なのか，ラルフ・リュールの調査結果を中心に言及している。第3編で検討するドイツにおける隠れた現物出資は，とりわけ検査役の調査という現物出資規制が煩雑であることから利用される。そこで，本編では，主として，実際にドイツにおいて現物出資がどの程度利用され，どのような目的物が対象とされ，どの程度の期間を要するのかについて少なからず解明することにしたい。これによって，ドイツにおける現物出資の実態を明らかにしたいと思う。

　第3編「ドイツにおける隠れた現物出資の理論」では，第1編での検討を通じて得られた，第3の潜脱形態としてのドイツにおける「隠れた現物出資」の問題を扱う。隠れた現物出資には，種々の潜脱形態が存在することから，実際に判例上問題となった潜脱の形態を検討することによって，現物出資規制を潜脱する具体的な方法を解明することにしたい。さらに，その場合に隠れた現物出資と認定するための実体的関連性および時間的関連性の要件，ならびに出資者に対する再度の金銭出資などの厳格な法律効果について言及することにする。しかしながら，この厳格な法律効果から，次の段階として，隠れた現物出資としての違法性を治癒できないのかについても問題となる。そこで，隠れた現物出資を治癒する場合において，どのような要件を具備すれば治癒できるのかについても検討することにしたい。この問題についても，判例と学説においてさまざまな議論があるので，その議論の状況を検討することにする。

さらに，隠れた現物出資は，第三者を介在させて行われる場合もある。たとえば現物出資規制がコンツェルン関係において潜脱された事実が，実際に判例において問題となっている。この問題は，第三者介在型の隠れた現物出資として議論されているが，通常の隠れた現物出資と異なり，どのような事案が問題となりうるのか，さらにどのように要件を修正すれば，第三者が介在した場合でも隠れた現物出資と認定できるのか検討することにする。たとえば，企業結合関係において，子会社が親会社の増資を引き受けて金銭を出資するが，他方でこの子会社が所有する土地や建物を親会社の別の子会社（姉妹会社）と取引する場合，厳密には現物出資規制の潜脱と考えられないが，親会社とその別の子会社を経済的に一体とみることで，結果的に現物出資規制を潜脱しているのではないかが問題となるのである。このような問題についても触れ，検討することにしたい。

　第4編「ドイツ株式法における利用権の現物出資―ライセンスを中心として―」では，利用権または無体財産権が現物出資の目的物とされる場合の問題を扱う。ドイツでは現物出資をめぐる議論として，現物出資目的物の適格性についても問題となっていることから，この問題についても検討を加えることにする。現物出資の目的物は，代替性があるものから，その個性が強いものまでさまざまである。したがって，個性の強い無体財産の場合には，そもそもこれが法的に現物出資の対象となりうるのかについて問題となろう。ドイツでは実際に，商標が現物出資された事案が裁判上問題になっていることから，この判例を中心に，現物出資目的物の適格性を検討することにしたい。

第1編
ドイツにおける現物出資規制の史的展開

　株式法の歴史は改正の歴史である，といわれる[1]。このことは，本編の対象である現物出資についても妥当する。そこで，本編では，このような現物出資規制について沿革に遡って，その規制の変遷を検討することにする。現物出資規制の変遷だけでなく，現物出資の厳格な規制を潜脱する問題として，現在では隠れた現物出資に関する議論もあることから[2]，このような現物出資規制の潜脱についての議論にも言及する。潜脱の問題については，立法段階においても議論が展開されている。そこで，以下では，まず株式会社法制について，主として1861年の普通ドイツ商法典の成立から1978年の会社法の調整に関する第二指令施行法に基づく株式法改正まで，次に有限会社法制について，1892年の成立から1980年までの期間を対象とし，この問題に関する史的展開を概観することにする。これによって，もしさらなる現物出資規制の潜脱が認められるのであれば，隠れた現物出資を財産引受，事後設立に続く第3の潜脱形態と位置づけられるであろう。

(1) Semler, Münchener Kommentar zum Aktiengesetz, 2. Aufl., 2000, Einl. Rn. 16.
(2) この問題については，第3編において扱う。

第1章 ｜ ドイツ株式会社法制における現物出資規制

第1節 ｜ 現物出資規制の導入後

　以下では，主として1800年以降からのドイツ商法および株式法を対象とする。その場合，現物出資規制の導入および改正に関する背景，さらに現物出資規制に関する議論と規制の潜脱に対する措置について言及することにする。そして，改正にいたる背景を基礎として，それぞれ「(1)現物出資規制」および「(2)現物出資規制の潜脱」という順序で論述する。財産引受および事後設立についても，現物出資規制の潜脱について関連することから，必要な限りにおいて触れることにする。

1　序論―1861年普通ドイツ商法典成立までの株式会社制度と法

　株式会社の歴史は，他の会社形式と比較して比較的短い。1800年以前にはプロイセンにおいて，すでに5つの株式会社が設立されていたといわれている[2]。しかし，ドイツにおける最初の株式会社については明確でない。これは，株式会社が，たとえば公的な団体（öffentlichen Körperschaft）や鉱山会社（Gewerkschaften）のような他の法形式から次第に発展したことに起因する[3]。しかしながら，ドイツにおける株式会社の興隆は，一般的には1800年前半の鉄道建設の開始と関連づけられている。当時のプロイセンにおける鉄道事業が，産業革命の進行過程で決定的に重要な役割を果たし，ドイツ資本主義経済の本格的展開の契機となったからである[4]。鉄道会社は，長期にわたる建設期間と高額な創設資金が必要なために，資金貸付による資金調達が困難であり，人的会社として経営することも困難であったので[6]，株式会社形態が適してい

たのである。しかし，資金調達のために私営の鉄道会社が起債市場へ接近しようとしても，国家が起債市場を独占していたために制限されていた。この状況から，私営の鉄道会社が大企業の組織形態を利用した鉄道建設を容易に着手できるように，次第に法改正の要求が高まった。

　この当時は，1807年の商事法典（Code de Commerce）がバーデン大公国およびプロイセンライン州において適用されていたが，上述の要求に応じて，1836年には私的企業による公共鉄道の許可に関する基本条件が定められた。さらに，プロイセン政府は，1837年の恐慌により鉄道建設を奨励した結果[7]，1838年11月3日にはプロイセン鉄道企業法（Preußisches Gesetz über die Eisenbahnunternehmungen vom 3. 11. 1838[8]）を制定した[9]。これらの法律は，主として営業，運送料金，土地収用などの鉄道法上の問題を扱っているが[10]，とりわけ鉄道会社に関する鉄道企業法は，当時のプロイセンにとって，株式会社を統一的に規制するものであったといわれている[11]。同法の制定によって，ドイツ産業革命の主導部分をなした鉄道建設は飛躍的に発展した。1840年代以降には，石炭，鉄鋼，製鉄等の重工業部門ならびにこれに関連する固定資本を大量に調達するために，銀行，保険等の信用部門において，新たな私的資本の結合方式に対する要求と，このような組織の法的な認知が，政治的にも経済的にも急速に拡大していった[12]。このような政治経済的な背景を下に，産業分野を問わない株式会社に関する法規制として，1843年11月9日にプロイセン株式会社法（Preußischen Gesetz über Aktiengesellschaften；以下，1843年法とする）が制定された[13][14]。本法は，もっぱら株式法上の問題を扱う30ヶ条から構成されており[15]，新たに設立されるすべての会社に適用された。同法は，従来の法律と比較して，よりいっそう近代株式会社法としての内容を備えたものと指摘されている[16]。しかし，同法は，「現行法所定の権利および義務を有する株式会社は，領邦君主の認可をもってのみこれを設立することができる」（1条）とする認可主義を明定しており，設立の自由に対する制限がまだ残されていた。この傾向は，ハンブルクを除くドイツにおいて，1870年頃まで支配的であったとされる[17]。

その後も1848年および1849年のドイツ統一運動の下で，法の統一がとくに緊急課題とされ，商法典の法典化が企図された[18]。1846年に，バイエルンの提案に基づき，ドイツ諸邦に普通商法典を起草するための委員会が設置された。その結果，帝国法務省内に設置された法律家および商人からなる委員会（ニュルンベルグ委員会（1857-1861）[19]）は，1849年にドイツ普通商法典草案（Entwurf eines allgemeinen Handelsgesetzbuch für Deutschland）を提出した（いわゆるフランクフルト草案[20]）。そのなかで，株式会社法は，第3章「商事会社について（Von Handelsgesellschaften）」において規定されている。本草案は，幅広い比較法に依拠しているが，株式会社の実態については考慮せず，国家による設立の認可主義も依然として承継されている（同草案74条[21]）。これは，資本の優位から小規模産業を保護し，「詐欺師や企画屋（Betrüger und Projektemacher）」から公衆を保護するためであるとされる。このために，認可は地方政府の自由裁量によって行われる一方，認可の実質的な内容は，1843年法に対応する内容のものであった。

さらに，1857年1月15日には，ニュルンベルグにおいて会議が開かれ，プロイセン諸国商法典草案（Entwurf eines Handelsgesetzbuches für die Preußischen Staaten；以下，1857年草案という[22]）を基礎に審議が行われた[23]。本草案の理由書によると，株式法上の諸規定が専門家による審議後に起草され，イギリスを含むすべての株式会社法を考慮に入れてまとめられたとされる[24]。設立に関する主義については，1843年法を模範として認可実務も考慮されているが，会社内部の組織規定についてはまだ不完全であった。たとえば機関としての監査役会は，1843年法と同様に本草案に定められず，経営機関を監督する者として，取締役の解任についてのみ言及されているにすぎない。国家による認可および監督についても維持されている。このことから，会議では，会社内部の組織規定だけではなく，主として認可および監督についても審議され，ハンザ同盟都市は，形式規定および開示規定によって制限されるにすぎない自由な設立（形式的準則主義）を主張した。これに対して，プロイセンおよびオーストリアを代表とするドイツ連邦加盟国の多数は，国家による認可の付

与および監督を主張した。ハンブルクの代表は，これを「国家による後見的配慮」として非難する一方，1843年法が国家による認可によっても株式合資会社に関する実体的準則主義の弊害を防止できなかったとして，弊害に対する最良の保証は，株主の自己責任に基づく調査であると指摘した。この自由主義的な見解は多数の委員の支持を受けなかったが，この問題は，どの主義を採用するかが各国の立法に任せられる，いわゆる「救済条項（salvatorische Klausel）」によって解決されることになった。

このような議論に基づき最終的に1861年に成立したのが，普通ドイツ商法典（Allgemeines Deutsches Handelsgesetzbuch；ADHGB）である（ドイツ旧商法）[25]。本法は，207条ないし249条において株式会社について規定を設けている。争いのあった認可の問題については，各国家の法律をもって認可を必要としない旨を定めることができるとした（同法208条，249条）[26]。このことから，株式会社の設立に対する認可は，各国家によって異なっている。本稿との関連で重要なことは，本法においてはじめて，株式合資会社について現物出資が規制されたことである（同法180条）。これについては，以下において概観する。

2　1861年の普通ドイツ商法典（ドイツ旧商法）の成立

(1)　現物出資規制　　上述のように株式会社法制は，さまざまな変遷を経てきたが，1861年の普通ドイツ商法典（以下，1861年法という）には現物出資による設立[27]について法律上規制されていなかった[28]。しかしながら，審議の過程において現物出資設立の規制に関する議論が行われた[29]。この審議では，1857年草案が基礎とされたが，本草案において金銭出資以外の方法による株式会社の設立について，次のように規定されている（1857年草案183条）。

「社員が現金以外の出資をなすとき，または社員が自己のために特別利益を留保するときは，株式資本全部の引受が行われた後で，その評価と許容性の調査が命じられ，かつ定款を君主の認可のために提出することができる前に，第159条の内容に従い，その後の社員総会において決議による承認が行われる株式引受人の

総会が，招集されなければならない。決議は，公正証書に記載されなければならない。株式引受人の総会の招集は，株主総会について定款（Gesellschaftsurkunde）が指示した方法で，これを行わなければならない。」

　本条に対応して，株式合資会社についても相応の規定が設けられた（同草案159条）。本草案では，この規定により，会社の発起人が自己の出資を過大に評価して，不法な利得を得ることを阻止できると考えられた[30]。ニュルンベルグ委員会は，株式合資会社に関する1857年草案の規定を承継したが（1861年法180条），株式会社については削除した。これは，株式合資会社の設立には国家の認可が不要であるのに対して，株式会社の設立には認可が必要であったからである[31]。株式会社については国家の認可により，設立過程の十分な調査が行われると考えられたことによる[32]。このような理由から，株式合資会社の設立の場合にのみ現物出資が規制され（同法180条），個々の発起人の詐欺を防止する措置がとられた。現物出資については，次のように規定されている。

「社員が現金以外の出資をなすとき，または社員が自己のために特別利益を留保するときは，株式合資会社の社員総会において，これらの評価と許容性の調査が命じられ，かつその後の社員総会において決議による承認を行わなければならない。
　決議は，総会に出席した社員または代理により出席した社員の多数決により行われる。しかしながら，この多数決は，少なくとも全社員の4分の1以上がこれに賛成し，当該社員の持分の額が少なくとも社員の総資本の4分の1以上でなければならない。出資をなすか，または特別利益を留保する社員は，議決権を有しない。
　これらの規定の内容に反した契約は，法的効力を有しない。」

　なお，1861年法に依拠する株式会社の設立には，国家の認可のほか，定款が裁判所または公証人により認証され，商業登記簿に登記され，かつ抜粋し

て公表されなければならないとされた。また，株式の引受には，書面による引受が必要であった（同法 208 条ないし 210 条参照）。

(2) **現物出資規制の潜脱**[33]　株式会社における現物出資設立の規定が本法から削除されたのは，上述のように，株式会社については認可主義によって不正な設立に対して十分に保護されると考えられたからにほかならない。しかし，この削除に際して現物出資規制の潜脱の問題についても議論されている[34]。

　「なるほど，発起人が，株式会社による不動産等の譲受から過度の利益を受けるであろうが，あまりにも取引の自由に介入せず，また相手方からすれば不当とならずに，このような弊害を防止することは不可能であろう。現物出資の価格調査に関する規定も，まったく容易に潜脱することができる。」

さらに，この観点は，株式合資会社に関する削除案からも明らかとなる[35]。

　「条文が，非常に憂慮すべき公衆に対する詐欺を対象とする場合，ここでは少なくとも，草案の規定を容易に潜脱でき，したがって，それは，削除された 183 条と同様にあまり価値はない。最終的に，削除に対しては，潜脱が決して容易ではないと反論された。株式合資会社は，株式会社と異なり，国家の認可なしに設立することができることから，厳格な規制が必要である[36]。」

当時の立法者は，潜脱それ自体が許されないことから出発したと考えられている[37]。現物出資設立の規制が株式合資会社になされる限り（1861 年法 180 条），これは，現物出資に対する反対給付が会社の株式である場合についてのみ規制される。しかし，発起人の目的財産の売買を包括した文言（財産引受）の広範な変更については，一般に拒絶されたとされる[38]。学説でも，発起人と株式会社との間の売買は，会社がこれに対して売買代金を支払うのではなく，利益配当持分（株式）を付与する場合にのみ現物出資設立の規定に包括される

第2節 | 財産引受規制の導入——1870年の株式法改正

(1) 現物出資規制　1861年法の制定以後，従来の認可主義は経済自由主義と対応しないために，認可主義および国家による監督の廃止を求める声が高まった[39]。そこで，1870年の株式法改正（以下，1870年法という）は，株式合資会社だけでなく，株式会社についても認可主義を放棄して，準則主義（Normativprinzip）に移行した[40][41][42]。これにともない，設立過程に関する諸規定が拡大されると同時に，株式合資会社に適用される現物出資規定が株式会社についても置かれることになった。これは，イギリス（1863年）とフランス（1867年）の株式会社法に依拠したとされる[43]。株式会社について現物出資は，次のように規定されている（1870年法209b条[44]）。

> 「株主が現金以外で基礎資本に組み入れられる出資をなすとき，または施設（Anlage）もしくはその他の財産（Vermögensstücke）が，設立されるべき会社により引き受けられるときは，定款に出資または財産の価値を確定し，かつこれに対して付与される株式数または価格を確定しなければならない。同様に，株主のために締結された各特別利益も定款で確定されなければならない。
>
> 　前項所定の場合において，基礎資本の引受後，定款が全株主間で締結されていない限り，契約の承認は，株主総会において決議によって行われなければならない。
>
> 　契約を承認する多数決は，少なくとも全株主の4分の1以上でなければならず，かつその持分の額は，少なくとも全基礎資本の4分の1以上でなければならない。当該出資をなすか，または特別利益を留保する社員は，決議に際して何ら議決権を有しない。
>
> 　決議に関して，裁判所または公証人による証書（Urkunde）が作成されなければならない。」

本条で現物出資設立を規制したのは，まさに既存の「企業（Etablissements）」が新たに設立された株式会社に譲渡される場合に，しばしば株主に不利益が生じるであろうという理由による[45]。この理由から，定款における現物出資の価格調査が要求されるとともに，会社が施設もしくはその他の財産を引き受ける場合にも，この要件を拡大したことにこの規定の意義がある。これによって，財産引受が法律上はじめて規制されたと指摘されている[46]。財産引受以外にも，本条は，1861 年法 180 条と異なり，合意の違反に対して何ら無効の定めがないこと[47]，基礎資本が株主の引受により完全に填補されること，ならびに券面額の 40%が各株式に対して払い込まれることによって，会社の実質的な基礎資本の確保が実現されると考えられたことも無視できない[48]。

(2) **現物出資規制の潜脱** 本条における現物出資規定と関連して，現物出資規制の潜脱の問題は，1870 年法に関する理由書によれば，次のように述べられている[49]。

「株式引受人の総会を通じて，株主の金銭以外の出資を監督することは，会社によるその他の財産の譲受にも拡大されるべきである。そうでなければ，おそらく売主が，自ら株式を引き受けないことによって，すべての規定が潜脱されうるからである。」

このことから財産引受が規制されたが，潜脱に対する措置は，施設および会社によって引き受けられるその他の財産の取得についてのみなされたにすぎない。これに対して，現物出資規制の潜脱の禁止がすでに一般的な法原則から明白であったならば，このような法律上の規制は，1870 年段階において必要なかったのではないかとの指摘もある[50]。

第 3 節 | 事後設立規制の導入後

1870 年法によって認可義務を廃止した後，株式会社の設立数は飛躍的に増

大した。この時期は，発起人時代と呼ばれている。普仏戦争の終結により商工業が飛躍的な発展をとげ，フランスの賠償金により，貨幣市場における新たな投資の可能性も拡大された。この時代には活発な投機がなされると同時に，他方では多数の不健全な企業が設立された。株式会社は，この投機的な会社の設立に非常に適していたが，多数の会社は取引所での株式の売買を目的として設立されたにすぎない。この展開は，株式会社の設立が容易であること，および高額の創業者利得（Gründergewinn）を獲得する可能性によっても促進された。[51]

1　1884年の株式法改正（第2次株式改正法）

（1）**現物出資規制**　従来の規定によれば，株主は券面額の40％の額を払い込む義務が存在したが，金融機関が全株式を引き受け，その払込を証明することがしばしばあった。この方法は，株式会社を商業登記簿に登記し，かつ株式を取引所で売却するのに有利であった。他方では，出資を介して取締役と監査役を支配した発起人は，現物出資設立による濫用を大規模に行ったとされている。すなわち，拠出された財産の価値の調査が法定されていないために，発起人は，目的物を過大評価することによって，大量の株式を市場に流出できたのである。このようにして設立された会社は，たいていの場合，営業活動はできなかったとされている。1873年5月におけるオーストリアの取引所での恐慌をきっかけに，ドイツでも株式相場が低落し，清算および破産の数が発起人時代以降，かなりの数にのぼったことも[52]，このことを裏づけている。

このような大規模の株式詐欺から，株式会社制度の完全な廃止さえ検討された[53]。しかし，株式会社は大規模な経済的事業に不可欠であるとの認識から，結局株式会社は存続された。他方，株式法の改正を通じて株式会社の経済的濫用の可能性を排除する試みがなされた。発起人時代の投機的濫用は，主として株式会社の経済的基盤を確保するための諸規定の欠陥にあった。したがって，1884年の株式法改正[54]（以下，1884年法という）の主眼は，事実上のか

つ完全な基礎資本の調達を確保する規定を拡大することにあった。このために，まず発起人の地位の強化と明確化，および厳格な責任制度を設けることが必要であると認識された。これに対して，設立段階で発起人にできる限りの自主性を付与すれば，会社に関する設立規定の欠陥をほとんど除去できるようになると認識された[55]。さらに，大規模な株式詐欺に対しては，現物出資設立もより厳格な監督に服せしめる必要がある。国会は，このような経緯に基づいて草案を第9委員会へ委付し，現物出資に関する規定（1870年法209b条）については，若干の修正を受けただけで国会を通過した[56]。これによれば，現物出資規定は次のように変更されている。

「個々の株主のために締結された各特別利益は，権限者（Berechtigten）を表示して，これを定款に確定しなければならない。

　株主が基礎資本に対して現金以外の出資をなし，または現存するかもしくは創設されるべき施設，もしくはその他の財産が，設立されるべき会社の側で引き受けられるときは，株主または相手方の属性（Person），出資の目的物または出資に対して付与されるべき株式の引受および額，または引き受けられた目的物に対して付与される代償額が，定款に確定されなければならない。

　これらの事項のほか，設立またはその準備に対する賠償または報酬として株主またはその他の者に会社の負担で付与されるすべての費用は，これを定款に確定しなければならない。

　本条所定の目的物に関して，定款に確定されなかった発起人のすべての合意（Abkommen）は，会社に対して効力を生じない。」

このように，立法者は現物出資設立および設立費用を許容することを法定した。しかし，これは単に経済的な必要性に基づくものにすぎなかった。設立費用の場合には，株式会社の設立の際に当然に発生する費用を自己資金で賄うよう発起人に要求できないこと，現物出資設立の場合には，株式会社における企業の継続または会社の営業のために一定の施設を引き受けることが

しばしば不可欠であるということが，決定的であったと指摘されている[57]。この拡大された現物出資設立に関する規定と，新たに導入された予防条項（Kautelarbestimmungen）を通じて，濫用を排除することが期待された。すなわち，現物出資，財産引受および設立費用の確定，さらに株主または相手方の属性，ならびに出資物または引受を定款に記載するという要件によって，公衆は会社の財産状況に対して容易に思慮できたのである。取締役および監査役による現物出資設立の調査も，会社がなす給付の相当性を決定するために利用された。そのほか，新たに導入された設立関与者の調査義務および責任規定については，不正な陰謀を抑制することになったといわれている[58]。

(2) **現物出資規制の潜脱** ① 財産引受の規制　立法者は，上述のように，現物出資設立の厳格な規制の回避を阻止するために，創設されるべき施設に関する規定を設けた。これは，当時，既存の施設ではなく，創設されるべき施設が，設立された鉄道会社に譲渡されるという問題が生じたからである[59]。しかし，1870年法における財産引受の規定による解決では困難であると考えられ，財産引受の新たな規定（1884年法209b条2項）が設けられることになった[60]。この規定の趣旨については，理由書においても述べられている[61]。1884年法による財産引受の明文化と同時に，財産引受規定違反の法律効果が定められたことにも留意されなければならない。なぜなら，1870年法による財産引受の導入後，規定違反に対する制裁を欠くことが非難されたからである[62]。同様に，違反に対する制裁は，理由書においても解説されている[63]。これに対して，取締役が発起人または株主と契約を締結する場合については，単に財産引受として定款に記載されていなかったことに基づき，契約の効力が制限される理由はない。むしろ，このような契約は，1884年法に導入された事後設立に関する規定を除けば，取締役の注意義務によって解決されることになる。

② **事後設立の規制**　取引行為による潜脱を阻止するために，事後設立の規制も必要とされることが認識された。これについて，理由書によれば，潜脱を阻止するには，会社が発起人の影響力の行使から経済的に独立してい

ることが確保されなければならないが，この経済的な独立性は，とくに設立後最初の2年以内に危殆化されるとする[64]。財産の取得が，会社の設立前にすでに発起人により計画されるが，調査および責任という厳格な要件を回避するために契約の締結を延期させるからである。そのために，理由書では，これらの取得が2年以内に行われ，これに対して付与される代償額が基礎資本の10%を上回る限りにおいて，当該契約の締結に際して設立段階で存在する諸規定が，これらの取得に準用される旨が指摘されている。基礎資本の10%を上回る代償額が付与される取得に制限することによって，会社の機関は自己の任意な処分が妨げられることになる。このことを目的として，明文の規定が設けられた(1884年法213e条[65])。すなわち，登記後最初の2年以内における，現存するかもしくは創設されるべき施設，もしくは不動産の取得の場合，会社から給付されるべき代償額が基礎資本の10%を上回る限りにおいて，総会の同意，監査役による調査後，本契約書が提出されなければならないという規定である。この場合，10%を上回る代償額に制限したことについては，会社の日常業務を不必要に困難にしないためであるとされる。

2　1897年の新商法典

　民法典は，1896年8月18日にドイツ皇帝ヴィルヘルム2世が署名し，同月24日にライヒ官報によって公布され，1900年1月1日より施行された[66]。商法典は，民法典との調整の必要から，1884年法の改正も必要とされた。これに基づき，1897年に新商法典(以下，1897年法という)が成立したが[67]，本法は本質的な変更のないまま，1884年法の現物出資設立の規定を承継した[68]。

　(1)　**現物出資規制**　本法でも，現物出資は明文で規定されているが(1897年法186条[69])，本質的な変更はない。しかし，重要なことは，裁判所または商業会議所が選任する検査役(Revisoren)が常に現物出資設立を調査しなければならず，当該検査役はとくに発起人に付与した反対給付が相当であったかどうか調査しなければならない旨を規定したことである(同法192条，193条)。なぜなら，この調査によって，会社機関から独立した検査役による実体的な

客観的調査が保証されることになったからである(70)。

(2) **現物出資規制の潜脱**　現物出資規制の潜脱の観点から，設立の場合だけでなく，資本増加の場合についても現物出資規定が必要であることが認識された。しかし，1897年法まで，1884年法の現物出資規定（1884年法209b条）と同様の規定は，資本増加の場合に存在しなかった。そのために，1897年の改正に際して，新たに規定を導入することによって，現物出資は資本増加についても規制されることになった（1897年法279条）(71)。しかし，資本増加の場合には，現物出資がなされるか，または財産に対する代償額が出資に算入されるのと引き換えに財産が会社に引き渡される場合にのみ，規制する必要があったにすぎない。したがって，資本増加における現物出資規定については，設立の場合と比較して，次のことが重要となる(72)。すなわち，資本増加については，資本増加の段階で会社が株式引受人の出資と相殺しない一方で，出資と実体的および時間的に密接して会社が当該株式引受人から譲り受ける財産に対して，出資から代償を付与する場合の額は，資本増加決議における開示義務に服しないということである。立法者がこの相殺合意のない取得行為の問題を認識したことは，事後設立に関する考察から明らかとなる(73)。しかしながら，この場合において1897年法の覚書（Denkschrift）の起草者は，資本増加の場合に，なぜ2年の事後設立期間の経過後は問題ないのかについて理由を述べていない。ところが，その理由は次のことから明白となる。すなわち，会社が2年の間に自立したならば，取締役は独立し，会社は現存するかまたは創設されるべき施設もしくはその他の財産の取得について企図された多数の契約を締結する結果，資本増加と関連して開示されるべき取引行為は，もはや相殺の場合と異なり，区別できないということである。このために，金銭出資による資本増加と実体的および時間的に密接する財産の引受は現物出資規定に服さず，資本増加後2年という事後設立の期間も問題ないこと(74)が，当時の一般的な見解であったとされる(75)。

3　1937年の株式法改正とその経緯

　1897年法から1937年の株式法改正までの間においては，まず1930年の株式法草案(以下，1930年草案という)の公表および1931年の株式法の一部改正(以下，1931年改正という)が重要である[76]。1930年草案は，第一次世界大戦に起因する経済事情の変化とこれに基づく1929年のフランクフルター・アルゲマイネ保険会社の破綻を契機とするもので，「株式法改正審議のための委員会」によって公表された[77]。これに対して，1931年改正は，1931年のダルムシュタット国民銀行やその他の会社の破綻が相次いだために，1930年草案の正規の手続による立法を待つ余裕がなく，1931年9月19日の「株式法，銀行監督および租税減免に関する緊急命令」(Verordnung über Aktienrecht, Bankenaufsicht und eine Steueramnestie)が出されたことに応じて，単に1930年草案に修正を加えて断行されたのものである[78]。次いで，1933年にはヒトラーが国家社会主義革命により政権を握り，「指導者原理」に基づき，あらゆる法域での改正が企図されることになった。この指導者原理に基づく改正は，従来の積極的な株式法改正運動を承継し[79]，株式法についても開始された[80]。その結果，1933年末にドイツ法学院 (Akademie für Deutsches Recht) 内に株式法改正委員会が設置され[81]，当該委員会の幾度にもわたる報告書に基づき[82]，シュレーゲルベルガー (Schlegelberger) およびクヴァソヴスキー (Quassowski) 等を中心として株式法草案が起草された。この草案は，1937年1月30日のナチス革命の記念日に，総統およびライヒ政府の裁可を得て，「株式会社および株式合資会社に関する法律 (株式法)」(Gesetz über Aktiengesellschaften und Kommanditgesellschaften auf Aktien (Aktiengesetz) [83]) として公布された (以下，1937年法という)[84]。この株式法により約30年にわたる改正が終結した。1937年法は，304条から構成され，従来のように商法典の一部をなさず，単行法の形式をもって株式法として制定された[85]。改正の考え方は，第一次世界大戦中および戦後を通じて変化した経済情勢に適応せしめることだけでなく[86]，従来の自由主義経済の一機構としての株式会社観念を，国家社会主義による統制主義経済観念をもって変革修正しようとすることにある[87]。しかし，1937年法はその根底にお

いては過去の法制と同一の思想基盤に立脚し，第二次世界大戦後に西ドイツにおいて若干の改正がなされたものの，そのまま施行されたといわれている。[88]以下でも同様に，現物出資規制に焦点をあてて，1930年草案と1937年法を中心に言及する。

(1) **現物出資規制**　　1930年草案でも，現物出資は明文で規制されている[89]（1930年草案9条2項）。条文上は1897年法と相違しない。しかしながら，1930年草案の理由書では，いわゆる変態設立に関する次の条項が注目される[90]。まず，変態設立事項の調査について，たとえ調査結果が不適当であった場合にも，登記裁判所は登記を拒絶できなかったことがあげられる。そこで本草案では，検査役が登記に対して懸念を表明した場合には，裁判所は登記を拒絶できるとして，当時の株式法を補充することとした（同草案17条1項）。さらに，検査役の選任に当たって検査役と発起人とが意見を異にするときも問題であることから，裁判所は，独立して裁判できることになった（同草案16条1項）。

これに対して，1937年法では，現物出資設立について大体において旧法の路線が継承され，現物出資および財産引受に関する規定が徹底的に再検討された。同時に，とくに事後設立との関係を明確にして，調査が不要な事後設立の方法により，現物出資設立の金銭出資設立の仮装による法の潜脱を阻止することが目的とされた[91]。ここでは，その法的定義と現物出資契約の効力が重要である。まず前者についてみれば，現物出資については次のように規定されている（1937年法20条1項）。

「株主が株式の券面額または券面額を超える発行価額によらないで給付する出資をなすべきとき」

この定義は「金銭出資以外の出資」とするよりも広範囲であり，会社が引き受けた財産価値に対する代償を出資に算入する旨の合意もこの規定に包含されることになる[92]。また，

「前項の確定(定款における現物出資の目的物，会社が目的物を取得する相手方，現物出資に対して付与されるべき株式の券面額の確定) がなされないときは，現物出資および財産引受の合意およびその実行のための法律行為は，会社に対してその効力を生じない（括弧内：筆者)。」

と規定され(同条2項1文)，確定されない現物出資は，会社に対して効力を生じない。この無効は，会社に対して主張できるにすぎない(93)といわれる。現物出資の合意だけでなく，履行行為も無効となる。

さらに，

「会社の商業登記簿への登記後は，この効力が生じないことを，定款変更によって治癒することはできない。」

と規定する（同条3項)。これにより，債権者は金銭出資設立がそのまま存続し，将来も他のものに変わらないことを信頼できる(94)ことになる。

右の規定と関連して，事後設立規定の変更も行われている。なぜなら，現物出資と財産引受の効果は，事後設立の方法によっても達成できるからである。事後設立については，1930年草案と同様に，株主総会の同意以外に，裁判所への設立報告書の提出が要件とされ(1937年法45条1項，2項，5項)，さらに改正によって従前では不要であった事後設立の調査を要することになった（同条3項)。また，事後設立と現物出資との関係が言及されていることも重要である（同条9項)(95)。

(2) **現物出資規制の潜脱**　いわゆる隠蔽された現物出資設立の問題について，1930年草案も将来できる限り脱法行為を阻止する立場である(96)。この脱法行為が実行されるのは，事後設立について，設立事項に関する報告書の提出および特別の検査役による調査が規定されていないからにほかならない。たとえば，現物出資設立を企図する一方で，まず調査の必要がない金銭出資設立の方法により，次に同様に調査の必要がない事後設立の方法によれば，

期待どおりの現物出資設立を実行することができる。この方法によれば，設立過程の調査を回避することができるとされる[97]。そのために，1930年草案では，事後設立についても設立事項に関する報告書の提出と調査を規定する。また事後設立契約の効力は，株主総会の同意以外に，商業登記簿への登記も条件とする一方で，これらの条件を充足しない場合には，事後設立契約を実施する際に行った法律行為の効力は発生しない（同草案36条1項2文）。発起人が目的物について行った合意が定款で確定されない場合には，本来ならば会社に対して効力を有しないが，事後設立契約の効力自体はこれによって妨げられるものではない（同草案36条7項）[98]。なぜなら，登記前において発起人の意図が実際は現物出資であったとしても，これにより金銭出資設立がその性質を失うものではなく，発起人はその金銭出資について会社に対して責任を負うのが相当であるからである[99]。ただし，会社の登記後は，会社の機関が権限を有するので，たとえ発起人が登記前に会社への拠出を意図した財産の取得を目的としても，契約の効力は生じるとされる。なお，これとの関係で，事後設立の場合に取締役および監査役の責任が加重されている（同草案37条）。

次に，この1930年草案に基づいて起草された1937年法の段階では，現物出資による資本増加に関する判例と学説の議論が注目される。学説では，資本増加段階で目的財産に対する代償額を用いて出資することに問題がないものとされていた[100]。なぜなら，資本増加段階での財産引受は，その代償が出資に算入される場合にのみ，現物出資の調査規定に服するとの明文規定が存在していたからである（1897年法279条）。これに対して，ライヒ裁判所は，現物出資設立の規定の潜脱防止の必要性について，「株式引受人と株式会社の取締役との間で企図された取引行為によって財産引受規定の潜脱を防止しようとするならば，当然の結果として，現物出資規制の潜脱が許容されるかどうかが問題となる」と言及しているが[101]，これは，会社の設立段階での問題であるにすぎない。したがって，フレヒトハイム（Flechtheim）が現物出資設立の規定の潜脱は，会社の設立だけでなく，資本増加についても問題となると批

判している⁽¹⁰²⁾ことは重要であるとされる。なぜなら，この批判は，ライヒ裁判所がその後 1938 年にはじめて資本増加段階における現物出資の問題を扱った判例⁽¹⁰³⁾において，原告により主張されたからである。すなわち，ライヒ裁判所は，原告である Rossia 社が，被告である IDUNA 運輸会社（持株会社）の金銭出資による資本増加を引き受ける一方で，被告の取締役は，原告が保有する被告傘下の保険会社に対する株式を高値の相場で原告から取得したという事案において，結果的に原告の主張を受け入れたのである。ただし，資本増加おける現物出資規制の潜脱は許されないとは明確には述べていない。この判決は，現物出資規制の潜脱禁止に関する画期的な判例として引用されている⁽¹⁰⁴⁾。

4　1965 年の株式法改正

　1937 年法の改正は，すでにナチス政権の崩壊後間もない頃から要求されており⁽¹⁰⁵⁾，戦後の経済政策的および社会政策的考え方の重大な変更に対応せざるをえなかった。そこで連邦総理大臣は，まず多数の学問上の研究や関係方面諸団体の意見書などによって，改正について問題点を明らかにし，1957 年 10 月 29 日に政府声明を行い，第三選挙期間中に新株式法草案をドイツ連邦議会に議決のために呈示する旨を公表した。この法案の呈示の準備のために，連邦法務省の参事官（Referat）は，種々の改正意見や外国の重要な近代株式会社法に関する広範囲な資料を収集し，検討の結果，1958 年 10 月に草案を公表した。その後，この草案に対する各界の意見に基づいて修正された政府草案（Entwurf eines Aktiengesetzes und eines Einführungsgesetzes zum Aktiengesetz nebst Begründung, 1960；以下，政府草案という）が議会に提出され，1960 年 5 月に公表された⁽¹⁰⁶⁾。政府草案は，議会における第一読会の後に，法律委員会および経済政策委員会の審議に付され，約 8 年間にわたる検討の後，1965 年 9 月 6 日に成立し，1966 年 1 月 1 日より施行された⁽¹⁰⁷⁾。この新株式法の改正で重要なことは，国民各層をして，株式に対してより大きな関心をもたせるための一連の対策を講じたこと，および結合企業に関する詳細な規定を新設したことで⁽¹⁰⁸⁾

ある。それでは，本稿で扱う現物出資について新株式法はどのように規制しているのであろうか。以下，叙述することにする。

(1) 現物出資規制　1965年株式法における現物出資の諸規定は，若干の文言上の改正点を除き，ほとんど政府草案の規定をそのまま引き継いでいる。そこで，以下では，まず政府草案の現物出資規制とその手続を概観し，1965年改正株式法（以下，1965年法という）において，どのように制定されたのかをみることにする。

まず，政府草案では，現物出資について次のように規定する。

「(1)株主が株式の券面額または券面額を超える発行価額の払込によらないで給付する出資をなすべきとき（現物出資），または会社が現存しもしくは製作されるべき設備その他の財産を引き受けるとき（財産引受）は，その現物出資または財産引受の目的物，会社がその目的物を取得する相手方および現物出資に対して付与すべき株式の券面額または財産引受に対して付与すべき代償を定款において確定しなければならない。

(2)前項の確定がないときは，現物出資および財産引受に関する契約ならびにその実行のための法的行為は，会社に対して効力を生じない。会社が登記されたときは，定款の効力は，この効力の不確定(Unwirksamkeit)によって妨げられない。現物出資の合意が効力を生じないときは，株主は，株式の券面額または券面額を超える発行価額を払い込む義務を負う。

(3)会社の商業登記簿への登記後は，この効力の不確定は，定款変更によって治癒することができない。

(4)法律上有効になされた確定の変更については，第23条4項を適用し，定款の規定の削除については，第23条5項を適用する。」

この規定は，1965年法27条と実質的にほとんど相違しない。ただし定款で確定された現物出資および財産引受に関する確定の変更および定款の確定の削除を定める規定（4項）は，1965年法で新たに導入されたものである。この

規定は，特別利益および設立費用のみ条文上引き継いだことから（1965年法26条4項および5項），これを現物出資および財産引受にも適用させることを明らかにするために明定された。なお現物出資による資本増加についても，内容的に変更されずに規定された（政府草案171条，1965年法183条）。

次に，現物出資に関する諸手続についてみれば，まず設立報告書が作成されなければならない（政府草案29条2項，1965年法32条2項）。定款で確定されていない現物出資または財産引受に関する契約に基づく義務は，当然に会社において引き受けることはできない（政府草案38条3項，1965年法41条3項）。設立報告書には，現物出資または財産引受に対する給付の相当性を決定する以下の重要な事項を説明しなければならない。すなわち，①会社による取得を目的とした先行の法律行為，②直近2年の取得価額および製作価額および③企業を会社に移転する場合は，直近2営業年度の営業収益を表示しなければならない。この設立報告書によって，現物出資および財産引受の価格に関する計算の基礎が理由づけられることになる。

現物出資または財産引受によって設立された場合には，取締役員および監査役員による設立過程の調査以外に，裁判所選任の設立検査役による調査に服する（政府草案30条1項，2項4号，3項，1965年法33条1項，2項4号，3項）。この場合，取締役員，監査役員および設立検査役による設立調査の範囲は，現物出資または財産引受の価格がこれに対して付与されるべき株式の券面額またはこれに対して付与されるべき給付の価格に達しているかどうかにまで及ぶ（1965年法34条1項2号[112]）。現物出資または財産引受について会社の設立目的のために行った記載が正確かつ完全なことについては，発起人は会社に対して連帯してその責任を負うだけでなく（政府草案43条1項，1965年法46条1項），故意または重大な過失に基づき出資，財産引受または設立費用によって会社に損害を与えたときも，会社に対して連帯して賠償義務を負う（政府草案43条2項，1965年法46条2項）。取締役員，監査役員および設立検査役も，設立行為の調査義務に違反する場合には，その責任が問われることになる（政府草案45条，46条，1965年法48条，49条）。なお，裁判所は，発起人がなすべ

き説明および証明の範囲について発起人と設立検査役との間に意見の相違がある場合には，これについて決定する（政府草案32条1項，1965年法35条1項）。さらに，設立報告書，取締役員および監査役員の調査報告書が不正確もしくは不完全な場合には，裁判所は登記を拒絶できる（政府草案35条2項，1965年法38条2項）。

　事後設立の規定については，政府草案も1965年法も，大体において1937年法45条を引き継いでいる（政府草案49条2項，1965年法52条2項）。ただし，別段の定めがない限り，事後設立契約には書面の方式が必要である旨が新設された。しかし，この場合に書面の方式で足りるのは，他の法律の規定によって，より厳格な方式が必要とされていない場合にすぎない。[113]この事後設立契約書について，政府草案では，その同意について決議する株主総会において読み上げかつ説明し，議事録に資料として添付することを要求していた。これに対して，1965年法ではこれを削除し，総会の招集時から株主の閲覧に供するために会社の営業所に備え置かれ，請求があるときは各株主に対して遅滞なく謄本を交付し，また取締役は議事の開始において契約を説明しなければならない旨を規定した（政府草案49条，1965年法52条）。

(2)　**現物出資規制の潜脱**　　現物出資規制の潜脱の問題は，1965年法については，あまり論じられていない。[114]判例としては，有限会社法上問題となった連邦通常裁判所のゴムバンド（Gummiband）判決[115]が重要である。これに対して，学説では，異なる観点から議論が展開されている。たとえば，一方では，資本増加における相殺合意は無効であると主張する見解[116]，他方では，会社が目的財産の取得のために株式引受人から出資された金銭を使用することが，会社と株式引受人との間で合意されている場合には，許容されない現物出資規制の潜脱であるとする見解[117]が主張されている。しかしながら，これらの見解は，1970年中期頃まで進展はみられなかったと指摘されている。[118]

5　1978年の会社法の調整に関する第二指令施行法に基づく株式法改正以降

　第二次世界大戦の反省を踏まえて，ヨーロッパでは，1957年にローマにおいてヨーロッパ経済共同体創設条約が調印され（ローマ条約），翌年1月1日に発効された[119]。この条約に引き続き，これらの共同体に単一の理事会と単一の委員会を設置する条約（ブリュッセル条約）により，共同体に共通する単一の理事会と単一の委員会が設置された[120]。これを総称してECとよばれている[121]。

　このECにおいて，ヨーロッパ経済共同体は，加盟国全域を単一の国内市場と同様に機能させるために，域内の企業が経済諸条件を考慮し，その国籍に関係なく，域内の最適の地に企業の本店ならびに支店・工場を設置し，子会社を設立し，労働者を雇用し，営業活動を遂行しうる共同市場の機能化を目的としている[122]。しかしながら，この目的を達成するには，企業が域内で自由に活動することが前提となる一方で，会社法が加盟国で相違することは，重大な障害となるだけでなく，外国の会社法制に対する認識不足からする紛争の危険さえはらんでいる[123]。これらの障害や危険を除去するには，加盟国の会社法の基本原則を同一にしなければならない[124]。このような趣旨から，ローマ条約では，会社の組織活動，さらには営業活動の自由を実現し，ECの目的を達成する前提として，閣僚理事会は，加盟国の会社法上の社員および債権者保護規定を同価値にするために，EC委員会の提案に基づき，加盟国の会社法を調整する指令を定める旨の規定が設けられている（ローマ条約54条3項（g）号参照）[125]。この条約に基づき，「会社法に関する理事会指令[126]」が発布されることになったが，現物出資については第二指令が規制している。したがって，以下では，まず，この第二指令が定めている現物出資の目的財産の出資能力，現物出資の給付時期および設立の調査の範囲について言及し，次にこれらの規制がドイツ株式法においてどのように国内法化されたかを整理し，さらに現物出資規制の潜脱の問題を扱うことにする。

　なお，その後は，1998年3月25日に無額面株式法（Stückaktiengesetz）[127]が制定されたが，関連規定の修正が図られたにすぎない[128]。

(1) 現物出資規制　　第二指令は,「株式会社の設立」ならびにその「資本の維持および変更」に関して,社員ならびに第三者の利益を保護する目的を有している。⁽¹²⁹⁾この目的に基づき,現物出資の目的財産の出資能力について,次のような規定が存在する(第二指令7条)。

「引受資本は,経済的価値が確定可能な目的財産からのみ構成されうる。しかしながら,この目的財産は,労務または役務の給付義務から構成することはできない。」

この規定は,現実の資本拠出⁽¹³⁰⁾を確保するために定められている⁽¹³¹⁾。したがって,会社財産を増加させ,かつ債権者の担保としての責任財産を形成するのに適した目的財産だけが考慮されることになる。この趣旨からすれば,金銭出資以外の目的財産は,あたかも金銭と同様の機能を有していなければならない⁽¹³²⁾。しかしながら,労務または役務の給付義務は,債権者にとって何ら換価可能な財産ではないので,この機能を満たしていない。したがって,これらの給付義務は引受資本を構成しない。ドイツでは,第二指令の国内法化がなされ,株式法でも同様の趣旨の規定が新設されている(株式法27条2項)。

「現物出資または財産引受は,経済的価値が確定可能な目的財産のみ存在しうる。役務の義務は,現物出資または財産引受たることを得ない。」

なお,役務の義務だけが定められているが,仕事の提供(労務)義務も,その請求が出資者に対するものであれば,適格な出資物ではないといわれている⁽¹³³⁾。

現物出資の給付時期については,次のように規定されている(第二指令9条2項)⁽¹³⁴⁾。

「しかしながら,会社の設立時点または会社の営業活動開始の認可が付与された

時点において発行される株式について，金銭出資でない出資は，この時点から5年以内に全部給付されなければならない。」

これにより，現物出資（金銭出資でない出資）は，会社の設立後5年の期間内に給付されなければならず，しかもこの給付は一部分ではなく，全部についてなされなければならない[135]。これは，現物出資の効果的な給付を保証する特別な必要性から認められたものである[136]。ドイツでは，この規定の国内法化により，第二指令と同様の趣旨の規定が新設されることになった（株式法36a条2項の追加）。したがって，現物出資の給付時期については，次のように規定されている。

「現物出資は，全部給付されなければならない。現物出資が，会社に対して目的財産を譲渡する義務である場合には，当該給付は，会社の商業登記簿への登記後5年以内になされていなければならない。その価値は，発行価額の最低額に相応し，かつ株式の発行の場合には，この発行価額を越える額について超過額にも相応しなければならない。」

さらに，設立検査役の資格，調査報告書の記載事項，公示方法および一定の条件における設立調査の免除が規定されている（第二指令10条）。たとえば，設立検査役の資格については，

「金銭出資でない出資は，会社の設立前または会社の営業活動開始の認可を受ける時点で，行政庁または裁判所によって選任されたかまたは許可された，会社から独立した一人以上の検査役（Sachverständige）によって作成される特別報告書の対象である。検査役は，各加盟国の法規定に従い，自然人，法人または会社であることができる。」

旨が規定されている（第二指令10条1項[137]）。

この規定により、金銭出資でない出資の調査は特別報告書において1人以上の独立の検査役によってなされなければならない。報告書では、「少なくとも」現物出資およびその評価方法が記載されるとともに、現物出資が「少なくとも」発行株式の価値に相応することが確定される必要がある。検査役の報告書は公示される。しかし、株式の90％が「金銭出資でない出資」に対して1社以上の会社に発行され、かつ一定の要件を充足している場合には、調査を行う必要はない。これは、金銭が払い込まれる場合には、出資の価値は容易にまた正確に定めることができるのに対して、たとえば土地、事業の一部、ライセンスまたは特許のような他の目的財産を出資する場合には、一定の場合を除いて、これらの価値の調査は困難であるという理由による。この調査を発起人にのみ任せるならば、過大評価の危険が存在する結果、現実の資本拠出を確保するには、特別な調査を導入して、債権者ならびに社員の利益を保護すべきである。したがって、ドイツでは、設立調査の範囲が次のように規定された（株式法34条2項）。

「各調査については、前項の事情の説明を附して、書面により報告されなければならない。報告書には、各現物出資または財産引受の目的物を付記し、ならびに価格の調査に際してどのような評価方法を用いたかを記載しなければならない。」

(2) 現物出資規制の潜脱　潜脱の問題は、第二指令によって再度活発に議論された。ドイツ以外の他の加盟国では、現物出資規定と金銭出資規定を同価値とみなす結果、現物出資を金銭出資と目的物の取得行為に分離することで現物出資規制を潜脱することは、許されるものと判断された。したがって、他の加盟国では、この潜脱の問題が配慮されなかったことにより、ドイツ株式法52条に対応する事後設立の規定がなかったといわれている[138]。そこで、ドイツの代表団が現物出資規制の潜脱に対する保護を問題とすることによって、事後設立が規定されることになったが（第二指令11条）、この過程でさらに議論が展開された。以下、これについて言及する。

ヨーロッパ議会の法律委員会は，原案段階で事後設立に対して次のように表明している。[139]

「事後設立に関する規定（9条）は，5つの加盟国については改革を意味する。会社が，設立後最初の2年以内に発起人または株主から，少なくとも引受資本の10分の1の代償で目的財産を取得する限りで，この取得は現物出資に関する規定（8条）により調査および開示され，また総会の承認を得なければならない。9条の規定は，現物出資に対する保護があまりにも容易に潜脱されることを阻止するものであり，これによって，とくに監督手続の潜脱を企図する株主が，金銭出資と引き換えに株式を引き受け，その後，過大な価格で会社に目的財産を譲渡する可能性は，排除されるべきであろう。」

この表明にもかかわらず，設立段階での現物出資規制の潜脱に対する保護を主張するドイツの見解は，他の加盟国においてあまり同意を得なかった。経済社会委員会（Wirtschafts-und Sozialausschuß）は，事後設立に関する規定について，たとえ事後設立が実際上例外的に行われるとしても，まったく実用的でないとの見解を表明している。[140] これに対して，ヨーロッパ議会の経済委員会は，まず原案9条の保護規定である現物出資の証明，監督および開示を定める規定（原案7条）については合目的的であると表明する。[141] これを受けて，法律委員会は，会社の日常業務の範囲内における取得には何ら適用されないとの補足を加えた（原案9条2項）。[142]

さらに，イギリスやアイルランドの加盟により，アングロサクソン型の理念にも適合させなければならなかったことから，第二指令の採択は遅延した。とくに，若干の加盟国が，事後設立の規定を第三者との間の取得行為にも適用することに抵抗したからである。ドイツは，第三者が介在することによって事後設立規定のほとんどが容易に潜脱されうるとして，第三者との間の取得行為はこれに含まれなければならないと主張する。しかし，この主張は他の加盟国を説得するにいたらなかった。その結果，原案9条は，発起人との

事後設立行為についてのみ強行法であることで意見が一致した。これを受けて，第二指令では，加盟国は，発起人でない株主およびその他の者からの取得にも事後設立規定を拡大することができる旨を任意に定めうることになった（第二指令 11 条 1 項）。この事後設立の規定は，ドイツ株式法に規定されていたものである。したがって，ドイツでは，株式法 52 条の内容的な変更はなされていない。

その他には，ドイツの立法者が現物出資概念を的確に定義づけることによって，現物出資規制の潜脱とみなされる場合を明確にしたことが重要である。なぜなら，目的財産の取得行為に対する代償が株主の金銭出資に算入される財産の引受は，これを金銭出資とみなす規定が導入されたからである（ドイツ株式法 27 条 1 項 2 文）。

(1) わが国における 1800 年前後におけるドイツ商法および株式法に関する文献としては，主として岩崎稜「ドイツ株式会社法成立過程における法人理論の意義 (1)―夜明け前，(2)―ザビニィをめぐって」香川大学経済論叢 32 巻 3・4・5 号 379 頁以下 (1959)，32 巻 6 号 59 頁以下 (1960) [戦後日本商法学史所感（新青出版，1996）所収，295 頁以下，323 頁以下]，同「ドイツ株式会社立法の定着過程」鈴木竹雄先生古希記念『現代商法学の課題 (下)』1169 頁以下（有斐閣，1975）[戦後日本商法学史所感（新青出版，1996）所収，349 頁以下]，坂本延夫「1843 年プロイセン株式会社法とサヴィニー (1) (2) (3・完)」亜細亜法学 19 巻 1・2 号合併号 33 頁以下 (1985)，20 巻 1・2 号合併号 117 頁以下 (1986)，21 巻 1 号 27 頁以下 (1986)，大隅健一郎『新版株式会社法変遷論』57 頁以下（有斐閣，1987），新山雄三『ドイツ監査役会制度の生成と意義』3 頁以下（商事法務研究会，1999）をあげることができる。これに対して，ドイツ語文献については，Semler, Münchener Kommentar zum Aktiengesetz, 2. Autl., 2000, Einl. S. 9 ff. に掲載されている。
(2) Vgl. Semler, a. a. O. (Fn. 1), Einl. Rn. 18 ff.
(3) Semler, a. a. O. (Fn. 1), Einl. § 19.
(4) 新山・前掲書注 (1) 25 頁。
(5) このことは，Reich, Die Entwicklung des deutschen Aktienrechtes im neunzehnten Jahrhundert, in : IUS COMMUNE Bd II, 1969, S. 239, 249 f. からも明らかである。これによれば，株式会社はプロイセンにおいて，1800 年から 1835 年時点では総計 1200 万ターレルの資本で設立され，1835 年から 1840 年時点では総計 2500 万ターレルの資本で設立され，さらに 1840 年から 1845 年時点では総計 7700 万ターレルの資本で設立された。このことから，まず資本の約 60%が鉄道会社に割り当てられ，その後は約 85%が割り当てられていることになる。1840 年のプロイセンの全国家予算がおよそ 5500

万ターレルであったことを考えれば，鉄道建設に莫大な資金を要すること（一部については，起債市場を通じて資金調達された）は明白である。なお，重要な鉄道会社としては，たとえば Hansemann により設立された，600万ターレルを有するケルン・アーヘン間のプロイセン＝ライン鉄道および1300万ターレルを有するケルン＝ミンデン鉄道をあげることができる。なお，これは，新山・前掲書注（1）28頁注55においても指摘されている。また，1800年ないし1870年の間に，株式会社の資本はドイツ全体で10億ターレルであったが，このうち鉄道株式資本が7億1700万ターレル（70%以上）を占めていたのに対して，他の重工業株式資本は，わずかに1110万ターレルにすぎなかったとの指摘もある（林達『ドイツ産業革命』85頁（学文社，1968））。

(6)　Vgl. Reich, a. a. O. (Fn. 5), S. 249.
(7)　林・前掲書注（5）89頁。
(8)　Gesetz über die Eisenbahn＝Unternehmungen. Vom 3. 10. 1838, Gesetz-Sammlung für die Königlichen Preußischen Staaten 1838, S. 505.
(9)　なお，この間にも，1836年および1837年のザクセン州議会において，株式団体（Aktienvereine）に関する法律草案（Gesetz-Entwurf, die Actienvereine betreffend (vom 14. 11. 1836)）について審議されている（Reich, a. a. O. (Fn. 5), S. 245.）。しかし，この草案は，出資義務に関する争いのために法律にはならなかった。このザクセン草案を検討するものとしては，Baums-Stammberger, Der Versuch einer Aktiengesetzgebung in Sachsen 1836/37, 1980. があり，本書の121頁以下において本草案が紹介されている。
(10)　とくに鉄道企業法は，全部で49ヶ条から構成され，そのかなりの部分は，鉄道建設に必要な土地の調達のための強制的土地収用権や利用権の内容，行使の手続，補償，本来の土地所有者の有する買戻権ないし先買権等に関する規定（8条ないし20条）および鉄道そのものについての運送や料金に関する規定（24条ないし35条）から成る（新山・前掲書注（1）29頁）。
(11)　Bösselmann, Die Entwicklung des deutschen Aktienwesens im 19. Jahrhundert, 1939, S. 70. 大隅・前掲書注（1）63頁。
(12)　新山・前掲書注（1）33頁を参照。
(13)　本法の成立を扱うものとして，Martin, Die Entstehung des preußischen Aktiengesetzes von 1843, Vierteljahresschrift für Sozial-und Wirtschaftsgeschichte 56 (1969), S. 499 ff. がある。また本法ならびに立法資料を参照するには，Baums, Gesetz über die Aktiengesellschaften für die Königlich Preußischen Staaten vom 9. November 1843 Text und Materialien, 1981. が有益である。
(14)　なお，この間にも，1838年および1839年に，ヴュルテンベルク王国において1807年の商事法典（Code de Commerce）を基礎にした商法の法典化が企図されたことが，重要な事実としてあげられる。1840年に起草されたこのヴュルテンベルク王国商法典草案（Entwurf eines Handelsgesetzbuches für das Königreich Württemberg）は，当時知られた立法資料の全部に依拠して作成されたものである（この草案と理由書については，Entwurf eines Handelsgesetzbuches für das Königreich Württemberg mit Motiven, 1839. および Entwurf eines Handelsgesetzbuches für das Königreich Württemberg mit Motiven, II Theil. Motiven, 1840. において紹介されている）。1807年の商事

法典以外にも，プロイセン普通国法，1838年のオランダ商法典（Wetboek van Koophandel），1833年のポルトガル商法典（Codigo Commercial Portuguez）および1829年のスペイン商法典（Codigo de comercio）が用いられた（Bergfeld, Der Entwurf eines Handelsgesetzbuchs für das Königreich Württemberg von 1839, in：IUS COMMUNE, 1978, S. 226, 232.）。本草案は，株式法の領域でほぼ文言上オランダ商法典の諸規定を継承したが（Rreich, a. a. O. (Fn. 5), S. 244），理由書では，株式会社が当時ヴュルテンベルグにおいて非常に普及し，このことが立法者に法典化のための衝撃を与えたかどうかは明らかにされていないし，また本草案が言及しようとする設立の濫用が，ヴュルテンベルグにおいて行われているのかどうかの指摘もない。なお，本草案は法律にならなかった。

(15) 本法の特徴としてあげられるのは（Reich, a. a. O. (Fn. 5), S. 251），まず領邦君主の認可および監督に基づく規定である（1条，4条，6条，8条，24条，25条）。次に開示義務がある定款には，とくに基礎資本の額，貸借対照表計上の方法および議決権の行使について，一定の内容的な規制を受けなければならないことである（2条）。また二元的組織（取締役および株主総会）が最低限の要件とされている。さらに，取締役の若干の権利および義務が規制され（19条以下），株主の権利の設定は，定款および二次的には組合法（Societatsrecht）から生ずることである（10条）。その他に，基礎資本の確保に関するオランダ商法典の諸規定およびすべての株式会社にとって重要な無記名株式の引受と発行に関するプロイセン鉄道企業法の規定がある。

(16) 新山・前掲書注（1）34頁を参照。

(17) なお，後述のように，認可主義は，1860年と1870年の間に廃止される方向にむかった。

(18) これについては，Reich, a. a. O. (Fn. 5), S. 252 f. を参照。

(19) 委員には，ハノーバーの代表として，ハインリヒ・テール（Heinrich Thöl）も参加していた。

(20) この草案は，Baums (Hrsg.), Entwurf eines allgemeinen Handelsgesetzbuches für Deutschland (1848/49), Beihefte der Zeitschrift für das gesamte Handelsrecht und Wirtschaftsrecht (ZHR), Heft 54, 1982. において紹介されている。

(21) なお，プロイセンでは，1843年法に基づき認可主義を採用したことから，設立要件が，認可実務に基づいて明確化されなければならなかったといわれている（以下，Reich, a. a. O. (Fn. 5), S. 253 f. による）。これに基づく最初の措置は，事業の目的が次の場合には認可の申立を受理した1845年4月22日の通達であった。

「1. 事業の目的自体が，一般的な観点から有益であり，かつ促進させる価値があると思われる場合，同時に，
2. 必要な資本額に基づき，または事業自体の性質から，大多数の関係者の協働を前提とするか，またはこれにより事業を単独で行うよりも，より容易にかつ確実に達成することができる場合。」

さらに，通達では，株式会社は，既存の産業を損なうことなく，危険の多い工業部門の発展という新たな公共の利益を促進するために用いられるべきであるとの文言か

ら，まだ「重商主義的な」観点を想起することができる。この観点から，無記名株式の発行に関する要件は，次のことが調査されなければならなかったので，いまだ厳格であったとされる。

「1. 事業が，局地的な実効性や有益性以上のものを有し，高度な公共の利益のために，とくに優遇する必要があるかどうか，および当該事業が，
　2. かかる株式の発行（無記名株式）の許可がなければ，一般に実行に移すことができないのかどうか」

通達が示すように，このような要件を充足するのは，主として交通企業だけであり，19世紀前半は認められなかった株式銀行については，1848年に特別な準則が出された。

(22) この草案の理由書については，Entwurf eines Handelsgesetzbuch für die Preußischen Staaten nebst Motiven, Berlin, 1857. を参照。
(23) 以下，Reich, a. a. O. (Fn. 5), S. 259 ff. による。
(24) 実質的にこの草案は，フランスにおける1856年7月17日の株式合資会社法およびイギリスにおける1856年および1857年のジョイント・ストック・カンパニー法に影響を受けている。これについては，Reich, a. a. O. (Fn. 5), S. 257 f. を参照。
(25) 本法については，Entwurf eines Allgemeinen Deutschen Handelsgesetzbuches, Würzburg 1861. を参照。
(26) ハンブルク，ブレーメン，リューベック，ヴュッテンベルク，バーデンおよびオルデンブルク（その後ザクセンも）がこの規定を利用したが，一部の領邦については，一定の目的を有する株式会社（たとえば保険会社）の場合にのみ認可を要するとした (Semler, a. a. O. (Fn. 1), Einl. Rn. 20.)。
(27) 現物出資による設立は，しばしば「現物出資設立（Sachgründung）」といわれる場合がある。しかし，この概念は，現物出資による会社資本の形成としての資本参加と財産引受を通して財産物件での会社の営業の基礎づくりという2つの概念を包括する。したがって，この概念は，現物出資と財産引受の上位概念として，また変態設立の下位概念として位置づけられる（志村治美『現物出資の研究』22頁注5（有斐閣，1975））。以下でも，この現物出資設立の概念を使用する場合がある。なお，現物出資の立法過程については，志村・前掲書19頁〜51頁に負うところが多い。
(28) Dahlgrün, Die Sachgründung einer Aktiengesellschaft und die Frage der Zulässigkeit einer Vermeidung oder Umgehung der für sie aufgestellten Vorschriften, 1930, S. 12.
(29) Vgl. Protokolle der Kommission zur Beratung eines ADHGB, Würzburg 1858, Ⅰ. Teil, 37. Sitzung, S. 329 f. (zu Art. 183), S. 380 ff. (zu. Art. 159). 以下，主としてSengelmann, Die Sachübernahme im Aktienrecht, 1965, S. 3 ff. による。
(30) Entwurf von 1857, a. a. O. (Fn. 22), S. 84 (zum Art. 159).
(31) ニュルンベルク会議以降の読会（Lesung）において，株式合資会社についても認可義務が決議されたにもかかわらず，159条は存在していた。
(32) Vgl. Protokolle, a. a. O. (Fn. 29) S. 329 f. (zum Art. 183), Dahlgrün, a. a. O. (Fn. 28), S. 12. なお，志村・前掲書注（27）20頁以下を参照。

(33) これについては，Meilicke, Die "verschleierte" Sacheinlage.—eine deutsche Fehlentwicklung—, 1989, S. 37 ff. による。
(34) Protokolle, a. a. O. (Fn. 29), S. 329 f.
(35) Entwurf von 1857, a. a. O. (Fn. 22), S. 84.
(36) Protokolle, a. a. O. (Fn. 29), S. 381.
(37) Meilicke, a. a. O. (Fn. 33), S. 38.
(38) Protokolle, a. a. O. (Fn. 29), S. 381.
(39) Reich, a. a. O. (Fn. 5), S. 264.
(40) この1870年法については，Bundes-Gesetzblatt des Norddeutschen Bundes 1870, Nr. 21, S. 375 ff. ならびに Entwurf eines Gesetzes betreffend die Kommandit-Gesellschaften auf Aktien und die Aktien-Gesellschaften nebst Motiven, in : Stenographische Berichte über die Verhandlungen des Reichstages des Norddeutschen Bundes, 1. Legislatur-Periode, Session 1870, IV. Band, Aktenstück Nr. 158, S. 645 ff. を参照。
(41) 認可主義から準則主義への移行についての詳細は，Schubert, Die Abschaffung des Konzessionssystems durch die Aktienrechtsnovelle von 1870, ZGR 1981, S. 285 ff；Reich, a. a. O. (Fn. 5), S. 264 ff. を参照。
(42) 戸原晴郎『ドイツ金融資本の成立過程』34頁（東京大学出版会，1960）を参照。
(43) Meilicke, a. a. O. (Fn. 33), S. 39. なお参照，志村・前掲書注（27）22頁；Julius von Gierke, Handelsrecht und Schiffahrtsrecht, 8. Aufl., 1958, S. 252；Heinrich Lehmann, Gesellschaftsrecht, 2. Aufl., 1959, S. 65；Schubert, a. a. O. (Fn. 41), S. 289 ff.
(44) Bundes-Gesetzblatt des Norddeutschen Bundes 1870, Nr. 21, S. 379 f.
(45) Sengelmann, a. a. O. (Fn. 29), S. 7.
(46) Sengelmann, a. a. O. (Fn. 29), S. 7.
(47) 志村・前掲書注（27）23頁。
(48) Entwurf von 1870, a. a. O. (Fn. 40), S. 653.
(49) Entwurf von 1870, a. a. O. (Fn. 40), S. 655.
(50) Meilicke, a. a. O. (Fn. 33), S. 39.
(51) Sengelmann, a. a. O. (Fn. 29), S. 8.
(52) 志村・前掲書注（27）24頁。
(53) Vgl. Schubert/Hommelhoff, Hundert Jahre modernes Aktienrecht, Eine Sammlung von Texten und Quellen zur Aktienrechtsreform 1884 mit zwei Einführungen, ZGR-Sonderheft 4, 1985, S. 413.
(54) この1884年法とこれに関する理由書については，Schubert/Hommelhoff, a. a. O. (Fn. 53) のほか，Entwurf eines Gesetzes, betreffend die Kommanditgesellschaften auf Aktien und die Aktiengesellschaften nebst Motiven und Anlagen, in : Reichstag. V. Legislatur＝Periode. IV. Session. 1884, Nr. 21. において参照できる。
(55) 志村・前掲書注（27）25頁。
(56) 志村・前掲書注（27）28頁。
(57) Vgl. Schubert/Hommelhoff, a. a. O. (Fn. 53), S. 434 f.
(58) たとえば，取締役員および監査役員の設立過程の調査義務(209h条1項)，取締役員

(59) Meilicke, a. a. O. (Fn. 33), S. 40.
(60) Meilicke, a. a. O. (Fn. 33), S. 40. 1870年法209b条1項が2項になった。
(61) Vgl. Schubert/Hommelhoff, a. a. O. (Fn. 53), S. 436 f. すなわち、「…会社によって引き受けられる、既存のもしくは創設されるべき施設、もしくはその他の財産は、定款に記載されなければならない。このような引受は、現物出資の場合のように、株式の引受から生じる株主の義務を履行するのではなく、会社と相手方との間の独立した双務的法律行為である」。
(62) Meilicke, a. a. O. (Fn. 33), S. 40.
(63) Schubert/Hommelhoff, a. a. O. (Fn. 53), S. 437. すなわち、「所定の目的物に対する合意は、定款に規定された確定の合意を欠く限りで、会社を拘束すべきでないということである。これにより、発起人が会社の名前で締結した法律行為および発起人が会社に負わせた債務は、株主または債権者として企業に参加しようとした者に対してのみ明らかにされるのではなく、会社に対しても明らかにされることになる。どの程度、会社に対して拘束力のない、発起人とその相手方との間の合意に法的効力が生じるかは、民法の原則に従い決定されるであろう。この旧180条3項に従う方向で、合意に法的効力を付与しないことは、会社の利益に配慮するという立場から正当化することができる。反対に、発起人は、当該合意を定款に記載しない場合には、会社の名前で行った合意に対してみずから責任を負うことから、合意を記載するようになる」。
(64) Schubert/Hommelhoff, a. a. O. (Fn. 53), S. 453.
(65) 213e条は、次のように規定する。すなわち、
「定款の商業登記簿への登記から2年が経過する前に、会社の側で、日常業務のために現存するかもしくは創設されるべき施設、もしくは不動産を基礎資本の10分の1を上回る代償で取得すべき契約が締結される場合、当該契約が有効であるには総会の同意を必要とする。
　監査役は、議決前に契約を調査し、かつその調査の結果について書面による報告書を作成しなければならない。
　賛成多数決の持分は、契約が初年において締結される場合には、少なくとも基礎資本の4分の1、その他の場合には、少なくとも総会において代表された基礎資本の4分の3でなければならない。
　認可された契約書は、文書による基礎資料を付した監査役の報告書および議決に関する証明とともに、原本または公証された謄本で提出されなければならない。
　取得が、会社の成立前に発起人によりなされた合意の実行において行われた場合には、会社の損害賠償請求権および賠償義務者に関して、第213a条および第213d条の規定が適用される。」
(66) ドイツ民法典の編纂史については、とくに石部雅亮「ドイツ民法典編纂史概説」石部雅亮編『ドイツ民法典の編纂と法学』3頁以下（九州大学出版会、1999）を参照。
(67) 1897年法については、Schubert/Schmiedel (Hrsg.), Quellen zum Handelsgesetzbuch von 1897, Band I Gesetze und Entwürfe, Band II Denkschriften, Beratungen, Berichte, 1986/87. において参照することができる。
(68) 志村・前掲書注（27）32頁。なお本法は、技術的修正が加えられたに止まる。これ

については，志村・前掲書注（27）34頁注2を参照。
(69)　186条は，次のように規定する。すなわち，
　　「個々の株主のために締結されたすべての特別利益は，権限者を表示してこれを定款に確定しなければならない。株主が基礎資本に対して金銭の支払によって履行されない出資をなし，または現存しもしくは創設されるべき施設もしくはその他の財産が，設立されるべき会社により引き受けられるときは，出資または引受の目的物，会社が目的物を取得する相手方および出資に対して付与される株式の額，または引き受けられた目的物に対する代償額が，定款において確定されなければならない。
　　これらの事項のほか，設立またはその準備に対する補償または報酬として株主またはその他の者に会社の負担で付与されるすべての費用は，これを定款に確定しなければならない。本条所定の目的物に関して，定款に確定されなかったすべての合意（Abkommen）は，会社に対して効力を生じない。」
(70)　Sengelmann, a. a. O. (Fn. 29), S. 13.
(71)　Vgl. Schubert/Schmiedel, a. a. O. (Fn. 67), Band II Zweiter Halbband, Denkschrift zum HGB von 1897, S. 1080.
(72)　1897年法186条は，1884年法209b条および覚書184条に対応し，279条は，覚書271条に対応する。
(73)　Vgl. Schubert/Schmiedel, a. a. O. (Fn. 67), Band II Zweiter Halbband, Denkschrift zum HGB von 1897, S. 1090.
(74)　Vgl. Brodmann, Aktienrecht, 1928, §279 Anm. 1；Lutter, in：Kölner Kommentar zum Aktiengesetz, §183 Rn. 2；Wiedemann, in：Großkommentar zum Aktiengesetz, 3. Aufl., 1973, §183 Anm. 1.
(75)　Eckardt, in：Geßler/Hefermehl/Eckardt/Kropff, Aktiengesetz, Band I, 1984, §52 Rn. 12 f.；Kraft, in：Kölner Kommentar zum Aktiengesetz, 2. Aufl., 1986, §52 Rn. 1.
(76)　1930年草案の紹介として，司法資料「1930年独逸国株式会社法及株式合資会社法草案竝説明書」222号（1936），大隅健一郎「独逸，株式会社及株式合資会社法草案」法学論叢26巻3号90頁以下（1931）がある。
(77)　1937年までの状況については，主として志村・前掲書注（27）35頁以下，大隅健一郎＝八木弘＝大森忠夫『現代外国法典叢書（8）独逸商法（III）株式法』6頁以下（有斐閣，復刻版，1956）を参照。
(78)　RGBl. I 1931, S. 493. この緊急命令については，前掲注（76）司法資料222号231頁以下，大隅健一郎「独逸に於ける株式会社法の一部改正」法学論叢27巻3号476頁（1932）以下，鈴木竹雄「独逸株式会社法の改正(1)(2)」法学協会雑誌50巻11号2091頁以下（1932），50巻12号2322頁以下（1932）を参照。
(79)　ドイツにおける株式法改正運動は，1924年9月ハイデルベルクにおける第33回ドイツ法曹大会に始まり，1926年9月ケルンにおける第34回ドイツ法曹大会設置の委員会が公表した1928年の報告書および1929年政府により発せられた改正の重要諸点に関する質問表ならびにこれに対する回答に依拠し，随時具体化への道をたどり，1930年の草案の公表と1931年の一部改正にいたった（八木弘「独逸新株式法」国民経済雑誌62巻4号589頁（1937））。
(80)　ナチスにおける株式法改正論に関する邦語文献として，大隅＝八木＝大森・前掲書

(77) 14 頁以下，大森忠夫「ナチスの株式法改正論」法学論叢 35 巻 2 号 234 頁（1936），西原寛一「株式会社法に於けるナチス思想（1）（2）（3・完）」法学協会雑誌 54 巻 8 号 110 頁，54 巻 9 号 99 頁，54 巻 10 号 123 頁（1936）がある。

(81) 当該委員会は，Kisskalt を委員長に，学者（Geldmacher, Haymann, Klausing），法曹，実務家，官吏等の 10 人（後に 11 人）の委員をもって構成された（大隅＝八木＝大森・前掲書注（77）15 頁）。

(82) この報告書については，Schubert (Hrsg.), Akademie für Deutsches Recht, 1933–1945, Protokolle der Ausschüsse, Band 1. Ausschuß für Aktienrecht, 1986, S. 1 ff. において参照できる。

(83) RGBl. I 1937, S. 107, berichtigt S. 588, S. 1140. および Schlegelberger/Quassowski, Aktiengesetz vom 30. Januar 1937, 2. Aufl., 1937, S. 1 ff. さらに，本法ならびに理由書は，Klausing, Gesetz über Aktiengesellschaften und Kommanditgesellschaften auf Aktien (Aktien-Gesetz) nebst Einführungsgesetz und "Amtlicher Begründung", 1937. に所収されている。なお，理由書については，司法資料「1937 年独逸株式法理由書」239 号（1938）がある。

(84) 1937 年株式法に関する邦語文献として，大隅＝八木＝大森・前掲書注（77）41 頁以下，八木・前掲注（79）589 頁，長岡富三「独逸新株式会社法概観（1）（2・完）」法と経済 8 巻 1 号 80 頁，8 巻 3 号 85 頁（1937），満州興業銀行調査課「(附録) 独逸新株式法の解説」（1938）があり，翻訳として，八木弘＝大森忠夫「独逸改正株式法全訳（1）（2）（3）（4）（5・完）」法学新報 47 巻 6 号 139 頁，47 巻 7 号 143 頁，47 巻 8 号 137 頁，47 巻 10 号 161 頁，47 巻 11 号 136 頁（1937）がある。

(85) 商法典の翻訳として，松木太郎訳『全訂独逸商法』（有斐閣，1948）がある。

(86) 慶應義塾大学商法研究会訳『西ドイツ株式法草案および理由書（1960 年）』135 頁（慶應通信株式会社，1966）。

(87) 大隅＝八木＝大森・前掲書注（77）42 頁。

(88) 志村・前掲書注（27）38 頁。

(89) 1930 年草案および 1931 年改正は，現物出資に関しては両者とも相違がないと指摘されている（志村・前掲書注（27）35 頁）。したがって，本稿においても 1930 年草案を扱う。

(90) 前掲注（76）司法資料 222 号 156 頁。

(91) Klausing, a. a. O. (Fn. 83), S. 18 f.；前掲注（83）司法資料 239 号 13 頁，志村・前掲書注（27）39 頁。

(92) Klausing, a. a. O. (Fn. 83), S. 20；前掲注（83）司法資料 239 号 15 頁，志村・前掲書注（27）39 頁，大隅＝八木＝大森・前掲書注（77）78 頁。

(93) 大隅＝八木＝大森・前掲書注（77）79 頁。

(94) 志村・前掲書注（27）39 頁以下。

(95) 9 項は，次のように規定する。

「1 項の契約（事後設立契約）の効力は，この契約が会社の商業登記簿への登記から 2 年の経過の前か後に締結されたかどうかにかかわらず，同一の目的物に関する発起人の合意が（現物出資および財産引受に関する）20 条 2 項により会社に対してその効力が生じないことにより，妨げられない（括弧内：筆者）。」

(96) 志村・前掲書注（27）36頁。
(97) 前掲注（76）司法資料222号157頁。
(98) この規定は，大審院裁判所の判例（RGZ 121, 99 ff.）が背景にある。本件は，事後設立について特別な調査手続を欠いているので，既に同一の目的物に関して無効な現物出資または財産引受の合意が存在した場合には，この事後設立契約も無効であるとした事案である。

【事実の概要】

「社員により代表される合名会社が，別に設立される株式会社（被告）と土地の売買について交渉した。その土地の所有者は，合名会社の3人の社員（原告）であった。被告は，この土地でボルトおよびナット工場を営むことになった。被告は，1921年12月8日に設立され，1922年2月18日に登記されている。同じ1921年12月8日に土地の譲渡に関する複数の契約が行われた。私文書による契約において，原告は，合名会社の所有にあった機械を除く土地を，被告の株式と引き換えに，被告に売却した。合名会社は，さらに株式と引き換えに，被告に機械を売却した。これらの契約は形式上有効に締結され，再度登記後に締結された。土地の引渡しは1922年9月29日に行われ，土地の登記は1922年10月6日に行われた。原告は，土地の売買契約の無効，自己が土地の所有権者であること，および土地の返還を求めて訴えを提起した。」

これに対して，大審院裁判所は，次のように判旨した。

「(本件における) 合意の効力は，(定款に確定されなかった合意は会社に対して効力を生じない旨を規定する) 商法186条4項により生じず，この (定款上) 瑕疵ある確定は事後的な定款変更によってのみ治癒されえたにすぎず，(事後設立に関する) 商法207条により再度締結されることによって治癒することはできない (括弧内：筆者)。」

(99) 前掲注（76）司法資料222号158頁。
(100) Vgl. Brodmann, a. a. O. (Fn. 74), § 279 Anm. 1.
(101) RGZ 121, 99 ff.
(102) Flechtheim, Die Heilung verschleierter Sachgründung, JW 1929, S. 2105, 2108.
(103) RGZ 157, 213 ff.
(104) たとえばOLG Koblenz, Urteil vom 28. April 1988, WM 1988, 1013, 1014, 1015；BGH, Urteil vom 11. November 1985, WM 1986, S. 2, 4.
(105) 以下の叙述については，主として志村・前掲書注（27）41頁以下，慶應義塾大学商法研究会訳・前掲書注（86）135頁以下，慶應義塾大学商法研究会『西独株式法』（慶應通信株式会社，1969）1頁以下による。
(106) この政府草案の翻訳として，法務省民事局『西ドイツ株式法政府草案』（1962），慶應義塾大学商法研究会訳・前掲書注（86）がある。
(107) 1965年株式法および同施行法ならびに政府草案の理由書およびドイツ連邦議会の法律委員会報告書については，Kropff, Aktiengesetz：Textausgabe des Aktiengesetzes vom 6. 9. 1965（Bundesgesetzbl. I S. 1089）und des Einführungsgesetzes zum Aktiengesetz vom 6. 9. 1965（Bundesgesetzbl. I S. 1185）mit Begründung des Regierungsentwurfs, Bericht des Rechtsausschusses des Deutschen Bundestags, Verweisungen und Sachverzeichnis im Anhang, Aktiengesetz von 1937, 1965. があり，本書の翻訳として，慶應義塾大学商法研究会・前掲書注（105）がある。1937年株式法の成立から1965年

株式法までのドイツ語文献は，Semler, a. a. O. (Fn. 1), Einl. S. 14 f. に紹介されている。さらに 1965 年株式法の改正および背景を扱う邦語文献として，中村武「西独逸株式会社法の成立とその分析」東洋法学 9 巻 2・3 合併号 1 頁以下（1965），ハンス・ヴュルディンガー＝河本一郎「日独比較会社法セミナー記録──ハンス・ヴュルディンガー教授の報告と質疑応答──」海外商事法務 54 号 2 頁以下（1966），同「ドイツ株式法の成立」海外商事法務 54 号 18 頁以下（1966），河本一郎「新ドイツ株式法の概略（Ⅰ）（Ⅱ）（Ⅲ）」商事法務研究 369 号 2 頁以下，370 号 13 頁以下，371 号 8 頁以下（1966），同「新ドイツ株式法」海外商事法務 47 号 11 頁以下（1966），ハンス・ヴュルディンガー＝河本一郎（訳）「株式法の発展と改正」神戸法学雑誌 16 巻 4 号 775 頁以下がある。また 1965 年株式法の翻訳として，八木弘＝河本一郎＝正亀慶介「ドイツ株式法邦訳（1）～（10・完）」神戸法学雑誌 15 巻 3 号 593 頁以下（1965），15 巻 4 号 797 頁以下，16 巻 3 号 669 頁以下（1966），16 巻 4 号 841 頁以下，17 巻 1・2 号 231 頁以下，17 巻 3 号 127 頁以下（1967），17 巻 4 号 99 頁以下，18 巻 1 号 126 頁以下，18 巻 2 号 327 頁以下（1968），18 巻 3・4 号 620 頁以下（1969）および途中までであるが，中村武「西独逸株式会社法正文（1）～（4）」東洋法学 9 巻 4 号 67 頁以下，10 巻 1・2 合併号 101 頁以下（1966），10 巻 3 号 53 頁以下，10 巻 4 号 57 頁以下（1967）がある。

(108) これについては，ハンス・ヴュルディンガー＝河本一郎「ドイツのコンツェルン法」海外商事法務 54 号 12 頁以下（1966）を参照。

(109) 河本・前掲商事法務研究注（107）2 頁。

(110) さらに，政府草案 23 条 4 項が 26 条 4 項に，23 条 5 項が 26 条 5 項に変更したが内容的には相違しない。なお，26 条 4 項は，「右の確定（特別利益および設立費用の定款における確定）は，会社が商業登記簿に 5 年間登記されて場合にはじめて，変更することができる」（括弧内：筆者）旨を定め，26 条 5 項は，「右の確定に関する定款の規定は，会社が商業登記簿に 30 年間登記され，かつ右の確定の基礎になった法律関係が少なくとも 5 年前に処理されたときにはじめて，定款変更によって削除することができる」旨を定める。

(111) なお，これらの規制は，従前では 1937 年株式法 145 条 3 項および 1937 年株式法第 3 施行令 12 条において定められており，また特別利益および設立費用に関する規定とともに規制されていた。

(112) なお，草案では，31 条 1 項 2 号において，「現物出資および財産引受に対する給付が相当かどうか」を定めていたにすぎない。

(113) 慶應義塾大学商法研究会訳・前掲書注（86）173 頁，慶應義塾大学商法研究会・前掲書注（105）72 頁。

(114) Meilicke, a. a. O. (Fn. 33), S. 50.

(115) BGHZ 28, 314 ff.

(116) Baumbach/Hueck, Aktiengesetz, 13. Aufl., 1968, §183 Anm. 3；Fischer in：Großkommentar zum Aktiengesetz, 2. Aufl. 1965, §150 Anm. 2；Wiedemann, a. a. O. (Fn. 74), §183 Anm. 1.

(117) Vgl. Godin/Wilhelmi, Aktiengesetz vom 6. September 1965, 3. Aufl. 1967, §183 Anm. 1；Lutter, a. a. O. (Fn. 74), §183 Rn. 2.

(118) Meilicke, a. a. O. (Fn. 33), S. 50.

(119) 正式には，European Economic Community (EEC)；Communauté économique européenne (CEE)；Europäischen Wirtschaftsgemeinschaft (EWG) といわれる。
(120) 森本滋『EC会社法の形成と展開』1頁以下（商事法務研究会，1984），山口幸五郎編『EC会社法指令』3頁以下（同文館，1984）を参照。
(121) 正式には，European Communities；Communautés européennes；Europäische Gemeinschaften といわれる。
(122) 森本・前掲書注（120）27頁。
(123) 山口・前掲書注（120）5頁。
(124) 森本・前掲書注（120）28頁，山口・前掲書注（120）6頁。
(125) 森本・前掲書注（120）28頁以下。
(126) この理事会指令は，Lutter, Europäisches Unternehmensrecht, Grundlagen, Stand und Entwicklung nebst Texten und Materialien zur Rechtsangleichung, ZGR-Sonderheft 1, 4. Aufl. 1996. ならびに Habersack, Europäisches Gesellschaftsrecht, 1999, S. 107 ff. に紹介がある。
(127) BGBl. I 1998, S. 590 ff.
(128) すなわち，27条1項1文および3項の文言において，「株式の券面額または券面額を超える発行価格」が「株式の発行価格」に置き換えられるとともに，1項1文において，「無額面株の場合には無額面株式数を (bei Stückaktien die Zahl)」の文言が導入されて，現在にいたっている。
(129) 加藤徹「EC会社法指令とその国内法化──第二指令のケース──」法と政治51巻2号137頁（2000）。
(130) 現実の資本拠出とは，定款または商業登記簿所定の資本が，事実的かつ終局的に拠出されることを確保する原則をいう（vgl. Pentz, Münchener Kommentar zum Aktiengesetz, 2000, § 27 Rn. 5.）。すなわち，発起人または株主は，現実に資本を自己の会社に提供しなければならず，これを確実にするのが，資本拠出原則の対象となるのである。
(131) Vgl. Drinkuth, Die Kapitalrichtrinie──Mindest-oder Höchstnorm?, 1998, S. 138.
(132) Drinkuth, a. a. O. (Fn. 131), S. 138.
(133) Pentz, a. a. O. (Fn. 130), § 27 Rn. 35.
(134) 第二指令における現物出資規制について言及するものとして，森本・前掲書注(120)109頁以下，山口・前掲書注（120）66頁以下，加藤・前掲注（129）140頁以下を参照。
(135) Drinkuth, a. a. O. (Fn. 131), S. 150.
(136) Drinkuth, a. a. O. (Fn. 131), S. 150.
(137) さらに，調査報告書の記載事項，公示方法および一定の条件における設立調査の免除については，次のように規定されている。すなわち，

「(2)検査役の報告書には，少なくとも各出資を記載し，使用された評価方法を掲げ，かつこの評価方法による価格が，少なくとも出資に対して発行されるべき株式の数および券面額，または券面額が存在しない場合には算定価格，場合によっては超過額に相応するかどうかを記載しなければならない。

(3)検査役の報告書は，指令 (68/151/EWG) 3条に基づき個々の加盟国の法規定に定められた方式に従い，公示されなければならない。

(4)加盟国は，全株式の券面額の90％または券面額が存在しない場合はその算定価格の90％が，金銭出資でない出資に対して一社以上の会社に発行される場合，および以下の要件を充足している場合には，本条を適用する必要はない。

　a）出資の給付を受ける会社において，3条i号所定の者または会社が検査役報告書の作成を放棄した場合。

　b）この放棄が3項により公示された場合。

　c）出資を給付する会社が，法律または定款により配当できない準備金を処分し，かつその準備金の額が少なくとも金銭出資でない出資に対して発行された株式の券面額または券面額が存在しない場合はその算定価格に相応する場合。

　d）出資を給付する会社が，金銭出資でない出資に対する株式の発行時および出資が給付された営業年度に関する当該会社の年度決算書の公告後1年の間に発生する出資譲受会社の債務を，c）号所定の額まで保証する義務を負う場合。この期間内の当該株式の譲渡は，許されない。

　e）d）号所定の義務が，3項に従い公示された場合。

　f）出資を給付する会社が，c）号所定と同額を，出資が給付された営業年度に関する出資譲受会社の年度決算書の公告後3年の期間の経過後もしくは場合によってはd）号所定の義務から生じる右期間内に主張された一切の請求権について履行された後にはじめて配当されうる準備金に組み入れる場合。」

(138)　Vgl. Meilicke, a. a. O. (Fn. 33), S. 50 f.

(139)　Sitzungsdokumente des Europäischen Parlaments 1971-1972, Dokument 144/71, S. 9＝BR-Drucksache 197/70 vom 14. 04. 1970, S. 4.

(140)　ABl EG Nr. C 88/1 vom 06. 09. 1971.

(141)　Sitzungsdokumente, a. a. O. (Fn. 139), S. 33.

(142)　Vgl. Meilicke, a. a. O. (Fn. 33), S. 52. これについて，委員会は次のように定める。すなわち，

　「ヨーロッパ議会ならびに経済社会委員会は，本規定の意味における『目的財産』には，日常の業務取引の対象である製品も含まれうるが，しかしながら，この場合には当該手続規定を適用すべきでない旨を指摘した。したがって，会社の日常業務の範囲内における取得については例外とされる。」

(143)　第二指令11条は，次のように規定する。

　「(1) 会社が，3条(i)号に服する者または会社に属する各目的財産を，少なくとも引受資本の10分の1の対価で取得する場合は，10条所定のものに相応する調査および公示の対象とされなければならない。当該取得が，会社の設立以後または会社が営業活動開始の認可を受けた時点以後，個々の加盟国の法規定が定める少なくとも2年以上の期間の経過前に行われる場合には，株主総会の同意に服する。

　加盟国は，目的財産が株主またはその他の者に属する場合でも，本規定の適用を定めることができる。

　(2) 1項は，会社の日常業務の範囲内での取得にも，行政庁もしくは裁判所の指示または監督下で行われる取得，または取引所での取得にも適用されない。」

(144)　Pentz, a. a. O. (Fn. 130), §52 Rn. 3.

(145)　なお，これについて政府理由書は次のように表明する（BT-Drucksache 8/1678 vom

31. 03. 1978, S. 12.)。すなわち，

　「現行法と異なり，新たに36a条によって，現物出資は全部給付されなければならない旨が定められた。これに対して，財産引受については，対応する規制が定められていない。その限りで，財産引受は，当然に現物出資と同等に扱われる必要はない。しかしながら，現物出資に代わって目的財産が会社に譲渡され，これに対する代償が株主の出資に算入される典型的な潜脱の場合には，現物出資と同等に扱われなければならない。」

第2章｜ドイツ有限会社法制における現物出資規制

　ドイツでは有限会社は，株式会社よりも利用数が高く，非常に重要な法形式である[(1)]。重要な法形式であるだけに，株式会社と相違する有限会社に特有の問題も生じている。このことは，現物出資についても同様である。沿革的にみても，1892年の有限会社法に現物出資制度が定められて以降，その後の立法段階において，現物出資規制の潜脱の問題が判例と学説において扱われている。そこで，本章では，株式会社立法に続き，1892年に成立した有限会社法から1980年の有限会社法改正までの期間を対象として，立法段階における現物出資規制ならびにその潜脱の問題に言及することにする。有限会社法の大改正は，1892年の成立から1980年までの期間において行われていない。しかし，その間に幾度も草案が起草され，議論されている。すなわち，1939年，1969年，1971年，1973年および1977年の各草案である。これらの草案についても言及することにしたい。各改正ならびに各草案における現物出資規制とその潜脱の議論を検討することによって，現物出資が立法過程でどのように対応されたのかについて解明したいと思う。

第1節｜序論―有限会社法前史[(2)]

　1870年および1880年代のドイツでは，非常に経済的な発展が続いた。これは，1870年および1871年の普仏戦争の勝利とビスマルクの統治下で成功したドイツ帝国の創設の結果である。この発展段階においては，当時，経済的に重要な2つの会社形式があった。すなわち，第一に，ローマ法に基礎を置く個人主義的会社形式といわれた合名会社や合資会社の人的会社形式であり，第二に，団体主義的会社形式といわれた株式会社や鉱業法上の鉱山会社

(Gewerkschaft) の物的会社形式である。当時は，これらの会社形式が経済活動に利用されていた。しかし，1871 年以後のいわゆる発起人時代では，株式制度に対する多数の詐欺設立の弊害が発生した。この結果，株式法が 1884 年に改正されている。その後，1884 年以降に予想外の発展の徴候がみえた経済領域では，株式会社の設立に関する厳格かつ詳細な規定が経済的発展を妨げるとの認識が広まった。この実務の認識に基づき，海外での植民地における活動目的のための簡易化された会社形式の創設だけでなく，さらに人的会社形式と物的会社形式との間に，簡易かつ柔軟で新たな会社形式を創設することが要請された。この要請では，一般的に人的会社形式と密接に関係する一方で，物的会社形式と同様の有限責任原則の実現が求められた[3]。たとえばドイツ商工会議所連合会や商業会議所は，株式会社または鉱業法上の鉱山会社とは異なる合名会社を範とした新たな会社形式の創設を要請している[4]。このような要請を経て，最終的に有限会社法草案が 1891 年 12 月に公表された[5]。本草案では，人的会社形式と物的会社形式のそれぞれの特徴に基づく折衷案が選択され，その中間形式である有限会社が構想されている[6]。この草案は，エッヒェルホイザー（Oechelhäuser）議員の功績が強かったことから，非常に迅速に承認されたといわれている。1891 年 12 月に草案が公表されると，1892 年 4 月 20 日の第三回読会の後に承認され，本草案は有限会社法として 1892 年 5 月 19 日に施行された。1892 年 4 月 20 日の有限会社法は，全体的には 1891 年の草案に対応し，1980 年までの約 88 年間本質的な変更のないまま効力を有した。

第 2 節 │ 有限会社法の生成期―1892 年の有限会社法から第二次世界大戦までの展開

1　1892 年の有限会社法

このような背景において成立した 1892 年の有限会社法（以下，1892 年法とする）[7]では，有限会社が固有の法形式として創設されている。本法がいわば経

済界の要請に対する立法者の回答であったといわれ，経済界から非常に歓迎された。⁽⁸⁾その理由は，社員が個人責任を負うことなく活動するための比較的小規模でかつ継続性のある会社形式が，経済界に欠けていたからである⁽⁹⁾。有限会社法では，有限会社の設立に関する最低限の要件が設けられ，自由主義的な経済秩序により特徴づけられている。これは，できるだけ柔軟な会社形式を社員に提供し，その会社形式の形成に際して社員に多くの自由を提供しようとしたからである⁽¹⁰⁾。この柔軟な有限会社形式は，経済界で非常に迅速に受け入れられたことから，1893年にはすでに株式会社の設立以上に有限会社の設立があり，1902年以降には全体的に株式会社以上に有限会社があったとされる⁽¹¹⁾。この結果，1900年初期においては有限会社の廃止は誰からも要求されることはなかったといわれている⁽¹²⁾。

(1) 現物出資規制　　会社は現存する資本で営業活動を行うけれども，会社に資本が現存し続ける保証はない。しかし，有限責任である会社の債権者は，現存する資本で債務が完全に返済されない危険性を有する。このことから，法律上資本が完全に払い込まれたか，または資本が社員に払い戻されないことが保証されなければならない。この保証は，現物出資の場合には過大評価された場合に問題となる。したがって，現物出資を規制する場合には，このことに配慮される必要があり，1892年法は，現物出資について次のように規制している⁽¹³⁾。

1892年法によれば，基本資本に対して金銭で給付されない出資が社員からなされるか，または会社が引き受ける目的財産に対する代償が基本出資に算入される場合（財産引受）には，社員の氏名，出資の目的物または引受ならびに出資の金銭的価値または引き受けた目的物に対して付与されるべき代償が定款において確定されなければならない（1892年法5条3項）。この確定は，定款を通じて登記裁判所によって公表される（同10条）。本規定の遵守を確保するために，定款所定の確定がなければ，社員は基本出資の払込義務から免れない（同19条3項）。ただし，第三者との契約による目的財産の引受については，特段の定めがない。そこで，会社が受領した基本出資から支払われる

目的物の取得は，通常は業務執行者の責任で実行される結果，一種の業務執行を形成することになる[14]。また，本法は，目的物の評価に関する規定を定めない。したがって，社員が目的物を評価し，この評価を定款に記載したならば，社員は自己の義務を果たしたことになる。このことから，現物出資の価値の確定は，完全に発起人の任意であるとされた[15]。この発起人の任意の評価によって，1892年法は何ら現物出資の評価に関する保護規定を有しないといわれている[16]。それゆえ，現物出資の実際の価値ではなく，契約に基づき承認された現物出資の価値が問題となる場合があるとされる[17]。登記裁判官による現物出資の事後的な調査も拒絶されている[18]。

(2) **現物出資規制の潜脱**　1892年法では，現物出資規制の潜脱または1884年の株式法に導入された事後設立の可能性も規制されなかった。立法者は，これらの問題を認識していなかったわけではないが，最終的に規制の必要はないものとみなした。これについて，立法者は，「社員から出資として拠出される目的物の取得でもなく，代償が出資に算入される目的物の取得でもなく，会社が受領した基本資本から支払われる目的物の取得は，通常は業務執行者の責任で実行される結果，一種の業務執行を形成することになる。このような取得行為の締結によって現物出資に関する草案の諸規定が潜脱されうることは，ほとんど懸念する必要はない。なぜなら，有限会社の場合，株式会社の場合に存在するような潜脱に対する刺激は，容易に存在するものではないからである」と解説している[19]。もっとも，この解説に関する正当な理由づけはなされていない。

2　1939年の有限会社法改正草案[20]

1892年以降，有限会社法は個々の項目については幾度となく変更された[21]。しかし，1933年にナチス政権が確立されると，その独特の「指導者原理」に基づき，株式法と同様に有限会社法でも改正が企図された[22]。1937年1月に新株式法が制定された後，法学院総裁で司法大臣でもあるハンス・フランク(Hans Frank)が，有限会社委員会（Ausschuss für "Gesellschaft mit beschränkter

Haftung")の組織を命じ，有限会社法の改正審議に当たらした。[23]ここでは，「新たな国粋的，経済促進的なる有限会社」の新規整が目標とされている。同委員会は，フリードリッヒ・クラウジング（Friedrich Klausing）を委員長として，1937年6月からその活動を開始し，幾多の審議が重ねられた。審議では，主として経済や商人の利益に対する不信，有限会社の債権者や共同経営者の保護の強化，国家社会主義に接近したより厳格な組織の理念が取り上げられている。[24]複数の審議の結果，有限会社法草案が1939年に起草された（以下，1939年草案とする）。

(1) **現物出資規制**　1939年草案では債権者保護の強化も重視された。なぜなら，第一次世界大戦後に，会社債権者の不利益で有限責任が濫用されたからである。このことから，社員が個人責任を負わない会社では，最初から十分な資本が提供されなければならないことになった。この趣旨は，次のように現物出資の評価に関する諸規定にも反映されている。すなわち，現物出資または財産引受の場合，目的物の価値が定款に記載され（1939年草案9条），発起人は目的物の評価に関する理由を設立報告書で掲げなければならない（同11条）。また，確定された価値が基本資本の4分の1を上回る場合には，登記裁判所選任の独立の検査役が目的物の評価を調査する（同12条）。社員は，現物出資の価値が給付の時点で持分の券面額に達しない場合には，不足額を会社に追加払いしなければならない（同23条）。事後設立契約も制限される（同28条）。資本増加の場合にも同様に，現物出資が規制される（同101条）。この場合，現物出資は資本増加報告書における確定を要するが，設立の場合と同様の調査は定められなかった。したがって，有限会社における資本増加は簡易化されているといえる。ただし，登記裁判所は，現物出資の価値がこれに対して付与されるべき基本資本の券面額を下回ることが明らかな場合には，登記を拒絶できる（同102条2項）。

(2) **現物出資規制の潜脱**　一連の強化によって，発起人は，現物出資または財産引受の評価に関する重要な事情が詳細に記載される特別な設立報告書の作成を要求される。他方，現物出資または財産引受による設立の場合に

は，独立の検査役による調査が求められる[25]。もっとも，資本に占める目的物の割合が少ない場合には設立の調査は必要ない。このことから，調査の費用をなるべく節約して会社に残すためにも，少なくとも現物出資または財産引受が基本資本の4分の1を上回る場合にのみ調査が要求されることになった。さらに，設立の困難や遅延を避けるために，登記裁判官は，現物出資または財産引受の評価に決定的な事情が資料から判断できる場合には，調査を免除できる（同15条）。たとえば，土地が拠出される場合，土地の統一価格情報が知らされるならば，登記裁判官は調査を免除することができるのである。このように，株式法とは異なり，本草案における調査の手続は簡易化されているが，検査役の適性については何ら詳細な規定がない。唯一の目的物の評価が問題となる場合もあるので，検査役にとって技術的な教育と経験が，計算制度の基礎知識よりも重要になるとされる。

　このような設立の調査に関する諸規定の潜脱を阻止するために，本草案は事後設立に関する特別な規定を設ける（同28条および29条）[26]。すなわち，会社が設立後にはじめて目的物を取得する場合である。事後設立に関する規定は，本質的に1937年株式法の事後設立に関する規定（1937年株式法45条および46条）と同様である。しかし，事後設立は，目的物の取得が会社の商業登記簿への登記後1年以内に行われ，その対価が基本資本の4分の1を上回る場合にのみ適用されるにすぎない。したがって，これについては株式法における事後設立規定とは異なる。いずれにせよ，潜脱を阻止する観点から，事後設立規定が本草案に設けられたことが重要である。

第3節｜有限会社法の変革期

1　第二次世界大戦後から1969年の参事官草案

　第二次世界大戦後，ドイツは東西に分離し，経済体制は市場経済と計画経済が対立することになった。この結果，当時1892年法が形式的に存続したにもかかわらず，有限会社はとくに東ドイツでは重要ではなかったといわれて

いる。なぜなら，すべての生産場，国営企業の所有者である社会主義国家は，何ら物的会社を必要としないし，とくに小規模な会社形式である有限会社を必要としなかったからである。計画経済体制自体が，必然的に大規模営業への集中を目標としていたのである。これにより，有限会社は，西ドイツにおける市場経済体制においてのみ存続することになった。しかし，有限会社がすべての者に受け入れられたわけではない。これは，後述する1969年の参事官草案からも明らかである。

1937年の株式法と関連して，有限会社法の改正作業も進められた。しかし，この作業は第二次世界大戦のために一時中断されていた。戦後，1965年に株式法が改正されたことにともない，引き続き有限会社法についても改正作業が進められた。この改正の目的について，司法大臣は，1892年以降に判例と学説で解決できなかった多くの問題や政策的な問題に対処することを述べている。その結果，1958年に法律の改正を準備する専門化委員会が設置され，審議の結果，1969年4月1日に有限会社法参事官草案(以下，1969年草案とする)が公表された。本草案は304ヶ条からなり，その内容も豊富である。これまで未解決の問題や政策的問題としては，たとえば一人会社の設立，有限合資会社 (GmbH & Co KG)，最低資本金額，現物出資の評価における弊害，監査役会の形成とその任務，少数株主の情報請求権および閲覧請求権，社員の除名および退社ならびに有限会社の解散，結合企業の問題が指摘されている。これらの問題について，本草案を基礎に活発な議論がなされた。

(1) 現物出資規制　　それでは，1969年草案において現物出資はどのように規制されているのであろうか。ここでは，1965年の株式法に依拠した非常に広範な規制がみられる。

① 現物出資および財産引受（1969年草案11条，159条）　　社員が金銭以外で給付すべき出資をなす場合（現物出資），または現存するか製作されるべき施設またはその他の目的財産を会社が引き受ける場合（財産引受）には，現物出資または財産引受の目的物，会社が当該目的物を取得する相手方および現物出資の場合に付与されるべき持分の券面額または財産引受の場合には付

与されるべき代償が定款において確定されなければならない。この確定がない場合には，現物出資および財産引受に関する契約ならびにその実行のための法的行為は会社に対して効力を生じない。

　②　現物出資設立報告書（同14条）　設立に際して現物出資または財産引受が合意される場合には，発起人は，書面による報告書（現物出資設立報告書）において，現物出資または財産引受に関する給付の相当性について重要な事情を明示しなければならない。

　③　検査役の調査（同15条1項，165条1項）　現物出資または財産引受として，取引所価格または市場価格がある物または有価証券以外の目的物が拠出されたか，または引き受けられる場合には，1人以上の検査役（設立検査役）によって，現物出資または財産引受の価格がこれに対して付与されるべき持分の券面額またはこれに対して付与されるべき給付の価格に達しているかどうかが調査されなければならない。

　④　現物出資の給付（同18条1項）　現物出資は，会社の商業登記簿への登記申請前に，業務執行者が終局的に現物出資を自由に処分できるように，会社に対して効力を生じさせなければならない。会社が引き受ける目的財産についても，出資として算入される代償が社員に付与される場合には同様である。

　⑤　裁判所の調査（同20条2項）　裁判所は，現物出資または財産引受の価格がこれに対して付与されるべき持分の券面額またはこれに対して付与されるべき給付の価格を下回る場合には，登記を拒絶することができる。

　⑥　現物出資設立における追加払込義務（同24条）　現物出資の価格が，その給付の時点で現物出資に対して付与された持分の券面額に達しなかった限りにおいて，社員は，その不足額を金銭で出資しなければならない。会社が譲り受ける目的財産に対する代償が出資に算入される場合は，目的財産の価格が会社に対する給付の時点で出資に算入される額を下回った限りにおいて，社員は同様の義務を負う。

　⑦　発起人の連帯責任（同25条2項）　発起人が故意または重過失により

出資，財産引受または設立費用によって会社に損害を与えた場合には，すべての発起人が連帯債務者として会社に対して損害賠償義務を負う。

⑧　事後設立（同28条）　現存するか製作されるべき施設またはその他の目的財産を資本の4分の1を上回る代償で，かつ会社の商業登記簿への登記後最初の2年以内に締結された会社の契約は，社員が決議を通じてこれに同意し，かつ契約が商業登記簿に登記される場合にのみ効力を生じる。社員の同意または商業登記簿への登記がない場合には，その実行のための法的行為も効力を生じない。

　これらの規制においてとくに重要なのが，現物出資および財産引受規定の補完，設立の調査ならびに事後設立である。しかしながら，これらの規定は，1939年草案とほぼ同様の形式において定められていたので，各方面から強く批判されている。たとえば，経済中央連合により，従来の規制で何ら問題はなかったことから，新たな規制を考慮する根拠がないと主張されている[34]。さらに，学説からも，1969年草案における現物出資規制一般について，あまりにも複雑かつ不必要なものであり，むしろ有害であると批判されている[35]。

(2)　現物出資規制の潜脱　　1969年草案によれば，現物出資設立に関する諸規定の潜脱を阻止するために，1939年草案と同様に，事後設立が規制される[36]。1892年法は，金銭以外の給付か，または目的財産の譲渡に対して付与されるべき代償を基本出資に算入することによってなされる給付についてのみ定める（1892年法19条3項）。しかし，これによれば，会社が目的物を設立の場合ではなく，設立後に取得する場合についての規制が不完全である。さらに，会社に対する現物出資目的物の譲渡の対価から金銭出資が払い込まれる場合，とくに現物出資および財産引受の調査に関する規定が容易に潜脱されることになる。このことから，1969年草案では，株式法とほぼ同様に全部で12項にわたり事後設立を規制し，1939年草案よりも強化されることになった。

2　1971年，1973年および1977年の政府草案

　現物出資規制について経済界や学説からは，1969年草案に対して個々の項目だけでなく，構想全体に対して批判された。とくに1969年草案は，内容的に複雑にすぎ，有限会社の利点を減殺するのではないかとさえ批判された[37]。この批判にもかかわらず，連邦政府はなお起草に積極的になっている[38]。その後，連邦政府は，1971年と1973年に連邦議会に政府草案を提出した（以下，1971年草案，1973年草案とする）[39]。しかし，両政府草案は，主として1969年草案に対する批判点を再度取り上げたにすぎず，その構想においてほぼ1969年草案と同一の内容になっている[40]。両政府草案に批判的な注釈や修正提案はあったが[41]，意見表明については1969年草案よりも少なかった。最終的に1971年草案は，連邦議会が1972年秋に任期を2年残して，他の政治的理由に基づいて解散されたことから廃案になっている。また1973年草案は，司法省が早急に処理する必要のある他の重要案件が山積していたため，有限会社法改正作業が実質上中止されることとなり，1976年秋の連邦議会の解散によって廃案となった[42]。

　しかしながら，最低限重要な有限会社法の改正を行うという趣旨から，有限会社法の改正について集中的に討議された[43]。その結果，1977年末に「有限会社法およびその他の商法上の規定の変更に関する法律草案」が[44]，連邦政府によって第8回ドイツ連邦議会に提出された（以下，1977年草案とする）。1977年草案では，従来の草案よりも極端に短縮され[45]，従来の草案と同様に債権者保護の強化が緊急な目標とされた。この目標に基づき，たとえば「最初から十分な基礎のない会社の活動を回避する」ために[46]，最低資本金が5万マルクに引き上げられた。さらに，現物出資の場合における調査義務の導入，裁判所の監督の強化，包括的な情報請求権による少数社員の保護の補完および一人会社を容認することも企図されている。1977年草案は，後述のように，1980年の改正の基礎となっている。

　ところで，1971年と1973年の両草案における現物出資規制についても，1969年草案とほぼ同様である。すなわち，1971年草案をみても，①現物出資

および財産引受の概念(1971年草案11条，155条)，②現物出資設立報告書(同14条)，③検査役による調査(同15条，161条)，④現物出資の給付(同18条)，⑤裁判所の調査(同20条)，⑥現物出資設立における追加払込義務(同24条1項)，⑦発起人の連帯責任(同25条2項)，⑧事後設立(同28条)はほぼ同様である。このことは，上述のように，両政府草案が主として1969年の草案に対する批判点を再度取り上げたからにほかならないからである。したがって，このような草案における現物出資規制は批判の対象となった。たとえば，有限会社法改正研究会は，検査役の調査についてなお簡易化されるべきであると批判し[47]，有限会社中央機関 (Centrale für GmbH) も義務的調査については廃止されるか，または少なくとも簡易化されるべきであるとして批判的である[48]。

次に，1977年草案では，現物出資規制に若干の変更があるけれども，内容的には1971年草案と同様に相違しない。しかし，従来の草案よりも短縮されたことによって，規制される条文が変更されている。すなわち，①現物出資および財産引受の概念(1977年草案5b条および56条)，②現物出資設立報告書(同5c条)，③設立の調査(同5d条)，④現物出資の給付(同7b条)，⑤裁判所の調査(同9d条2項)，⑥現物出資設立における追加払込義務(同9条1項)，⑦発起人の連帯責任(同9a条2項)，⑧事後設立(同12a条)である。1977年草案では，とくに有限会社中央機関の批判[49]が，主として草案所定の現物出資設立および事後設立に向けられていた[50]ことは重要である。たとえば，1977年草案について，現物出資および財産引受だけでなく，社員と第三者との財産引受契約も包括すること，事後設立に関する規定が第三者との取引にまで拡大されることなどを批判している。この批判は，法律委員会により設置された研究会によって，すべて検討事項とされている。

なお，現物出資規制の潜脱の問題についての議論は，ここではみられない。

第4節 | 有限会社法の改正期—1980年の改正

1980年の有限会社改正法(以下，改正法とする)は，このように短縮された

1977年草案を基礎にしている。改正法は，議会の審議の過程で修正を受けたが，「有限会社法およびその他の商法上の規定の変更に関する法律(Gesetz zur Änderung des Gesetzes betreffend die Gesellschaften mit beschränkter Haftung und anderer handelsrechtlicher Vorschriften)」として1980年5月13日に成立し，同年7月4日に公布され，1981年1月1日から施行された。この改正は，1960年代ならびに1970年代の改正の議論に依拠するのではない。有限会社の本質を変更することなく，有限会社法の個々の規定を適切に変更する実際的な必要性にのみ依拠したにすぎない。他方，改正法は，未解決の問題や議論における批判点を懸案のままにして，多くの問題を回避した。たとえば有限会社が資本参加している結合企業に関する規制が断念されている。したがって，改正法における欠陥は，新たな議論や批判的見解を生ずる原因となった。しかし，有限会社の柔軟性を維持しながら，債権者と少数社員の保護を改善するという改正法の全体構想は，幅広く同意を得たといわれている。この欠陥は，立法者が欠陥の補充を学説と判例にゆだねようとしたので，意図的に作り出されたものである。このことは，有限会社法の発展が常に判例を通じて裏づけられたことからも明らかであろう。なぜなら，有限会社法が1892年の成立から1980年の改正まで本質的に変更のないまま適用されたからである。したがって，判例による裏づけが明確な基準を定めたと考えられる。

なお，1980年以降の改正については，1994年の組織変更法の修正に関する法律（Gesetz zur Bereinigung des Umwandlungsrechts）ならびに1998年の商法の改正によって有限会社法も変更されたが，現物出資については本質的な変更はなされていない。

(1) **現物出資規制**　これまでの多数の草案にもかかわらず，依然として現物出資に関する状況はほとんど変わらない。たとえば，社員による現物出資目的物の自由な評価がなお妥当していた。このような状況が，1980年の改正の原因となったともいわれている。改正法によって，現物出資については，「現物出資が給付されるときは，現物出資の目的物および現物出資に相当する基本出資の額は，定款においてこれを確定しなければならない」と規定され

た(改正法5条4項1文)。この現物出資の概念には，会社によって引き受けられる目的財産に対して付与される代償が社員の出資に算入される場合(狭義の現物出資)だけでなく，会社が引き受ける施設またはその他の目的財産(財産引受)の場合も含まれる。さらに，現物出資設立報告書が明文をもって規定されるだけでなく(同法5条4項2文)，差額填補責任も規定された(同法9条1項)。したがって，社員は，現物出資設立報告書において，現物出資についての給付の相当性に関する重要な事情を明示しなければならない。また現物出資の価格が会社の商業登記簿への登記時点において，これに対して引き受けられた基本出資の額に達しないときは，社員は，不足額を金銭で出資しなければならない。従来と同様に，社員が所定の手続を遵守しない場合には，社員は自己の出資義務から免れることはできない。それゆえ，基本出資の履行が金銭以外で行われるか，または目的財産の譲渡に対して付与されるべき代償との相殺によって行われる場合は，その履行が定款所定の規定の実行としてなされた限りでのみ，社員は自己の義務を免れる(同法19条5項)。なお本条は，資本増加の場合にも準用されている(同法56条2項)。

　これに対して，改正法では，義務的な設立の調査も事後設立規定も，明文をもって規定されていない。これは次の理由に基づいている。法律委員会の報告書によれば，まず従前の判例との関連において，義務的な設立の調査を規定しないことを理由づけている。すなわち，「現物出資設立報告書を提出し，目的財産の相当な評価に関する相応の書類を提出する社員の義務，ならびに記載の正確性に対する社員の責任は，現物出資の正確な評価に関する登記裁判官の包括的な調査義務とともに，基本資本の適法な拠出に対する十分な保護を付与するものである」とする。また事後設立を規定しないことについては，次のように端的に理由づけている。すなわち，「この一般規定(5条4項1文)によって，裁判所は，実質的に隠蔽された現物出資設立の場合にも判決を下すことができる」とする。そのために，事後設立の明文による規制は必要なく，明文を設ければ，むしろ障害になるとの指摘もある。

　このような趣旨に基づき，設立の調査と事後設立の規定が設けられなかっ

た。このことは，おおむね受け入れられている。なぜなら，有限会社の柔軟性を考慮するならば，これらの規定は，柔軟性を妨げる原因になっていると考えられたからである。

(2) 現物出資規制の潜脱　これに対して，とくにライザー（Raiser）は批判的である。とくに，現物出資規制を潜脱する隠れた現物出資の防止規定および事後設立規定を設けなかったことについて批判している。前者の隠れた現物出資に対する批判は，改正法19条5項だけでは現物出資規制の潜脱を阻止できないことに基づいている。したがって，隠れた現物出資を改正法19条5項に包含させるために，本項を拡大する「非常に大胆な解釈」が必要であるとする。[65]これによって，「会社に対する財産的価値の譲渡が社員の金銭出資義務との時間的および実体的関連において行われる」隠れた現物出資のすべての場合が包括されることになる。たしかに，ライザーは，判例がすべての問題を解決できるとは考えていない。[66]しかし，いずれにせよ，潜脱の阻止の可能性を判例にゆだねたことによって，あまりにも簡易な規制になったことは否定できないとする。改正法19条5項は現物出資規制の潜脱の場合に準用できるとするのが当時の一般的な見解であるが，[67]裁判実務上，改正法19条5項に包含するのが困難な事案も生じていることも事実である。しかしながら，この事実は，どのように裁判所が判断するのかについて予測が困難なために，実務にとっては問題とならざるをえない。なぜなら，隠れた現物出資と判断されることによって，社員が新たに出資を金銭で払い込まなければならない可能性が生じる場合があり，法的安定性を阻害するからである。たとえば，このことは，「利益配当払込方式（Ausschüttungs-Rückhol-Verfahren）」に関する連邦通常裁判所の判例により明らかになる。[68]すなわち，有限会社が社員に対して利益配当を行う一方で，資本増加に際して社員が再度この利益配当を出資する場合には，この資本増加は，金銭出資ではなく，現物出資の規定に従い行われることになるのである。しかしながら，この場合に出資が利益配当という金銭で行われるのに，なぜ出資の価値の調査が行われるのかという問題は，解決されていない。調査の目的は，利益配当が適法であったかどう

かを確定することであるので，この場合には改正法9条および19条5項が適用される必要はないと批判されている。(69)したがって，判例上解決できる事案にも限界があるといえよう。後者の事後設立については，たしかに基礎資本の4分の1（少なくとも1万2500マルク）という形式的制限である価値の限界が，とくに小規模会社の経済活動の自由を阻止することになる。しかしながら，その反面，事後設立規定を設けることによって潜脱に対する規定が強化されると主張される。(70)

(1) 1979年頃の西ドイツにおける有限会社の実態資料として，増田政章「西ドイツにおける有限会社の実態とその経済的意義」近大法学26巻3号166頁以下がある。
(2) 以下の叙述については，主として Fischer, Die Gesellschaft mit beschränkter Haftung, Eine gesellschaftsrechtliche und wirtschaftshistorische Studie, 1948, S. 1 ff. による。なお，1892年の有限会社法の成立期を扱った先駆的な邦語文献は多数にのぼる。これについては，主として佐々穆『各国比較会社法論—株式会社及有限責任会社』590頁以下（清水書店，1930），同『有限責任会社法論』13頁以下（巖松堂書店，1933），佐伯俊三「有限責任会社の特性及び其の設立論」司法研究報告書集19巻1号10頁以下（1935），増地庸治郎「有限責任会社制度の生成」経済学論集9巻9号36頁以下（1939），喜多川篤典「有限会社法の比較法的研究（1） ドイツ法を中心とする考察」法学協会雑誌69巻2号158頁以下（1951），大隅健一郎＝大森忠夫ほか『現代外国法典叢書（9）独逸商法（Ⅳ）有限会社法，保険契約法，手形法・小切手法』1頁以下（有斐閣，復刻版，1956），杉山直治郎「有限責任会社に就て」『法源と解釈』449頁以下（有斐閣，1957）等を参照した。また大隅＝大森・前掲書15頁，今野裕之「ドイツ『有限責任会社』制度の立法過程—ドイツ帝国議会議事録および政府草案・理由書を中心として—」成城法学19号89頁（1985）等に掲げられた諸文献も参照。
(3) この要請との関連において，人的会社形式の特徴を有する新たな会社形式を方向づけた主要な代表者が，当時，帝国議会の議員であったエッヒェルホイザー（Oechelhäuser）である。これに対して，1884年の改正後の厳格な株式法に比べてより簡易かつ柔軟化し，設立，社員数および資本の確保について株式会社を範とする新たな会社形式の形成を方向づけた主要な代表者が，パリシウス（Parisius）やハンマッハー（Hammacher）である。立法者は，1888年にプロイセンのすべての商業会議所で膨大なアンケートを実施し，当時の法政策的および経済政策的な指針とこれに対する認識を調査した後，いわゆる有限会社の創設の輪郭について，ドイツ商工会議所連合会（deutschen Handelstag）とベルリン商人組合長老会（Ältesten der Berliner Kaufmannschaft）に鑑定意見を求めた。
(4) ドイツ商工会議所連合会およびプロイセンの商業会議所の鑑定意見については，Sammlung sämmtlicher Drucksachen des Reichstages, Stenographische Berichte über die Verhandlungen des Reichstages 8. Legislatur Periode, I. Session 1890/92, Ⅷ. Band,

Von Nr. 571 bis Nr. 697, Berlin 1892, S. 94 Anlage A und S. 106 Anlage B；Entwurf eines Gesetzes betreffend die Gesellschaften mit beschränkter Haftung nebst Begründung und Anlagen, Berlin 1891, S. 121 Anlage A und S. 137 Anlage B. において参照することができる。

(5) 立法者が有限会社法草案を発表したことに対して，あまり危惧すべき意見はみられない。しかしながら，最も有限会社制度に反対した者がライヒ裁判所のベール（Bähr）である。彼は，有限会社法草案の帝国議会における読会の開始直前に，自己の消極的な見解を発表した（Bähr, Gesellschaften mit beschränkter Haftung, Die Grenzboten：Zeitschrift für Politik und Literatur, 51. Jahrgang, 1. Vierteljahr 1892, S. 210 ff.）。彼の見解によれば，法人を設立する可能性が経済界に付与されるが，他方で有限責任の特権が容易に法人の資本参加者に認められるとする。また，有限会社形式の創設後に，多くの企業が株式会社から有限会社に組織変更する結果，発起人時代における1884年の改正によって再び獲得した株式制度に対する有害な影響も懸念している。なぜなら，有限会社では，有限責任を獲得するために，株式法の「面倒な形式」を充足する必要がなかったからである。さらに，有限会社の場合には，わずかな設立資本の拠出に対する十分な保護がないという理由からも，有限会社の資本参加者の有限責任は正当化されないと考えている。さらに，有限会社の社員のような狭い範囲の社員に有限責任を付与する場合，有限責任の展開はとどまることを知らないであろうと警告した。

(6) 本草案では，法政策的な配慮に基づく考察について次のように述べられている（Sammlung sämmtlicher Drucksachen des Reichstages, a. a. O. (Fn. 4), S. 29.）。すなわち，「...有限会社はその構成員数を考慮せずに常に法的に独立した組織体を形成しなければならない...ことから出発しなければならない。したがって，その限りでは，当該会社の構造上，株式会社の場合と同様の一般的基礎から出発しなければならない。しかし，このことから，その他の事項ならびにとりわけ構成員と会社との関係についても同様のことが妥当しなければならないことはない。」

(7) 1892年の有限会社法は，Sammlung sämmtlicher Drucksachen des Reichstages, a. a. O. (Fn. 4), S. 3 ff.；Entwurf, a. a. O. (Fn. 4). において参照できる。

(8) この経済界からの歓迎は，Koberg, Die Entstehung der GmbH in Deutschland und in Frankreich, 1992, S. 72 ff. に掲載された多数の商工会議所の意見表明からも明らかである。

(9) Mosthaf, Die Reformen des Rechts der Gesellschaften mit beschränkter Haftung Entwürfe, Stellungnahmen und Diskussionen vom Referentenentwurf 1969 bis zur GmbH-Novelle 1980, 1994, S. 21.

(10) これに対して，学説では，ゴルドシュミット（Goldschmidt）が，法人があまりにも容易に形成され，商人になることから，有限会社法の成立に非常に批判的な態度を取ったといわれている（Gruber, Probleme der Sachgründung einer GmbH, 1959, S. 17.）。

(11) Vgl. Schubert, Das GmbH-Gesetz von 1892—"eine Zierde unserer Reichsgesetzsammlung" Das historische Geschehen um die GmbH von 1888 bis 1902, in FS 100 Jahre GmbH-Gesetz, 1992, S. 36. これによれば，1893年には95社の株式会社の設立に対して，有限会社の設立は183社であり，1894年には92社の株式会社の設立に対して，有限会社の設立は254社であり，1895年には161社の株式会社の設立に対して，有限会

社の設立は297社であり，1896年には182社の株式会社の設立に対して，有限会社の設立は376社であった。なお，当時のドイツ有限会社に関する統計は，Feine, Die Gesellschaft mit beschränkter Haftung, 1929, S. 13 ff. ならびに佐々・前掲書注（2）有限責任会社法論18頁以下においても参照することができる。

(12)　しかし，他方で，活発な改正議論や多数の変更提案は存在した（たとえば，Fischer, a. a. O. (Fn. 2), S. 48 ff.；Schubert, Entwurf des Reichsjustizministeriums zu einem Gesetz über Gesellschaften mit beschränkter Haftung von 1939, Beihefte der Zeitschrift für das gesamte Handelsrecht und Wirtschaftsrecht Heft 58, 1985, S. 25 ff.；Ronald in der Stroth, Das Recht der GmbH bis 1933：Tatsachen, Kritik, Reformvorschläge, 1992.）。

(13)　なお，1892年の有限会社法の成立以前に，本法に多大な影響を与えたエッヒェルホイザー議員が，1884年2月に独自の有限会社法草案を公表している（この草案については，Wieland, Handelsrecht, Zweiter Band, Die Kapitalgesellschaften, 1931, S. 399 f. Anhang Cにおいて参照できる）。このエッヒェルホイザー草案の3条では，現物出資について次のように規定されている。

　「商事裁判所への登記申請書には，社員の連帯責任が制限され，同様に個々の社員の参加持分が制限される，資本の額が記載されなければならない。
　同様に登記申請書には次の書面を添付しなければならない。
　a）公証された形式での定款の謄本，
　b）少なくとも会社資本の2分の1が金銭で払い込まれるか，または一定の目的財産で会社に給付されている旨の書面による説明書。後者の場合には，当該目的財産の目録書を添付しなければならない。
　これらの添付書類も，商事裁判所で全社員により個人的に署名されるか，または公証された形式において提出されなければならない。」

　ここで現物出資を意味するのは，b）号における「一定の目的財産で会社に給付されている」という文言である。本条の趣旨は，金銭に代わって給付された目的財産の目録が全社員により署名され，当該目録は商業登記簿への登記申請に際して添付されなければならないということである（Gruber, a. a. O. (Fn. 10), S. 54.）。また，彼の草案は社員の責任の規制を重視することから，5条において社員の連帯責任を定めている。

　「社員は，会社の一切の債務に対して連帯責任を負うが，しかしながら，登記された資本の額まで責任を負うにすぎない。出資が全額払い込まれなかった場合には，全社員が未払額の全部について連帯責任を負う。」

　この規定は，現物出資の過大評価に対する責任も含まれると解されているので（Gruber, a. a. O. (Fn. 10), S. 55.），実質的に現物出資を規制する条文でもある。したがって，エッヒェルホイザー草案では，これら2つの規制により保証を確保していると思われる。

(14) Entwurf, a. a. O. (Fn. 4), S. 52.
(15) Vgl. Ehrenberg, Handbuch des gesamten Handelsrechts, 3. Bd., Ⅲ. Abt., 1929, S. 116. 当時の判例も,「金銭的価値の確定は法律上社員の合意に任されている。したがって, 設立社員が責任を負う可能性は, 給付された株式や債権について確定された金銭的価値が, その客観的な価値を相当上回ったことから生じるのではない」と判旨している (Urteil des RGs vom 16. 2. 1901 in Holdheims Monatsschrift für das Handelsrecht und Bankwesen 1901 S. 142 f.)。もっとも, 学説では, 現物出資の正当な評価に関する監督を法律上定めないことは, まさに債権者保護には不適切であるとダルベルク (Dalberg) は主張する (vgl. Dalberg, Kreditsicherung bei der Gesellschaft mit beschränkter Haftung, 1911, S. 17 ff.)。すなわち,「基本出資として掲げられた金銭的価値が, 実際上現実の価値で会社に提供される保証はない。これは, 現物出資の評価が社員の自由な裁量にあり, かつこの裁量が高額な評価に向けられるからである」と批判的に述べられている。
(16) Vgl. v. Rössing, Die Sachgründung nach der GmbH-Novelle 1980, 1984, S. 11.
(17) v. Rössing, a. a. O. (Fn. 16), S. 11.
(18) v. Rössing, a. a. O. (Fn. 16), S. 11.
(19) Entwurf, a. a. O. (Fn. 4), S. 52.
(20) 本草案および理由書については, Schubert, a. a. O. (Fn. 12), S. 94 ff, 147 ff. において参照できる。
(21) 個々の変更は, 主として登記申請, 登記および解散のような形式手続に関係するものである (RGBl. 1897, 437；RGBl. 1898, 846；RGBl. 1899, 375；RGBl. 1901, 139.)。最低資本金の変更については, RGBl. 1923 I, 22；RGBl. 1923 I, 1253；RGBl. 1924 I, 385；RGBl. 1932 I, 75. を参照。なお, 成立に関する概観については, たとえば Ronald in der Stroth, a. a. O. (Fn. 12) を参照。さらに, 1907年頃までのドイツ有限会社法を論じる邦語文献として, 山崎覚次郎「独逸の有限責任会社に就いて」法学協会雑誌25巻上480頁以下 (1907), 1926年6月28日の法律をもって改正された有限会社法を訳出したものとして, 木村重夫＝伊澤孝平共訳「独逸有限責任会社法並に同法改正法正文」法学新報39巻8号117頁以下 (1929), 東京商工会議所商事関係法規改正準備委員会『独逸有限責任会社法 (1892年4月20日乃至1926年6月28日法)』(1929)［佐伯・前掲書注 (2) 司法研究報告書集19巻1号附録1頁以下所収], 1931年頃までのドイツ有限会社法を論じるものとして, 藤江忠二郎「独逸の現行有限責任会社法の改正に就いて」法曹会雑誌9巻10号78頁以下 (1931) がある。
(22) この経緯については, 大隅＝大森・前掲書注 (2) 9頁以下を参照。なお, 有限責任は多くの事項について国家社会主義的な理念と一致しないと考えられたことから, この時代において有限会社を完全に廃止することさえ考えられたようである (Mosthaf, a. a. O. (Fn. 9), S. 22.)。
(23) 大隅＝大森ほか・前掲書注 (2) 9頁。
(24) たとえば1937年8月8日の同委員会におけるグロスマン＝デルス (Großmann-Doerth) の報告は, 有限責任や法律が有限会社に付与したすべての自由に対して懐疑的であると述べている (Mosthaf, a. a. O. (Fn. 9), S. 22.)。なお, グロスマン＝デルスの報告については, Großmann-Doerth, Soll die Gesellschaft mit beschränkter Haftung

beibehalten werden?, HansRGZ 1937, S. 281 ff. を参照。審議では比較法的研究も行われた。この後，1938年と1940年には委員長の名をもって，第一回および第二回の報告書が発表された（この第1回および第2回報告書については，八木弘「独逸有限会社法改正要綱―有限会社委員会第一回報告書―」国民経済雑誌65巻3号113頁以下（1938），大橋光雄「独逸有限責任会社委員会第一回報告書」法学論叢40巻4号144頁以下（1939），同「独逸有限責任会社委員会第二回報告書」法学論叢45巻3号117頁以下（1941）において紹介されている）。この第一回報告書では，有限会社が，家族会社，試験会社，工業，商業，貿易業，カルテル，コンツェルン，公企業，公私混合企業等に広く利用されている事実が指摘されている。この事実から明らかなように，すでに国民経済的にも有限会社のような小会社の存在は無視できない状況であった（喜多川・前掲注（2）156頁を参照）。また，有限会社法の改正に先立って行われた株式法の改正は，株式会社の無名性に対する疑惑から，株式会社を国民経済上どうしてもやむをえない大企業に限定する趣旨であったとされる。それゆえ，有限会社はますますその比重を大にしてきたといわれる（喜多川・前掲注（2）156頁を参照）。
(25) 本草案における現物出資設立の理由づけについては，Schubert, a. a. O. (Fn. 12), S. 155 f.
(26) 本草案における事後設立の理由づけについては，Schubert, a. a. O. (Fn. 12), S. 157.
(27) Vgl. Mosthaf, a. a. O. (Fn. 9), S. 25.
(28) Niederleithinger, Probleme der Ausdehnung des GmbH-Rechts auf die neuen Bundesländer, GmbHR 1992, S. 220 ff. また統合後の法状況については，Scholz/Westermann, GmbHG, 8. Aufl., 1993, Einleitung Rn. 50. を参照。
(29) Vgl. Ehmke, in：Bundesministerium der Justiz (Hrsg.), Referentenentwurf eines Gesetzes über Gesellschaften mit beschränkter Haftung, Dr. Otto Schmidt, 1969, Vorwort.
(30) Vgl. Hueck, Gedanken zur Reform des Aktienrechts und des GmbH-Rechts, 1963, S. 3.
(31) 1969年草案については，Bundesministerium der Justiz (Hrsg.), a. a. O. (Fn. 29) において参照できる。また，本草案を紹介・検討する邦語文献については，赤堀光子「ドイツ有限会社法改正報告者草案および理由書について」商事法務研究505号2頁以下（1969），松岡和生「ドイツ有限会社法の基本原理―いわゆる中小会社法の問題考察のための前提として―（上）（下）」財政経済弘報1339号13頁以下，1340号10頁以下（1970）および石田満「西ドイツにおける有限会社法改正の動向―有限会社法改正報告者草案の概要―」上智法学論集15巻2号49頁以下（1972）を参照。なお，本草案に対する多数の意見書については，石田・前掲69頁以下に掲げられている。
(32) Vgl. Mosthaf, a. a. O. (Fn. 9), S. 26 ff.
(33) たとえば，本草案を起草した司法省長官のゲスラー(Geßler)は，「有限会社法改正」研究会において次のように述べている（Geßler, in：Probleme der GmbH-Reform, Zugleich Bericht über die Arbeitstagung "GmbH-Reform" in Bonn vom 29. 9. bis 1. 10. 1969, 1970, S. 5. ）。すなわち，「本草案がすべての部分において当然に最後の手段であることを求めない。我々は各批判を受け入れる用意があるが，たとえ批判に理由があっても，完全に起草する準備がある」。これに対して，経済界や法学者からの意見表

明は，ほぼすべてが批判的であった。たとえば経済中央連合（Spitzenverbände der Wirtschaft）は，「当連合は，多数の労働階級における集中審議と世論調査に基づいて，本草案の形式における新有限会社法は必要ないとの結論に達した」と述べている（ドイツ商工会議所の意見表明については，Deutscher Industrie-und Handelstag (Hrsg.), Gefahr für die GmbH, Stellungnahme zum Referentenentwurf eines neuen GmbH-Gesetzes, 1969, S. 11. を参照）。この批判は，とくに有限会社および有限会社法がすでに実証され，改正の必要はないということに基づいている。また弁護士会も，抜本的な改正の必要性に疑義を表明しかつ批判的である（弁護士会の意見表明については，Deutscher Anwaltverein, Stellungnahme des Handelsrechtsausschusses des Deutschen Anwaltvereins zum Entwurf eines Gesetzes über Gesellschaften mit beschränkter Haftung (GmbHG) を参照）。これに対して，ドイツ労働総同盟（DGB）は，まったく異なる考え方である。なぜなら，「当同盟の視点からも，多くの規定になお改善の必要があると思われる。…それにもかかわらず，有限会社法の改正提案は原則において同意を受けうる」と述べているからである（ドイツ労働総同盟の意見表明については，Bundesvorstand des Deutschen Gewerkschaftsbundes (Hrsg.), Stellungnahme des DGB zum Referentenentwurf eines Gesetzes über Gesellschaften mit beschränkter Haftung, 1970, S. 6. を参照）。ここでは，個別規定において大規模会社と小規模会社との間で区別されるのかどうかを検討し，他方労働者の権利を念頭に置いて，労働者の権利を強化し，労働者の保護が拡充されるべきであると主張する。当同盟は，本草案が一般にこのことに言及しなかったことも指摘した。さらに，法学者も，有限会社法改正研究会において，改正は有限会社にまったく不利益になることから，今回の改正を拒絶する方向にあった（この研究会の全体的な内容については，Probleme der GmbH-Reform, a. a. O. を参照）。たとえば，「本草案は有限会社を革新するのではなく，殺害するものである」と述べる見解や（Wiethölter, Die GmbH in einem modernen Gesellschaftsrecht und der Referentenentwurf eines GmbH-Gesetzes, in：Probleme der GmbH-Reform, a. a. O., S. 11.），「現行有限会社法の改正の根拠は，全体的に有限会社法の欠陥と有限会社の間違った展開の分析にほかならない」と述べる見解もある（Lutter, Rechtsverhältnisse zwischen den Gesellschaftern und der Gesellschaft, in：Probleme der GmbH-Reform, a. a. O., S. 63, 64.）。また「本草案において展開された有限会社法の改正は，その起草者が今日の必要性にではなく，昨日の怠惰に向かわせたとの非難を正当化するものである」とも述べられている（Limbach, Der Referentenentwurf eines neuen GmbH-Gesetzes und die Rechtswirklichkeit, in：GmbH Reform, 1970, S. 11.）。しかしながら，経済が機能するための構造の強化という1892年法の目的がもはや一般に妥当しなかったことについては，いずれにせよ，これらの意見表明から明確になったといわれている（Mosthaf, a. a. O. (Fn. 9), S. 32 f.）。

(34) Vgl. Deutscher Industrie-und Handelstag (Hrsg.), a. a. O. (Fn. 33), S. 27 ff. すなわち，「1969年草案は，なぜ改正が一般に必要なのかを論理的に根拠づけできないだけでなく，非常に複雑である。…有限会社の場合には，設立の過程が広く複雑化することは正当化されない」とする。また個々の規定について，「同草案15条所定の義務的な設立の調査は個々の事案においてだけでなく，ほとんどの現物出資設立において行われることが期待されよう。しかし，これは決して必要ない」とし，「同草案28条所定

の事後設立の規制も，あまりにも広範かつ複雑なものとして受け入れられない」とする。さらに，弁護士会からもとりわけ義務的な設立の調査と事後設立の規制について否定されている。前者の義務的な設立の調査については，「現行法の調査の手続はすでに実証済みであるだけでなく，設立手続を非常に遅滞させ，相当な費用を要する原因となるので必要ない」とする (Deutscher Anwaltverein, a. a. O. (Fn. 33), S. 2 f.)。後者の事後設立についても，「事後設立は設立の調査の論理的な帰結であって，これが削除されれば，事後設立に対する必然性は考慮されない」として完全に放棄しようとする (Deutscher Anwaltverein, a. a. O. (Fn. 33), S. 5 f.)。これに対して，ドイツ労働総同盟は新規制を歓迎し，他の意見表明とは異なり，本草案における現物出資設立の規制についての「緊急の法政策的な必要性」について述べている (vgl. Bundesvorstand des Deutschen Gewerkschaftsbundes (Hrsg.), a. a. O. (Fn. 33), S. 29 f.)。この必要性に基づき，ドイツ労働総同盟は2つの改正提案を行っている。すなわち，第一に大規模な有限会社の場合，とりわけ共同決定された監査役会は，現物出資に関する固有の調査権限を有するべきである。第二に事後設立は，非常にわずかな範囲内の取引がこれに服したので，小規模な会社には実際的でない。したがって，事後設立に関する草案の28条は，大規模な有限会社についてのみ適用されるべきであるとする。

(35) たとえば，ウルマー (Ulmer) は，本草案が現物出資設立をめぐる問題を受け入れたことについては歓迎する。しかし，本草案の債権者保護の改善に関する規制は非常に複雑であり，まったく見通しがつかないとする (vgl. Ulmer, Die Gründung der GmbH, in：Probleme der GmbH-Reform, a. a. O. (Fn. 33), S. 42, 49 ff.)。ウルプリッヒ (Ulbrich) も，現物出資の客観的な評価が不可能な場合があるので，義務的な設立の調査を拒絶し (vgl. Ulbrich, a. a. O. (Fn. 33), Probleme der GmbH-Reform, S. 210 f.)，ヴィンター (Winter) も，とりわけ現物出資に関する詳細な記載の開示義務を批判している (vgl. Winter, a. a. O. (Fn. 33), Probleme der GmbH-Reform, S. 213 ff.)。また，シリング (Schilling) は，より一般的に有限会社には簡易な設立と厳格な責任が妥当するのに対して，株式会社には厳格な設立と軽減された責任が妥当する。しかし，本草案の有限会社には厳格な設立と厳格な責任が妥当することになるので，現行規制が維持されるべきであるとする (vgl. Schilling, a. a. O. (Fn. 33), Probleme der GmbH-Reform, S. 218.) さらに，バッテス (Battes) も本草案の現物出資設立の規制に対して批判的である (vgl. Battes, Sacheinlage und Sachgründung im Referentenentwurf, GmbHR 1969, S. 253 ff.)。とくに彼は，有限会社の秘密保持の利益に強く介入することになるので，主として開示規定を批判している。同様に，バルツ (Barz) も原則として改正提案に賛成しない (vgl. Barz, Kapitalfragen im Referentenentwurf eines GmbH-Gesetzes, in：GmbH Reform, S. 37, 44 ff.)。改正提案について彼は，「新規制は，詐欺設立を阻止するのに適切でないだけでなく，現物出資設立を困難にし，かつ遅延させるとともに，現物出資設立の価格を相当に高騰させる」と批判している。しかしながら，現物出資設立報告書については，何ら出費の追加とならず，裁判所の監督を容易にし，また事後に生じる紛争の証明資料として用いられる場合があるので，重要であるとする。ただし，義務的な設立の調査は，非常に時間を要しかつ費用がかかるので，採用される必要はないが，同様に事後設立も非常に費用がかかり，小規模な有限会社にこれを受け入れることはできないので，削除されるべきであるとする。

(36) Bundesministerium der Justiz (Hrsg.), a. a. O. (Fn. 29), S. 164.
(37) 石田＝吉川＝出口・後掲注 (39) 16 巻 1 号 93 頁。
(38) これについて，連邦政府は次のように述べている。「政府は，会社法および会社政策上利害関係を有するすべての範囲から多数の注目すべき参事官草案に関する意見表明がなされたことに感謝する。意見表明は，政府草案の起草に際して，主として改正問題を実質的に解決することに寄与した」(BT-Drucksache VI/3088, S. 81.)。
(39) 1971 年草案については，BT-Drucksache VI/3088 ならびに BR-Drucksache 595/71，1973 年草案については，BT-Drucksache VII/253. において参照できる。なお，1971 年草案については，石田満＝吉川栄一＝出口正義「西ドイツ有限会社法草案 (1)〜(8・完)」上智法学論集 16 巻 1 号 93 頁以下，16 巻 2 号 111 頁以下 (1972)，16 巻 3 号 119 頁以下，17 巻 1 号 149 頁以下 (1973)，17 巻 2 号 105 頁以下，17 巻 3 号 143 頁以下，18 巻 1 号 129 頁以下 (1974)，18 巻 2 号 135 頁以下 (1975) において翻訳されている。また，この時期から 1977 年の政府草案までの動向については，森本滋「西ドイツ有限会社法改正の動向」ジュリスト 646 号 144 頁以下 (1977) を参照。
(40) 上述のように，1969 年草案が 304 ヶ条からなるのに対して，1971 年草案は 300 ヶ条からなり，条文数においてもほぼ同様である。
(41) たとえば，Centrale für GmbH Dr. Otto Schmidt: Stellungnahmen zur GmbH-Reform. を参照。
(42) 森本・前掲注 (39) 146 頁を参照。
(43) この討議は，連邦議会の法務委員会の委員であるランビヌス (Lambinus) 議員 (SPD)，ヘルムリッヒ (Helmrich) 議員 (CDU/CSU) およびクライネルト (Kleinert) 議員 (FDP) によりなされた。旧草案が目的とした有限会社法の改正計画は断念されている。
(44) 1977 年草案については，BT-Drucksache 8/1347 ならびに BR-Drucksache 404/77 において参照することができる。なお，エルンスト・フォン・ケメラー＝ギュンター・ハーガー＝渋谷光子訳「有限会社制度改正の現状」日独法学 3 号 61 頁以下 (1979) は，この 1977 年の政府草案を扱う。
(45) 有限会社法草案を広範に削除したために，これら 3 人の議員は，しばしば「削除トリオ (Streichtrio)」と呼ばれた (vgl. Helmrich, Die GmbH in der Gesetzgebung, GmbHR 1992, S. 406；Kober, Die Entwicklung des GmbH-Rechts, GmbHR 1992, S. 403, 404.)。
(46) BT-Drucksache 8/1347, S. 27.
(47) この理由は，有限会社法改正研究会によれば，「有限会社に対する現物出資設立の規制は，政府草案により付加された制限においてもなお費用がかかり，高くつき，また設立を不相応に遅滞させる」というものである (Hueck/Lutter/Mertens/Rehbinder/Ulmer/Wiedemann/Zöllner, Thesen und Vorschläge zur GmbH-Reform, Arbeitskreis GmbH-Reform, Band II, 1972, S. 13.)。したがって，調査義務は，現物出資が資本の 20％以上を占め，評価が明らかに不相当である場合にのみ存在すべきであるとする。
(48) Centrale für GmbH Dr. Otto Schmidt: Stellungnahmen zur GmbH-Reform S. 20 ff. 事後設立についても，「政府草案では予想に反して，いわゆる事後設立に関する規定に服する行為の範囲も制限されていないし，事後設立の規制も簡易化されていない」と

⑷⁹ これについては，主として Centrale für GmbH, Eingabe zur GmbH-Gesetz-Novelle, GmbHR 1978, S. 193 ff. を参照。

⑸⁰ Vgl. Geßler, Die GmbH in der gesellschaftsrechtlichen Gesetzgebung, in：Pro GmbH, 1980, S. 103.

⑸¹ これについては，Deutler, Die GmbH-Gesetz-Novelle im Überblick, in：Das neue GmbH-Recht in der Diskussion, 1981, S. 3 ff.；Scholz/Westermann, a. a. O. (Fn. 28), Einl. Rn. 47 ff.

の批判があるにもかかわらず（Winter, Grundsätzliche Fragen zum Regierungsentwurf eines GmbH-Gesetzes, GmbHR 1972, S. 5.），事後設立規定の内容的変更がなされていないと批判する。

⑸² BGBl. I 1980, S. 836 ff.

⑸³ 本法に関する邦語文献として，上智大学商法研究会「1980年7月4日の西ドイツ有限会社法およびその他の商事法規定の改正に関する法律（1）（2・完）」上智法学論集24巻2号151頁以下，25巻1号199頁以下（1981），増田政章「西ドイツ有限会社法改正（1980）」比較法政17号93頁以下（1980），増田政章＝本島浩＝松元其吉「改正西ドイツ有限会社法（1980年）」比較法政18号133頁以下（1981），今野裕之「西ドイツ1980年改正有限責任会社法の概要」国際商事法務9巻3号117頁以下（1981），渋谷光子「西ドイツ有限会社法の1980年改正（上）（下）」商事法務901号27頁以下，902号67頁以下（1981）を参照。また1985年の改正における有限会社法の翻訳を扱う文献として，法務大臣官房司法法制調査部編『西ドイツ有限会社法 西ドイツ組織変更法 西ドイツ会社財産による資本増加及び有限会社の合併に関する法律』（法曹会，1988）がある。さらに，ドイツ有限会社法の逐条注釈として，柏木邦良『条解・ドイツ有限会社法』（東京布井出版，1992）がある。

⑸⁴ Mosthaf, a. a. O. (Fn. 9), S. 41.

⑸⁵ Vgl. Mosthaf, a. a. O. (Fn. 9), S. 42.

⑸⁶ 当時の連邦通常裁判所議長であるオデルスキー（Odersky）も，「上告裁判官は，まれにすばらしい仕事である（in einem großen Wurf）唯一の大判決によって，問題領域の全部を法創造的に克服することができる。この方法は，「ケースからケースへの推論（reasoning from case to case）」にほかならない」と述べている（Odersky, Die GmbH in der Rechtsprechung, GmbHR 1992, S. 408 f.）。

⑸⁷ BGBl. I 1994, S. 3210 ff.

⑸⁸ BGBl. I 1998, S. 1474 ff.

⑸⁹ 増田＝本島＝松元・前掲注（53）144頁以下を参照。

⑹⁰ この責任は，すでに判例上認められていたものである（vgl. BGHZ 68, 191 ff.）。

⑹¹ BGHZ 28, 314 ff.

⑹² 増田＝本島＝松元・前掲注（53）149頁，BT-Drucksache 8/3908, S. 70.

⑹³ 増田＝本島＝松元・前掲注（53）146頁，BT-Drucksache 8/3908, S. 69.

⑹⁴ Mosthaf, a. a. O. (Fn. 9), S. 84. なお，このような設立の調査と事後設立を規定しないことは，改正議論においても言及されている。まず，ヴェスタマン（Westermann）は，これらの削除について歓迎している。とくに事後設立規定は，「とくに小規模な有限会社における資本の柔軟性に対する相当な障害になっている」ので，「事後設立規定

の削除は，有限会社の柔軟性に有益である」と述べている（Westermann, Die GmbH —ein "Allzweck-Instrument"?, in：Pro GmbH, S. 30.）。さらに，ライザー（Raiser）も，「原則として義務的な設立の調査を採用しないことを正当である」としている（Raiser, Die neuen Gründungs- und Kapitalerhöhungsvorschriften für die GmbH, in：Das neue GmbH-Recht in der Diskussion, S. 34.）。

(65) Raiser, a. a. O.（Fn. 64），S. 32.
(66) Raiser, a. a. O.（Fn. 64），S. 32.
(67) Vgl. Baumbach/Hueck, GmbHG, 14. Aufl., 1985, §5 Rn. 18, §19 Rn. 30；Scholz/Winter, GmbHG, 7. Aufl., 1986, §5 Rn. 70 ff., 76 ff.
(68) BGHZ 113, S. 335 ff.
(69) Vgl. Mosthaf, a. a. O.（Fn. 9），S. 86.
(70) Raiser, a. a. O.（Fn. 64），S. 33.

第 3 章｜結　語―現在の現物出資規制とその潜脱をめぐる議論の状況

第 1 節｜株式会社法制

　以上，株式会社法制および有限会社法制における現物出資に関する規制の変遷について言及した。両法制における現物出資規制とその潜脱に対する規制がどのように整備されてきたか明確になったと思われる。ここで，その経過を簡単にまとめれば，次のようになろう。まず，株式会社法制における現物出資については，1861 年の普通ドイツ商法典において，株式合資会社に対してはじめて規定されるとともに（1861 年法 180 条），株式会社については，1870 年の株式法改正により現物出資による設立が認められることになった（1870 年法 209b 条）。それ以後，1884 年と 1897 年の改正により，現物出資規定が若干の変更を受けた。1937 年の株式法改正では，現物出資および財産引受に関する 20 条の規定が徹底的に再検討されたが，若干の文言上の改正をして，1965 年株式法 27 条に承継された。さらに，1978 年の会社法の調整に関する第二指令施行法に基づく株式法改正により，現物出資の目的財産の出資能力に関する規定が新たに導入されるとともに（株式法 27 条 2 項），現物出資の給付時期および設立調査の範囲に関する規定が新設ならびに変更された（同 36a 条 2 項，34 条 2 項）。

　これに対して，現物出資規制の潜脱の防止に関する規制については，立法的な手当てとして，1870 年の株式法改正によってはじめて財産引受の規定が設けられ，1884 年の株式法改正で事後設立の規定が設けられた。しかし，現在では，現物出資規制の潜脱の問題は隠れた現物出資[1]として非常に活発な議

論がある。すなわち，社員が会社に対して目的財産を譲渡するが，この対価が譲渡と実体的および時間的に密接して金銭出資として払い込まれることによって現物出資規制を潜脱する問題は，従前から隠れた現物出資として認識されていたのである。裁判実務においては，連邦通常裁判所は，1974年12月19日の判決において，株式引受人が所有する目的財産を取得するために，当該株式引受人が銀行口座に払い込んだ出資金を払い戻すという合意に基づいて，金銭出資により株式会社を設立する場合，隠れた現物出資にあたるとの見解を主張した。学説においても，カルシュテン・シュミット（Karsten Schmidt）が，「会社に対する目的財産の譲渡が社員の金銭出資と時間的および実体的関連にある場合には常に現物出資規制の潜脱が存在する」という定式によって，現物出資規制の潜脱は許されないことを理論的に根拠づけた。潜脱に関する問題は，連邦通常裁判所の1990年1月15日の判決によって再度注目され，この判例がその後の裁判実務に与えた影響は非常に大きい。

このように株式会社立法における現物出資は，沿革的に以上のような過程を経てきたが，それでは，現在において，現物出資はどのように規制されているのであろうか。まず，現物出資または財産引受がなされる場合には，現物出資または財産引受の目的物，会社が目的物を取得する相手方ならびに現物出資の場合に付与される株式の券面額，無額面株式の場合はその株式数，および財産引受の場合には付与される代償が，定款または増資決議において確定されなければならない（現行株式法27条1項，183条）。現物出資の合意の効力が生じない場合，株主は株式の発行価額を払い込む義務を負う（同27条3項3文，54条2項）。次に設立報告書では，現物出資または財産引受に関する給付の相当性を決定する重要な事情が説明されなければならない（同32条2項）。資本増加の場合には，現物出資に関する確定事項は，株式申込証にも記載されなければならず（同185条1項3号），登記申請書には，現物出資に関する契約書が添付されなければならない（同188条3項2号）。さらに，取締役員および監査役員による設立調査とともに，いわゆる設立検査役による調査が行われる（同33条1項，2項4号，183条3項）。この場合の設立調査は，現物

出資または財産引受の価格が，これに対して付与される株式の発行価額，もしくはこれに対して付与される給付の価格に達しているかどうかにまで及ぶ（同 34 条 1 項 2 号）。現物出資は，登記申請前に全部給付されなければならない（同 36a 条 2 項，188 条 2 項 1 文）。登記裁判所が，現物出資または財産引受の価格がこれに対して付与される株式の発行価額または給付の価格に比して不当に低いことを表明する場合には，登記裁判所は登記を拒絶できる（同 38 条 2 項 2 文，183 条 3 項 3 文）。完全に価値を有しない現物出資にもかかわらず，株式会社が登記される場合には，株主はいわゆる金銭填補義務を負う[6]。これらの規制の潜脱に対しては，事後設立（同 52 条）によって防止される[7]。

第 2 節 │ 有限会社法制

次に有限会社法制においては，有限会社はその性質上柔軟性を備えたものであるので，その規制はあまり厳格であってはならないことを指摘した。この命題に基づいて，1980 年の改正法では，条文数をみてもこれまでに起草された各草案よりも非常に少なく，簡易化されている。たしかに 1892 年の有限会社法はこの命題に依拠していると思われるが，前述の 1939 年，1969 年，1971 年，1973 年および 1977 年の各草案については，むしろ厳格すぎる印象を受ける。このことは，現物出資規制についても同様である。現在の有限会社法では，その手続は，現物出資の目的物，給付をなす者の氏名および現物出資に関する資本の額の定款における確定（現行有限会社法 5 条 4 項 1 文，56 条 1 項）や現物出資の評価額について重要な事情が記載される現物出資設立報告書の作成（同 5 条 4 項 2 文）であるにすぎない[8]。目的物の評価でさえ，発起人自身が行うことができる。改正の際にも，結局，検査役による調査や事後設立が規制されなかった。この簡易化の傾向は，上述の命題に沿うものである。しかし，登記裁判官が実質的審査権限を有するので，登記裁判官には調査義務が課せられており，このことが検査役の調査の代替機能を果たしていることに留意されなければならない。これに対して，各草案段階では，たと

えば検査役の調査や事後設立規制について規制されていることから，完全に有限会社の性質に合致するとはいえない。この結論は，たしかに債権者保護のために過大評価やその潜脱の危険の観点から議論された結果なので，合理性はある。しかしながら，上述の命題を考えれば，規制を厳格にする代わりに簡易化して，問題が生じた場合にはその補完を裁判所の判断にゆだねるべきであろう。このことは，現物出資規制については，たとえば現物出資規制の潜脱に関する隠れた現物出資の問題について妥当すると思われる。このような趣旨に基づき，現在では有限会社法が簡易化と裁判所の判断による補完という2つの方向で規制されている。したがって，今後は，有限会社法における現物出資の規制は，一方では有限会社の簡易性および柔軟性を維持しながら，他方ではどのように裁判所の判断によって問題を補完するかが重要になると思われる。隠れた現物出資が裁判上問題になっても，もっぱら後者の観点によって現物出資が規制されるので，判例の役割が一層大きくなることになろう。

第3節 小　　括

　以上，株式会社法制と有限会社法制における現物出資規制の史的展開をみてきた。株式会社法制においては現物出資規制の潜脱防止として財産引受および事後設立が規制されたのに対して，有限会社法制においては有限会社の柔軟性の性質により財産引受および事後設立が規制されなかった。しかし，いずれにせよ，現物出資は金銭出資と異なり手続が必要なので，これを潜脱するために，現在では隠れた現物出資が議論される。財産引受および事後設立が現物出資規制の潜脱に対する措置として問題とされたことから，隠れた現物出資は，沿革的にみれば，いわば第3の潜脱形態の問題として位置づけられるのではないかと思われる。隠れた現物出資の考察については，引き続き第3編において行うことにする。

(1) この問題については，第3編において扱う。
(2) Vgl. Meilicke, Die "verschleierte" Sacheinlage.—eine deutsche Fehlentwicklung—, 1989, S. 37.
(3) BGH, Urteil vom 19. Dezember 1974, WM 1975, S. 177 ff.
(4) Vgl. K. Schmidt, Gesellschaftsrecht, 3. Aufl., 1997, §37 II 4, S. 1120 ff.
(5) BGHZ 110, S. 47 ff.
(6) K. Schmidt, a. a. O. (Fn. 4), §29 IIb).
(7) もちろん，潜脱に対して確定的な保護になると考えられているわけではない（vgl. Lutter/Gehling, Verdeckte Sacheinlagen. Zur Entwicklung der Lehre und zu den europäischen Aspekten, WM 1989, S. 1445, 1448.）。
(8) なお，資本増加の場合における現物資本増加報告書を要求する明文の規定はない。

第2編
ドイツにおける現物出資制度の実態について
──ラルフ・リュールの調査結果を中心として──

　第1編では現物出資規制とその潜脱の問題を沿革的に検討したが，まずドイツにおいてどれだけ現物出資が利用され，どのような目的物が現物出資として給付されているのかについて関心がもたれる。そこで，本編では，ドイツにおける現物出資制度の実態を紹介したい。[1]

　なお，ドイツの現物出資の実態を紹介するものとしては，調査できた限りにおいて，ラルフ・リュール（Ralf Rühl）による調査資料がある。[2] 本書による調査結果が若干古い感がするのは否定できないが，現物出資の実態を把握するのには有益であると思われる。したがって，本書に基づいて，以下，論述することにしたい。ただし，次のことに注意を要する。現物出資は株式会社においても行われるが，本書は有限会社に限定して論じている。このことから，本編でも有限会社に限定して言及することにする。さらに，現物出資は資本増加の場合にも利用できるが，設立に限定して言及している。本書の現物出資に関する調査期間は，1981年1月1日から1984年12月31日であり，対象地域は，ハイデルベルグ，カールスルーエおよびマンハイムである。これらの登記裁判所に登記された有限会社を対象としている。

(1)　なお，調査費用の面については，後述のように，調査されていない。
(2)　Rühl, Rechtstatsachen zur Sachgründung im GmbH-Recht, 1988, S. 10.

第1章 現物出資により設立された会社の割合

　まず上述の期間と地域で登記された有限会社は，ハイデルベルグで1104社，カールスルーエで1249社，マンハイムで1217社である。これらの会社のうち期間内で確認できたのが3098社であり，有限会社の社員が金銭出資を払い込んだにすぎない会社は，2994社であるとされる。したがって，残りの104社において，社員が少なくとも一部について現物出資を給付したことになる。このことから，現物出資が利用された割合は3,36%であることが判明する。これを地域別にみれば，次のようになる。

	新設会社数	金銭出資による設立	現物出資による設立
ハイデルベルグ	954社	939社＝98,43%	15社＝1,57%
カールスルーエ	1087社	1034社＝95,12%	53社＝4,88%
マンハイム	1057社	1021社＝96,59%	36社＝3,41%
	3098社	2994社＝96,64%	104社＝3,36%

Rühl, a. a. O., S. 11.

　このように，全体からみれば，現物出資による設立については3,36%という割合が明らかになる。しかし，個別的にみれば，現物出資による設立についてハイデルベルグでは1,57%，カールスルーエでは4,88%，マンハイムでは3,41%であり，地域によって相違する。この相違は，次のような理由があるとされる[1]。すなわち，ハイデルベルグについては，発起人が登記裁判官との話し合いを通じて，現物出資による設立は，通常，金銭出資による設立よりも期間が長く，費用が高額になると認識した結果，発起人は現物出資による設立を断念し，金銭出資によって設立することである。したがって，他の2つ

の地域との比較において，ハイデルベルグにおける現物出資による設立の割合が低いのは，これによって説明される。しかしながら，カールスルーエとマンハイムにおいて現物出資による設立の割合が相違するのは，明らかにできなかったとされる。[2]

次に年度ごとにおける有限会社の新設数と現物出資の割合について概観したい。なお，1980年に有限会社法の改正が行われ，1981年に施行されたが，ここでは1980年の調査も含めて考察されている。この年度ごとの割合については，次のような結果である。

	1980年		1981年	
	新設	現物出資設立	新設	現物出資設立
ハイデルベルグ	289社	7社＝2,42%	260社	6社＝2,30%
カールスルーエ	361社	19社＝5,26%	345社	21社＝6,03%
マンハイム	328社	6社＝1,82%	282社	11社＝3,90%

1982年		1983年		1984年	
新設	現物出資設立	新設	現物出資設立	新設	現物出資設立
189社	4社＝2,11%	240社	3社＝1,25%	265社	2社＝0,75%
227社	12社＝5,28%	255社	8社＝3,13%	260社	12社＝4,61%
255社	10社＝3,92%	264社	9社＝3,40%	256社	6社＝2,34%

Rühl, a. a. O., S. 16.

この調査結果に基づき比較すれば，現物出資による設立数の増減を確認できよう。とくにハイデルベルグでは，1980年以降から現物出資による設立数は減少傾向にあることが確認される。さらに，1980年と有限会社法が施行された1981年との間では，カールスルーエとマンハイムにおいて現物出資による設立数が増加した事実を確認できる。したがって，1980年の有限会社法の改正が，現物出資による設立に何らかの影響があったことは否定できない。しかし，本法の施行前に商業登記簿に登記申請されたが，施行後なお登記さ

れていない有限会社については，会社の設立および登記に関する従前の規定が適用されることに留意されなければならない。なぜなら，ハイデルベルグでは3社，カールスルーエでは8社，またマンハイムでは，3社が従前の規定に服したからである。さらに，1982年から1984年までの現物出資による会社の設立数を考慮した場合，1984年度に現物出資による会社の新設数が増加したカールスルーエを例外とすれば，現物出資による会社の新設数が継続的に減少することが認められよう。これについては，その原因を調査できなかったとされる。

なお，リュールの調査結果により得られた3,36％という現物出資による設立の割合のほかに，さらに別の調査結果もある。リュール以外で，この現物出資による設立について調査したものとして，まずラエッケ（Raecke），カンツ（Canz），シュトレープ（Streb）およびヴァウベル（Vaubel）の調査がある[3]。ただし，これらの調査は，すべて1931年以前に行われたものである。したがって，この時代については経済危機と資産の流出の結果，現在とは異なる経済状況が存在したので，当時の結果と現在の結果とを比較する実益はないと指摘されている[4]。またその後においても，ベツォルド（Bezold）とロマッカ（Romatka）の調査結果があるが，これらの調査結果についても，当時と現在の金銭的価値で考慮することはできない。ただし，資産の給付によって有限会社を設立する可能性が，今日以上に利用されたことについては確認できるとされる。さらに，ブラーシュ（Braasch），リムバッハ（Limbach）および有限会社中央機関（Centrale für GmbH）の調査結果もある。これらの調査は，比較的リュールの調査年度に近いので，参考に値すると思われる。上述の調査結果をまとめれば次のようになる[5]。

第 1 章 | 現物出資により設立された会社の割合　85

	調査年度	調査地域	対象会社数	現物出資設立数
ラエッケ	1919 年	ブレーメン	353 社	110 社＝31,16%
カンツ	1923 年	ハイデルベルグ	133 社	52 社＝39,10%
シュトレープ	1930 年	オフェンバッハ	193 社	122 社＝52,85%
ヴァウベル	1931 年	オーバーヘッセン	249 社	85 社＝34,14%
ベツォルド	1956 年	ヴュルツブルグ　アウグスブルグ	276 社	96 社＝34,78%
ロマッカ	1958 年	バイエルンの南東	128 社	54 社＝42,19%
リムバッハ	1961〜1963 年	ベルリン	486 社	49 社＝10,08%
有限会社中央機関	1967 年	Centrale für GmbH の構成員である有限会社（2476 社）		18%
ブラーシュ	1970 年	ハンブルグ		1,88%
リュール	1981〜1984 年	ハイデルベルグ　カールスルーエ　マンハイム	3098 社	104 社＝3,36%

Rühl, a. a. O., S. 18-21 をもとに作成

　ここで，ブラーシュ，リムバッハおよび有限会社中央機関の調査を比較すれば，現物出資による設立の割合は，1,88%から18%までの間にある[6]。リュールによって調査された3,36%の割合はこの間にある。それでは，なぜこのような相違が生じうるのかについては，まず有限会社中央機関の調査は無作為で抽出した2476社が基礎とされた。この場合に有限会社の設立年数が考慮されなかった結果，設立以降長い間存在したような会社も，調査の対象とされた。このことは，新設された会社だけを調査対象としたリムバッハとブラーシュの調査とは相違する。このことからすれば，有限会社中央機関の調査結果も，他の結果と比較できない。しかし，リュールの調査結果である3,36%の数値，ブラーシュ（1,88%）とリムバッハ（10,08%）の数値とが相違する原因は，重要であると考えられる。すなわち，第一に，後者の数値については，現物出資設立に関する規定が有限会社法の改正の影響を受けなかった時期において調査が行われたことにある。このことは，10,08%というリムバッハの高い現

物出資設立数の調査結果から明らかであろう。しかし，調査時期の問題については ブラーシュにおいても同様である。第二に，ブラーシュとリムバッハの調査結果が相違する理由は，地理的に異なる地域で行われたことにある。すなわち，外洋港である大規模な貨物積替地としてのハンブルグの特別な役割とベルリンの特別な状況にも考慮しなければならない。しかし，この基準はあまり実質的な根拠ではないことから，現物出資設立数の相違に関する原因を明らかにするのは困難であるとされる。

(1) Rühl, Rechtstatsachen zur Sachgründung im GmbH-Recht, 1988, S. 14.
(2) Rühl, a. a. O. (Fn. 1), S. 14.
(3) なお，さらにリーベル(Liebel)，モル(Moll)，ドレーアー(Dreher)およびホレ(Horre)の調査結果もある。リーベルによるドイツ全域の複数の都市を対象とした1931年度の調査では，現物出資の割合は39%である。モルによるロストックでの調査では，94社が現物出資による設立であった(44,68%)。また，ドレーアーによるフランクフルトでの1931年度の調査によれば，現物出資の割合は26,3%である。さらに，ホレによるダルムシュタットでの1931年度の調査によれば，現物出資の割合は53,23%であった。
(4) Rühl, a. a. O. (Fn. 1), S. 19.
(5) それぞれの調査結果は，Rühl, a. a. O. (Fn. 1), S. 18 ff. による。
(6) Rühl, a. a. O. (Fn. 1), S. 18 ff.

郵便はがき

162-0041

恐れ入りますが郵便切手をおはり下さい

（受取人）
東京都新宿区
早稲田鶴巻町五一四番地

株式会社 **成文堂** 企画調査係 行

お名前＿＿＿＿＿＿＿＿＿＿＿＿＿＿＿＿（男・女）＿＿＿＿歳

ご住所（〒　　－　　　）

☎

ご職業・勤務先または学校（学年）名＿＿＿＿＿＿＿＿＿＿＿＿＿＿＿＿＿＿

お買い求めの書店名

〔読者カード〕

書名〔　　　　　　　　　　　　　　　　　　　　　　　〕

　小社の出版物をご購読賜り、誠に有り難うございました。恐れ入りますがご意見を戴ければ幸いでございます。

お買い求めの目的（○をお付け下さい）
1．教科書　　2．研究資料　　3．教養のため　　4．司法試験受験
5．司法書士試験受験　　6．その他（　　　　　　　　　　　　）

本書についてのご意見・著者への要望等をお聞かせ下さい

〔図書目録進呈＝要・否〕

今後小社から刊行を望まれる著者・テーマ等をお寄せ下さい

第 2 章｜現物出資の目的物

　現物出資が給付される場合，現物出資の目的物および現物出資にかかる基本出資の額が定款で確定されなければならない（ドイツ有限会社法5条4項1文，以下，ド有法とする）。これに対して，金銭以外の基本出資または目的財産の引渡しに対して付与されるべき代償との相殺によって行われる基本出資の履行は，その履行が5条4項1文所定の定めの実行において行われる限りでのみ，社員は自己の義務から免れる（ド有法19条5項）。このことから，現物出資とは，金銭以外の出資と目的財産の譲渡に対する代償との相殺であると考えられる。この概念には，財産引受も含まれるとされる(1)。なぜなら，財産引受は，実質的には金銭以外で給付される出資として問題であるからである(2)。

　このように確定された現物出資の概念のもとでは，その目的物は取引の対象となりうる一切の財産的価値のある目的物であることを把握できる。この目的物には，有体物の意味における物だけでなく，集合物や債権，権利およびその他の財産的価値のある無体財産もある。さらに，株式法によれば，現物出資の目的物は，経済的価値を確定できる財産でなければならない（ドイツ株式法27条2項）。この株式法上の要件は，ドイツの物的会社法で一般的に認められた現物出資に関する原則を明文化したものと解釈されるために，有限会社についても妥当する(3)。それでは，現物出資の目的物がどのような基準によって許容されるのであろうか。これについては，さまざまな議論がある。まず，目的物が貸借対照表に計上できるかどうかが重要であるとの見解がある(4)。この場合の現物出資能力は，貸借対照表に計上できる財産的価値を有する目的物であるにすぎない。しかし，この見解には，貸借対照表計上能力は，少なくとも目的物の取引上客観的に確定できる財産的価値が付与されることの徴憑であるにすぎないと反論される(5)。したがって，現在では，目的物の現

物出資能力に関する本質的な要件として，目的物が把握可能な財産的価値を有し，会社が自由に処分できる場合に，適格性を有すると主張されている[6]。この基準を前提とすれば，現物出資にはさまざまな目的物を考慮できるとされる。現物出資に典型的な動産や不動産だけでなく，物に対する利用権や債権，または上述の基準に該当する限りにおいて，ノウ・ハウ等の無体財産権，集合物や権利の集合体も現物出資として給付できる。

それでは，実際に調査対象になった会社において，どのような目的財産が現物出資として給付されたのであろうか。これについては，次の５つのグループに分類することができる。

第１節｜第１グループ：既存の営業

営業は，既存の各営業や各会社の法形式全部の営業または営業の分割によって得られた一部の営業から構成される。全部で54社が，この形態の現物出資を利用した。これは，調査対象である全部の会社の52,94％に相応するものである。どのような範囲において営業が新設会社に給付されたのかを示せば次のようになる。

給付の範囲	会社の数
資産・負債の全部の給付	43社＝79,64％
土地・建物を除く資産・負債の給付	5社＝9,26％
土地・銀行預金を除く資産・負債の給付	1社＝1,85％
土地を除く資産・期限付債務および退職年金請求権を除く負債の給付	1社＝1,85％
商号権のない個人商人の商号の給付	1社＝1,85％
負債を除く資産の給付	1社＝1,85％
土地その他の固定資産を除く資産・負債の給付	1社＝1,85％
流動資産の全部の給付	1社＝1,85％
	54社＝100％

Rühl, a. a. O., S. 50.

さらに，給付された営業が以前にどの法形式において営まれていたのかについては，次のとおりである。

以前に営まれた営業の法形式	会社の数
民法上の組合	9社＝16,67%
共同相続関係（Erbengemeinschaft）[7]	2社＝3,70%
合名会社	4社＝7,40%
合資会社	3社＝5,56%
有限会社	3社＝5,56%
有限合資会社	1社＝1,85%
一人個人企業	32社＝59,26%
	54社＝100%

Rühl, a. a. O., S. 51.

　この結果からみれば，一人個人企業が顕著である。この場合においてどの程度営業が実際に一人会社となる会社に給付されたのかについても調査されている。これについては，12社が妥当したと指摘されている。さらに，なぜ有限会社の法形式において3社の営業が給付されたのかについても調査されている。この場合には，2つの異なる形態を確認することができる。すなわち，まず2社の事案では，営業の分割が行われたことによって有限会社が新設されたのに対して，残りの1社では，既存の有限会社が，現物出資により設立された新たな有限会社に土地を除いて給付されたものである。

第2節｜第2グループ：有体物の意味における物

　このグループには，同一の種類に属する目的物が含まれている。全部で17社（16,67%）において，同一の種類の目的物が給付された。この場合，10社において乗用車，3社においてトラックが現物出資の目的物であった。1社においては，現物出資の目的物はダイヤモンドであった。別の会社では，現物

出資として飛行機が給付された。さらに，確定利息付の有価証券が現物出資の目的物であった会社や，鉄筋コンクリート（Betonstahl）が現物出資の目的物であった会社もある。

第3節｜第3グループ：固定資産

　ここでは，継続的に会社の業務に用いられ，異なる種類に属する目的物が問題となっている。25社（24,51%）において，固定資産に分類される目的物が出資された。この場合，1社では，他の目的物と一緒に同種の目的物が，何度も給付された。具体的には，乗用車，トラック，バイクおよびフォークリフト（Radlader）のような28台の原動機付き車両ならびにこれに付随する車両が問題であった。さらに，現物出資の一部について，工具，機械および作業器具，とくに足場，機械工の工具，機械鋸，計量機，パレットおよび建設機械から構成された。15社においては，たとえば冷凍倉庫，事務室用家具，タイプライター，売店および移動式暖房機のような事務所の備品が給付された。

第4節｜第4グループ：流動資産

　このグループでは，会社の営業に必要とされるような目的物が出資された。全体では現物出資が流動資産からなる2社（1,96%）について調査されている。1社においては，既存の営業という流動資産の全部が給付された第1グループと異なり，有限会社の営業のために新たに取得された流動資産が問題であった。たとえば，ある発起人は衣類を給付し，ある発起人は金属探知機を給付した事実がある。

第5節｜第5グループ：営業とその他の出資物との混合

ここでは3社（2,94%）がこのグループに分類されている。会社の新設に際して，個人商人による事業と自動車が給付された。他の会社では，個人商人による事業と貸付債権が現物出資の目的物とされた。さらに，1社では，現物出資が手工業営業と秘密出資金（stillen Einlage）から構成されたことが確認されている。

第6節｜第6グループ：固定資産および流動資産

1社（0,98%）において，固定資産ならびに流動資産が給付された。しかし，この会社については，特別な考慮をしなければならない。なぜなら，さまざまな種類の目的物が問題であったので，この会社は第2グループのもとにも含められるからである。固定資産も流動資産も拠出されたことから，第3および第4グループのもとには含まれない。ここでは，乗用車，作業機械および作業器具ならびに原料，補助材料および生産用原料が給付された事実がある。

上述の分類において確認できることは，現物出資が給付された半分以上の会社において，現物出資の目的物が営業の給付にあったことである。また28社において，固定資産および流動資産が現物出資の目的物として給付された（第3，第4および第6グループ）。営業または営業の一部が給付された54社にこの28社を加算して，さらに営業について出資された3社（第5グループ）を加えれば，85社（83,34%）において，既存の企業が日用品として利用する目的物が給付された。さらに，このうち13社において自動車が現物出資として給付されたことが確認される。このことから，社員が十分な資金を出資できなかったために，金銭出資による設立よりも現物出資による設立が好まれたことが判明するであろう。なお，ここで役務，利用権または無体財産のよう

な出資物は,確認できなかったとされる。この事実から考慮すれば,主として設立を企図する社員が十分な資金を有していなかったために,現物出資による有限会社の設立が選択されたという結論を導き出すことができる。[8]

なお,他の調査結果では,営業の現物出資の割合について次のことが明らかになる。[9] まず,カンツの調査によれば,現物出資に占める営業の割合は42,31%であり,ヴァウベルによれば,営業の割合は約80%であるとする。またホレによれば,72,73%であるとし,モルによれば,59,52%を確認できるとする。さらに,ベツォルドによれば,43,75%を確定できたのに対して,ロマッカによれば,35,19%であるとする。これらの調査結果と比較すれば,リュールにより確定された52,94%という割合は,これらの調査結果の平均値(約55,60%)に対応する。このことから,他の調査結果と同様に,現物出資全体に占める営業の割合は非常に高く,既存の営業を給付することが,非常に頻繁に行われる現物出資の方法であると指摘できるであろう。[10]

(1) BT-Drucksache 8/3908, S. 69.
(2) BT-Drucksache 8/3908, S. 69.
(3) Rühl, Rechtstatsachen zur Sachgründung im GmbH-Recht, 1988, S. 42.
(4) たとえば,Baumbach/Hueck, GmbHG, 13. Auflage, §5 Anm. 5 A.
(5) Vgl. Baumbach/Hueck, GmbHG, 14. Auflage, 1985, §5 Anm. 23;Hachenburg/Ulmer, GmbHG, 7 Ⅱ. Auflage, 1985, §5 Anm. 32.
(6) Baumbach/Hueck, a. a. O. (Fn. 5), §5 Anm. 23;Hachenburg/Ulmer, a. a. O. (Fn. 5), §5 Anm. 35.
(7) 共同相続関係とは,ドイツ民法上法定相続は共同相続であるから,相続人が多数あるときは共同相続関係が成立し,分割がなされるまでは遺産は相続人の合有に属し,その管理は相続人が共同で行う場合をいうとされる,山田晟『ドイツ法律用語辞典[改訂増補版]』197頁(大学書林,1993)。
(8) Vgl. Rühl, a. a. O. (Fn. 3), S. 55.
(9) これについては,Rühl, a. a. O. (Fn. 3), S. 55 ff. を参照。
(10) Rühl, a. a. O. (Fn. 3), S. 56.

第 3 章 | 現物出資の登記手続期間

　有限会社の設立は，複数の段階を経て行われる。たとえば，定款の作成（ド有法2条，3条），業務執行者の選任（ド有法6条3項），最低資本金の払込（ド有法7条2項）および管轄登記裁判所への会社の登記申請（ド有法7条1項），商業登記簿への登記（ド有法10条1項）である。ここで登記手続とは，有限会社の登記申請時点から商業登記簿への登記までの時点をいう。なお，この場合，定款の作成から登記裁判所への登記申請時点までの期間も，定款の作成前の期間も考慮されていない。この登記手続期間については，104社のうち102社について確認されている。手続期間に関する調査結果についてまとめれば次頁の別表1のようになる。

　この登記手続期間に関する調査については，別の調査結果もある。すなわち，ビスマルク（Bismarck），ブラーシュおよびグレーニング（Gröning）の各調査結果である。これらは，金銭出資による設立と現物出資による設立との間で区別することなく，一定の時期において登記された一切の有限会社の登記手続期間が調査された。各調査結果は，次頁の別表2のとおりである。[1]

　これらの結果に基づけば，現物出資による設立の場合，金銭出資による設立と異なり，会社が商業登記簿に登記されるまでに長い期間がかかるという事実を確認することができる。すなわち，登記手続の期間は，それぞれ1ヶ月ないし3ヶ月の範囲に集中しており，これはすべての調査結果においてほぼ等しい。反対に，リュールとブラーシュの調査結果では，40%以上の調査対象会社において，3ヶ月以上の登記手続を要したことになる。したがって，結果的に現物出資による設立の場合の登記手続は，金銭出資の場合よりも長い期間がかかることが調査資料からも確認することができる。この理由としては，現物出資による設立の場合，登記裁判官が実質的審査権限を有するので，登

別表 1

登記手続の期間	会社の数
1週間以内	4社＝3,92%
2週間以内	2社＝1,96%
1ヶ月以内	10社＝9,80%
2ヶ月以内	24社＝23,54%
3ヶ月以内	20社＝19,61%
4ヶ月以内	10社＝9,80%
5ヶ月以内	11社＝10,79%
6ヶ月以内	5社＝4,90%
7ヶ月以内	3社＝2,94%
8ヶ月以内	4社＝3,92%
9ヶ月以内	3社＝2,94%
10ヶ月以内	3社＝2,94%
11ヶ月以内	1社＝0,98%
12ヶ月以内	1社＝0,98%
14ヶ月以内	1社＝0,98%
	102社＝100%

Rühl, a. a. O., S. 35.

別表 2

登記手続の期間	会社の数			リュールにより調査された割合
	ビスマルク	ブラーシュ	グレーニング	
1ヶ月以内	31,98%	7,87%	43,7%	15,68%
1ヶ月ないし3ヶ月	46,02%	48,55%	44,5%	43,15%
3ヶ月ないし6ヶ月	14,04%	29,23%	10,1%	25,49%
6ヶ月ないし12ヶ月	3,9%	13,32%	1,7%	14,70%
1年以上	4,68%	1,03%		0,95%

Rühl, a. a. O., S. 37.

記載判官に調査義務が課せられており、このことが検査役の調査の代替機能を果たしていることにあるのではないかと考えられる。それゆえ、現物出資

による設立登記は金銭出資の場合よりも迅速に行うことはできない。

(1) Vgl. Rühl, Rechtstatsachen zur Sachgründung im GmbH-Recht, 1988, S. 36 ff.

第4章 結　語

　以上のように，ドイツにおいて現物出資が利用される可能性は金銭出資と比べて低い。しかし，現物出資は，その目的物が会社にとって有用であり，社員に十分な資力がない場合がある。このことから，その割合が低いといっても，現物出資は実際に行われている。リュールにより調査された3098社のうち現物出資を利用して設立された会社は104社(3,36%)である。この場合，調査地域が限定されているけれども，現物出資の割合が低いことは，この調査結果からも明らかである。たしかに従前の他の調査結果によれば高い割合を示すものがある。しかし，この調査結果は少なくとも1960年以前であるので，当時とは状況が異なるであろう。それでは，実際に現物出資を給付する場合，どのような目的物が現物出資の対象とされるのであろうか。これについては，現物出資を給付した調査対象会社の半分以上において，現物出資の目的物が営業あるいは営業を構成する目的物であったことを確認できた。このうち資産と負債の一切を含む全部の営業が給付された事実が多い。もちろん，個別的にはダイヤモンドや飛行機，確定利息付の有価証券等が現物出資として給付された事案も見受けられた。しかし，やはり継続的に会社の業務に用いられるような固定資産が給付された事実が多い。具体的には，乗用車，トラック，バイクや工具，機械器具，さらに冷凍倉庫，事務室用家具，タイプライター，売店および移動式暖房機のような事務所の備品があげられる。

　これらを現物出資として給付するならば，登記手続のような法律上の要件を遵守しなければならない。しかし，登記手続には時間がかかる。具体的には1ヶ月ないし3ヶ月がもっとも多い。このことは，リュールの調査結果によれば，全体の43,15%に相当するものである。また時間がかかるだけでなく，目的物の評価に際して鑑定人，税理士または経済監査士を用いる場合があり，

費用もかかるといわれる。具体的にどれくらい費用がかかるのかについては本書からは確認できなかった。

　このような原因から，実務上，現物出資規制を潜脱する事実があることを指摘できる。この場合，リュールの調査結果によれば，3社（2,94%）において現物出資規制の潜脱を認定されたとする。したがって，現物出資目的物の客観的価値を担保するために，現物出資規制の潜脱に対する立法論的な措置も検討されなければならないと指摘されている。

第3編
ドイツにおける隠れた現物出資の理論

　本編では，第1編で第3の潜脱形態の問題と位置づけた，隠れた現物出資の問題を扱うことにする。第1編でみたように，財産引受および事後設立以外に，現在ドイツでは，隠れた現物出資によって現物出資規制の潜脱が実務上行われている。この潜脱が裁判上問題となるのは，経済不況により，会社の倒産が非常に増加しているのが要因となっている(1)。すなわち，会社法上の問題として特有な現物出資の過大評価だけではなく，会社の倒産時に隠れた現物出資が問題にされているのは，現物出資に関する法律上の手続を履践することなく，現物出資を給付したのと同様の結果を実現するからにほかならないからである。たとえば，増資に際して，定款において金銭出資として確定した結果，引受人が金銭出資を払い込む一方で，増資後に，現物出資として給付する予定であった現物出資の目的物を会社に譲渡し，その対価として引受人に当該払込金を支払うことにより現物出資を給付したのと同様の結果を生じさせるのである。このように会社が倒産した場合において，倒産会社の破産管財人は，この現物出資を無効として，破産財団における財産を少しでも増加させるために，出資者に再度金銭出資義務を負担させる。なぜなら，金銭出資とその後の譲渡行為により現物出資規制が潜脱されたと法的に構成するので，金銭出資の効力が生じないものとして処理するからである。この場合，有力な学説によれば，取引の安全を考慮して譲渡行為の目的物の所有権は会社が取得すると構成して，出資者は金銭出資として払い込んだ払込金に対して不当利得返還請求権を有するとされる。しかし，不当利得返還請求権は破産債権として処理されるので，全額弁済される可能性はきわめて低い

ものとなる。これに対して，会社債権者にとっては，破産財団における財産を少しでも増加させるために，出資者に対して金銭出資を再度履行させるのが望ましいことになる。このことから，出資者がこのような方法により出資すれば，再度の金銭出資を課せられるだけでなく，ほとんど価値のない不当利得返還請求権を有するにすぎない結果となるほか，それ以外の関係者にもさまざまな法律効果が生ずるといわれている。

(1) 会社の倒産数は，1990年度では8730件，1991年度では8445件，1992年では9828件，1993年度では1万2821件，1994年度では1万4926件，1995年度では1万6470件，1996年度では1万8111件にのぼっている（Insolvenzstatistik 1996, ZIP-Report, ZIP 1997, S. 1766)。さらに，日本経済新聞1998年9月4日付夕刊3頁によると，1997年度におけるドイツの倒産・破産件数は，これまで過去最高の3万3410件にまで達し，1998年度には半期ベースで1万7075件にのぼった。1998年度は，1997年度の倒産・破産件数を超える見通しであると指摘されている。

第1章 | 隠れた現物出資

第1節 | 隠れた現物出資の概念

　現物出資を給付するための手続は，現物出資の目的物の価格を調査するために複雑となる。現物出資に関する現在の規制についてはすでに指摘したが[1]，そのうち，とくに検査役の調査には時間と費用がかかり面倒であるとされる[2]。このことから，現物出資を給付する者は面倒な検査役の手続を潜脱しようと企図する場合がある。

　ドイツの実務における現物出資規制の潜脱方法は，連邦通常裁判所1990年1月15日判決と連邦通常裁判所1991年2月18日判決の事案において顕在化したといわれている。これらの事案では，現物出資規制を遵守することなく，結果的に現物出資を給付したのと同様の効果を生ぜしめた事実が扱われている。まず，以下では，これらの判決を含めて，現物出資が隠れて給付された事実を具体的に確認することとする。

1 判例における隠れた現物出資の事案

① 連邦通常裁判所1958年11月10日判決[3]

　【事実の概要】　原告Xは，1950年2月23日に設立された有限会社の破産管財人である。被告Yは，当該有限会社の発起人の一人であり，かつ単独の業務執行者であった。被告Yは，設立に際して2万マルクの資本のうち1万2000マルクを引き受け，この1万2000マルクは，1950年3月23日に有限会社の銀行口座に振り込まれた。1950年3月26日に，当該有限会社が，被告Yのライセンスの譲渡に対する対価として決定されていた1万2000マルクの金額を，被告Y個人の口

座に振り込んだ。原告Xは，被告Yに対する対価の支払に関連して，被告Yの出資義務は履行されていないとし，被告Yに対して1万2000マルクの支払いを要求した。

　【判決要旨】　これに対して，裁判所は，「出資債務の履行は，原則として，業務執行者の自由な処分権限のもとで受ければよい。しかし，このことは，財産引受の合意から生じる有限会社の債務に対して，社員の出資によってこれを弁済する意図でなされる場合については妥当しない。このような出資の払込は，一時的にのみ出資者の財産から分離されるにすぎず，一時的にのみ会社に帰属するにすぎないが，これは，あたかも財産引受から生ずる対価の履行のためになされるものである。本件のように，財産引受に対する対価の支払が出資の払込直後に行われ，この対価が出資額と同等である場合には，ド有法19条2項2文，5項[4]の相殺禁止の潜脱という結果になる」と判示した。

② 連邦通常裁判所1990年1月15日判決―IBH/Lemmerz事件[5]―

　【事実の概要】　原告Xは，1983年12月13日に破産手続が開始されたA（IBH株式会社）の財産に関する破産管財人である。B（Lemmerz株式合資会社）は，1979年12月16日および21日の契約に基づき，Aに対して500万マルクの商品の売掛債権を有した。Aは，支払能力を欠くために，もはやBに対して当該売掛債権を弁済できる状況になかった。そのために，AとBとの間で，この未履行売掛債権をAに対する参加持分権（株式）に転換することが合意された。この目的のために，Bは被告Yの設立を指示し，Yと成果引受契約および機関契約ならびに信託契約を締結した。信託契約の内容によれば，Yは，Aに対する500万マルクの金銭出資の払込と引き替えに，156万2500マルクの券面額でAの株式を引き受ける義務を負い，また信託者としてBのためにAを管理する義務を負った。他方，Bは，受託者としてのYが，あらゆる責任から免除されることおよび委託を実行する際に生じる費用をYに支払うことを引き受けた。Yは，1982年7月27日，1982年8月6日付けで商業登記簿に登記されたAの資本増加の際に，500万マルクの額でAの株式を引き受けることにした。Yは，C（SMH銀行）から貸付けを

受けた500万マルクを，Cに設けられたAの増資口座に振り込んだ。Aは，1982年8月9日，売掛債権の弁済のために，Bに対して，1982年8月13日にAの当座預金口座の勘定で現金化される500万マルクの計算小切手を送付した。Yに対するCの貸付金は，1982年8月13日に，信託契約に基づきCに対するBの500万マルクの振込によって決算された。そこで，Xは，被告Yに対して―現在利益がある限りにおいて―資本増加に基づく出資債権（500万マルク）および適時に出資をしていないことに基づく利息を要求する。

【判決要旨】　これに対して，裁判所は，控訴裁判所の結論と同様に，「Bは，Yに対して委託から生じるすべての出費を支払い，あらゆる責任からYを免除する義務を引き受けた。これに基づき，AはYから払い込まれた出資金でもって，隠れた現物出資と認めるに足るBの貸付債権を弁済しただけでなく，さらにBがすべての出費の支払を引き受けたことに基づき，その出資金をYに対する返済のために支払った。結局，Bの協力のもとにおけるYのAに対する払込は，Bに対する貸付債権の弁済と対応するものである。この『支払の払戻』がABYの三者関係において実行された」と判示した。

③　連邦通常裁判所1991年2月18日判決[6]

【事実の概要】　原告Xは，A（F. P. A. 機械製造有限会社）の財産に関する破産管財人であり，被告YはAのメインバンクである。Aの社員であるB，C，DおよびEらは，社員総会を開催し，総会上いわゆる利益配当払込方式によって，配当される利益配当金をAに対する利息付貸付金に転換する決議を行った。同時に，業務執行者であるBとCは，40万マルクから400万マルクへの資本増加の目的のために，別の社員総会を招集することを要請した。この場合に彼らが払い込むべき出資（360万マルク）は，Yに対する振込委託の後に，次の方法において払い込まれた。その方法とは，利益配当金を転換した貸付請求権に基づき社員らに付与される360万マルクの金額が，YにおけるAの口座の勘定で振込によって支払われ，その後に360万マルクは，資本に対する払込のために，再び振替記帳によりAの口座に振り込まれるというものである。Yは，BとCに文書を交付し，そ

の文書においてYはAに対して「登記裁判所に提出するために」個別的に社員および彼らが払い込んだ金額を列挙しながら，次のことを証明した。それは，彼らが資本に対する出資を履行し，360万マルクは「BとCが自由に処分するため」のものであるという内容である。これに基づき，BとCが，資本増加を商業登記簿に登記申請した。

【判決要旨】 これに対して，裁判所は，Yを社員と同等の立場に置き，また振替記帳されたことに現物出資に関する規定の潜脱を見いだすことによって，振替記帳は，出資義務の免除に関するド有法19条5項に基づく，隠れた現物出資の禁止に違反するとする。「金銭出資によれば流動資本（liquide Kapital）がAに提供されることになるが，債権（利益配当請求権）の出資の場合については現物出資としてのみ給付することができ，また他人資本（利益配当請求権を転換したAに対する貸付資本）を自己資本に転換するという形式だけが整えられることになる場合には，現物出資の給付という方法においてなさなければならない。Aは，社員らに対する利益配当請求権の免除を受けたにすぎない。したがって，社員らが負担した金銭資本（Barkapital）は払い込まれていない」と判示した。

④　連邦通常裁判所1992年4月19日判決—BuM事件[7]—

【事実の概要】 原告Xは，A（BuM株式会社）の財産に関する破産管財人である。被告Yは，Aが資本増加の実行を委託していた銀行団の構成員である。Aは経済的に困難な状況にあり，短期間のうちに資本の提供がなければ，支払不能に陥る恐れがあった。Aは，再建のために資本増加を決議する一方，Yはつなぎ融資を引き受けた。Yは，Aの資本増加に際し，現在有する貸付残高に直面して，金銭出資を払い込むべきなのか，または既存の貸付債権を現物出資として給付すべきなのかについて疑義を有した。しかしながら，AおよびYは，計画された資本増加については金銭出資による資本増加の方法をとることに合意した。その実行のために，Aは，Yがつなぎ融資を供与できるようにするために，まず，Yと資本関係にあった第三者である金融機関Bから貸付金の供与を受けた。次に，AがBから供与されたこの貸付金を，Yの従前の貸付金に充当したことによって，Yに

対する従前の貸付金を消滅させた。その後，短期間のうちに資本増加が決議され，実行されることになったので，Y は，合意されたつなぎ融資の額で金銭出資を払い込んだ。この Y からの金銭出資は，A の B に対する貸付金の返済に充当されることになった。

【判決要旨】　これに対して，裁判所は，本件における取引を隠れた現物出資と認定した。すなわち，「A が B から貸付金として付与された資金が，Y の金銭出資の払込のために A から支払われ，かつその金銭出資がさらに B に返済されたことは相当でない。この場合，Y と B との間の資本関係は問題ではなく，A が Y と B と間で合意したことが，隠れた現物出資と確定するのに足りる」と判示した。

⑤　連邦通常裁判所 1996 年 3 月 4 日決定[8]

【事実の概要】　有限会社の社員が，1988 年 1 月 29 日に金銭出資により 30 万マルクから 150 万マルクに増資する決議を行った。その社員は，自己が引き受けた出資義務に基づき，まず 30 万マルクを払い込んだ。当該社員は，1991 年 5 月 13 日の社員総会における利益処分決議に基づき，1990 年度の営業収益に対する利益配当に関する口座を有している。当該有限会社の業務執行者は，社員総会の議決に基づいて常に請求できた残りの出資金 (90 万マルク) を，当該社員の利益配当口座にある残高の一部で相殺した[9]。

【判決要旨】　これに対して，裁判所は，隠れた現物出資の要件の問題に言及するとともに，「残額の金銭出資を将来生ずべき利益配当により相殺する合意が出資債務者である社員と業務執行者との間に存在する場合であっても，このことは，ド有法 19 条 5 項および 5 条 4 項の潜脱の防止という観点からすれば，隠れた現物出資と認定される」と判示した。

このような判例に共通のメルクマールは，設立または資本増加の際に金銭出資がなされているが，結局，会社が通常の取引によって目的物を受け取るか，または現物出資義務を免れているということである。これにより，結果的に現物出資規制を潜脱して現物出資を給付したのと同様の結果が実現され

ている。本来ならば，①の判例ではライセンスを，②の判例では商品売掛債権を，③と⑤の判例では利益配当請求権を，④の判例では従前の貸付債権を現物出資として給付されるべきものである。なぜなら，ライセンスだけでなく，売掛債権，利益配当請求権および貸付債権も，現物出資の目的物となりうるからである。しかしながら，これらの場合，目的物が現物出資として給付されず，結果的にみて目的物がいわば隠れて給付されていることになる。このことから，隠れた現物出資とは，現物出資に関する設立または増資の手続を遵守せずに，金銭以外の目的物が資本を填補する出資として会社に拠出されることをいうとされる。(10)

2 隠れた現物出資の具体的方法

現物出資法は，潜脱に対する保護（Umgehungsschutz）であるので，結果的に現物出資の効果だけを生じさせてはならないといわれる(11)。しかしながら，現物出資設立もしくは現物出資増資が面倒であり（定款における確定，調査），時間と費用もかかることから，もし何らかの方法で現物出資規制を潜脱できれば，この方法は出資者に魅力的であるといわれる。それでは，どのような方法で現物出資規制を潜脱できるのであろうか。具体的には次のような方法があると考えられている(12)。

　①　会社が目的物を出資者から取得するために，会社が出資者から払い込まれた金銭で出資者が保有する目的物を取得するとの条件により，出資者が金銭出資を合意し，この合意に基づき会社に金銭を払い込む場合，反対に，

　②　会社が出資者から目的物を購入し，かつその場合に出資者が受け取った対価を自己の金銭出資の払込に充当する場合，

　③　金銭出資義務を負う出資者が，会社に対して現物出資の目的物を有償で譲渡し，これに基づき譲渡の対価と出資債権を相互に相殺する場合，

　④　出資者に対する会社の出資債権を，会社に対する出資者の出資義務の成立以前または成立後に発生した債権と相殺する場合，

　⑤　社員の利益配当に関する決議時または決議後に，資本増加が決議され，

社員に配当された利益を当該資本増加のために会社に再度出資する場合，

⑥　社員に対する会社の債務を，社員から出資に基づき払い込まれた金銭で弁済する場合。

このような方法によれば，実際に現物出資規制を潜脱できると考えられているが，もし潜脱することができるのであれば，会社の資本充実をはかり，もって債権者を保護するという現物出資規制の趣旨は没却されることになる。このことから，ドイツの判例と学説は，これらの方法を隠れた現物出資として[13]，効力が生じないもの（Unwirksamkeit）と構成しているのである。とくに，①および②の方法は支払の払戻（Hin-und Herzahlen），③および④の方法は相殺（Verrechnung），⑤の方法は利益配当払込方式（Schütt-aus-Hol-zurück-Verfahren）[14]といわれ，支払の払戻および相殺の方法が，現物出資規制を潜脱する戦略[15]としての基本型であると考えられている[16]。これらの方法を経済的に考察すれば，金銭が実際に会社に出資されたとはいえないことになる。

これらの基本型の特徴として，次のことがあげられる。すなわち，支払の払戻の場合には，定款に金銭出資が定められるが，出資者は別の目的物の出資を意図する。そして，金銭出資と現物出資目的物の取引が経済的に一体のものとして処理されることである。反対にいえば，現物出資による設立または資本増加が，金銭出資と現物出資目的物の取引とに分離されることになる[17]。

これに対して，相殺の場合には，社員の反対請求権（社員債権）と出資債務との相殺が，密接な時間的関連においてなされていることに特徴がある[18]。この場合には，どの社員債権が出資債務と相殺されるのかについても問題になる。有限会社についてみれば，社員の側から相殺することは禁止される一方（ド有法19条2項2文），会社の側からの相殺は原則として許容されている[19]。ただし，相殺が会社に無制限に許されるのではなく，社員の債権が完全な価値を有し（Vollwertigkeit），満期が到来し（Fälligkeit）かつ支払能力を有する（Liquidität）場合にのみ許容されている[20]。なぜなら，この場合の社員債権は，あたかも金銭と同視できるにほかならないからである[21]。ただし，会社の出資債権と「社員の目的財産の譲渡に対して付与されるべき代償請求権」とを相

殺する場合には，原則として会社にも相殺が禁止される（ド有法19条5項）。この場合，社員または会社が相殺の意思表示をするのかどうか，または両者の合意の上で相殺の意思表示がなされるのかどうかは重要でないけれども[22]，いずれにせよ，会社の側からの相殺は原則として自由であるが，例外的に会社が相殺できない場合もあることが指摘される[23]。しかしながら，最近では，現物出資規制の潜脱の防止の観点から，目的財産の譲渡から生ずる代償請求権だけでなく，たとえば貸付債権，未履行の利益配当請求権，賃貸料および用益賃貸借料債権，給料債権についても，相殺禁止に含まれるとの見解がある[24]。この場合，これらの債権が，会社の出資債権の成立以前に発生したもの（旧債権）であるならば，相殺禁止の規定に服することになるが[25]，これらの債権が会社の出資債権の成立後に発生したもの（新債権）であれば，相殺禁止の規定に服さないのかについて議論がある[26]。

さらに，利益配当払込方式では，資本増加の場合に金銭出資義務を履行するために，配当された利益を充当することに特徴がある[27]。利益配当払込方式は，もともと税法上の節税対策のために利用されていた方法であるとされるが[28]，利益配当請求権を出資する場合にも，同様に現物出資に関する規定を遵守する必要があるとされる。なぜなら，会社に何ら流動資金が提供されていないにもかかわらず，少なくとも結果的に利益配当請求権でもって額面資本（Nennkapital）が形成されるからである[29]。したがって，利益配当払込方式についても，現物出資規制が適用されなければならないとされる[30]。

以上のように，支払の払戻は，会社の設立と資本増加の場合に関係するのに対して，相殺および利益配当払込方式は資本増加の場合に関係する。これらの基本型は，設立または資本増加の場合に検査役による調査手続および現物出資の開示がなされていないということに問題があるとされる。このことから，ドイツでは，これらを隠れた現物出資と構成することによって，現物出資の効力が生じないとしたのである。なお，隠れた現物出資の問題は，物的会社一般に共通するとされるが，実務や判例では，有限会社の事例が多いために[31]，実際上は有限会社の場合が重要であるといわれている[32]。

第 2 節 | 隠れた現物出資の要件

　上述のように，現物出資規制の潜脱は許されないが，隠れた現物出資の禁止が法律上規制されているわけではない。(33)たとえば支払の払戻の場合，現物出資の目的物が取引されるが，この取引は通常の会社の業務執行行為として行われることがある。会社の設立後にこの取引行為を行う場合，とりわけドイツの有限会社法では，事後設立も財産引受も規制されていないことから，隠れた現物出資と認められる可能性が非常に強くなる。そこで，通常の会社の業務執行行為と隠れた現物出資とを区別するために，隠れた現物出資の要件の明確化が必要となる。

1　実体的および時間的関連性 (sachlichen und zeitlichen Zusammnenhang)

　どのような場合に隠れた現物出資となるのかについて，いまだ完全に解明されていないとされる。(34)しかしながら，隠れた現物出資の要件として，学説上，客観的側面と主観的側面が考えられている。まず，客観的側面としては，社員の金銭出資と会社の取引行為との間の密接な実体的および時間的関連性が考えられている。(35)実体的関連性とは，支払の払戻の場合，設立または資本増加において社員の出資義務が発生する場合に，すでに現物出資に関する形式規定を遵守すれば，会社が有償で取得した現物出資の目的物が現物出資の対象でありえた事実をいい，相殺の場合は債権を出資できた事実をいうとされる。(36)すなわち，社員の出資義務が発生する際に，現物出資の目的物を給付できたかどうかが重要となるのである。(37)

　これに対して，時間的関連性とは，一定期間の確定を要件とするものである。この場合の期間とは，一方では会社による現物出資目的物の取引行為または債権の弁済と，他方では社員による出資の履行との間の期間をいうとされる。(38)具体的な期間については見解が分かれているが，会社または資本増加の登記から数週間，(39) 6ヶ月，(40) 1年(41)もしくは2年(42)とする見解が主張されている。

現在は，6ヶ月が支配的見解である[43]。これは，通常の商人が考えれば，取引行為もしくは債権の弁済の計画が，だいたい6ヶ月の期間内で行われるという根拠に基づいているが[44]，決定的な理由は見つからない。

次に主観的側面とは，当事者が現物出資に関する規定を潜脱する意図をいう。しかし，この意図は必要でないとする見解が多い[45]。なぜなら，これは，潜脱の事実に対する法律の適用の問題であって，主観的な非難可能性（関係者の主観的な意図）の問題ではないからである[46][47]。このことから，客観的側面を充足さえすれば，潜脱が推定されることになる。

2 関係者間の合意

実体的および時間的関連性とともに，金銭出資および現物出資目的物の取引行為，または債権の弁済について関係者間の合意が必要であるかどうか，またはこれらが実体的および時間的に緊密であれば，これによって関係者間の合意を推定できるのかどうかという問題がある[48][49]。これに関する連邦通常裁判所の判断はない[50]。しかし，この合意は，法的拘束力のない合意であるので，この争いはほとんど実務に影響を及ぼさないと考えられている[51]。実体的および時間的関連性が存在する場合には，潜脱の意図は必要ないと解されるのと同様に，事実上潜脱に関する合意がなされていると推定されるにすぎない[52]。

第3節 隠れた現物出資の法律効果

上述のような隠れた現物出資の要件を充足し，隠れた現物出資と認定されれば，これに対してさまざまな法律効果が付与される。以下では，隠れた現物出資の法律効果について検討することにする。この場合，出資社員と業務執行者，出資社員と業務執行者以外の関係者に対する法律効果が考えられ，主として，次の6つの効果が生じる[53]。

1 出資社員と業務執行者に対する法律効果

第一に、会社に対する金銭出資義務が社員に存続することになる。支払の払戻の場合、金銭出資と取引行為が結合しているが、金銭出資を再度払い込まなければならないことは問題ない。むしろ、ここでは取引行為が重要となる。定款における現物出資の確定がないことから、現物出資目的物の取引行為の効力は生じないが（ド民134条参照）[54)(55]、そうであれば、目的物に対する債権行為または物権行為が無効となるのかが問題となる。すなわち、無効の結果、社員は不当利得返還請求権（ド民812条）[56]を有することになるが、金銭出資と取引行為が結合しているので、不当利得返還請求権の対象が金銭出資としての払込金なのか、または目的物自体なのかということである。この場合、払込金と解するのが支配的見解である[57]。これに対して、相殺の場合には、会社の出資債権および社員の不当利得返還請求権が存続することになる。

このような場合において、会社の倒産が問題でない場合は、たとえ隠れた現物出資として効力が生じなくても、社員の不当利得返還請求権は破産債権にならないので、社員はその結果を受忍できるかもしれない。しかし、実務では通常、会社に倒産手続が開始された場合に問題となる[58]。なぜなら、破産管財人は、破産財団における財産を増大させようとするために、資本拠出および資本維持が遵守されていたかどうかに着目するからである[59]。会社が倒産する場合、社員の不当利得返還請求権は、配当により弁済される破産債権にすぎず、破産財団に対する配当でしか価値を有しない。したがって、会社が倒産し、会社財産があまり存在しない状況では、社員が不当利得返還請求権を全額行使できる可能性は低くなる一方、社員は金銭出資を全額会社に払い込まなければならなくなる。

第二に、社員が引き受けた金銭出資に代わって、現物出資目的物が給付された場合において、会社の設立または資本増加の目的について虚偽の申告がなされたときは、社員および業務執行者は、連帯して会社に対して未履行の払込その他の損害について賠償責任を負う（ド有法9a条1項、57条4項）[60]。隠れた現物出資は、金銭出資として申告されるので、この法律効果が生じるの

第三に，社員と業務執行者に対する刑事法上の責任が生じる。定款または資本増加決議において現物出資が定められなければならないが，隠れた現物出資の場合にはこれがなされない。したがって，隠れた現物出資は虚偽の記載となる。会社の設立または資本増加を登記する目的で，払込または現物出資に関する虚偽の記載がなされる限りにおいて，刑事罰が科せられる(ド有法82条1項1号，2号，3号)。教唆を行った社員も従犯として罰せられる。

2　出資社員と業務執行者以外の関係者に対する法律効果

　第四に，会社が複数の社員から構成される場合，全社員が未履行の金銭出資義務に対して責任を負うことになる(ド有法24条)。このことは，隠れた現物出資の実行後に会社に参加する社員についても妥当するとされる。

　第五に，持分の取得は，その持分が完全に拠出されている場合にのみ可能であるが，隠れた現物出資は社員に対する会社の出資債権を履行したことにならないので，このような持分が譲渡された場合には，その持分の取得者は，譲渡人とともに責任を負う（ド有法16条3項）。

　最後に，隠れた現物出資に基づき，会社の顧問に対しても損害賠償義務が生じる。たとえば，有限会社が現物出資を確定することなく資本を増加した場合，有限会社から相談を受けた税理士，経済監査士または経済監査会社が，このことに対して何一つ対策を講じなかったのであれば，有限会社に対して損害賠償を負う可能性がある。この場合，税理士，経済監査士または経済監査会社は，有限会社に対して，増資決議において現物出資を確定するよう指摘するか，または資本増加を完全に思いとどまるよう忠告しなければならない。

第4節　小　括

　現物出資には検査役による調査が法定されており，この調査は通常の場合，

第1章｜隠れた現物出資　113

時間がかかり費用を要する。したがって，実務では，これを回避する措置が工夫されている。しかし，現物出資規制の目的を著しく逸脱した一連の方法は，判例および学説上「隠れた現物出資」という概念の下で規制される。

　隠れた現物出資は，主として支払の払戻，相殺という戦略[71]のもとで行われている。このような方法による現物出資規制の潜脱には，とりわけ実体的および時間的関連性の要件を充足すれば，出資者に対してさまざまな法律効果が発生することになる。そのために，出資者その他の関係者にとっては，隠れた現物出資の法律効果は「破滅的（katastrophal）」であるとさえいわれる[72]。そこで，出資者その他の関係者は，このような法律効果を免除されないのかという新たな問題が生ずることになる。隠れた現物出資の次の問題として，このような法律効果を治癒によって免れることができないのかという議論へと展開することになるが，この問題については，章を改めて，学説および判例における解決の方向性を検討することにしたい。

(1) 現行の現物出資規制については，第1編第3章を参照。
(2) Lutter/Gehling, Verdeckte Sacheinlagen. Zur Entwicklung der Lehre und zu den europäischen Aspekten, WM 1989, S. 1445；Priester, Die Heilung verdeckter Sacheinlagen im Recht der GmbH, DB 1990, S. 1753.
(3) BGHZ 28, S. 314＝BB 1959, S. 56＝DB 1959, S. 80.
(4) ド有法19条2項は，「社員は，出資の給付義務を免れ得ないものとする。会社の請求権で相殺することはできない。現物出資の目的物については，その目的物と関係のない債権に基づき，留置権を主張することはできない」と規定し，同条5項は，「基本出資の給付が金銭によらないとき，または目的財産の引渡しに対して付与されるべき代償との相殺によってなされるときには，その給付が第5条第4項第1文所定の規定の実行において行われる限りでのみ，社員は給付義務を免れる」と規定する。
(5) BGHZ 110, S. 47＝AG 1990, S. 298＝BB 1990, S. 382＝DB 1990, S. 311＝NJW 1990, S. 982＝ZIP 1990, S. 156. 本件に関する評釈として，Frey, Das IBH-Urteil, ZIP 1990, S. 288；Lutter, EWiR 1990, S. 223. がある。
(6) BGHZ 113, S. 335＝BB 1991, S. 993＝DB 1991, S. 1060＝GmbHR 1991, S. 255＝NJW 1991, S. 1754＝ZIP 1991, S. 511. 本件に関する評釈として，Crezelius, Zivilrechtliche Aspekte des Schütt-aus-hol-zurück-Verfahrens, ZIP 1991, S. 499；Frey, EWiR 1991, S. 1213. がある。
(7) BGHZ 118, S. 83＝AG 1992, S. 312＝BB 1992, S. 1447＝DB 1992, S. 1621＝WM 1992, S. 1225.

(8) BGHZ 132, S. 141＝BB 1996, S. 813＝DB 1996, S. 872＝DNotZ 1997, S. 485＝GmbHR 1996, S. 351＝NJW 1996, S. 1473＝WM 1996, S. 673＝ZIP 1996, S. 668. 本件に関する評釈として，Custodis, Verdeckte Sacheinlagen im GmbH-Recht. -Anmerkungen zum Tatbestand und zur Heilung-, DNotZ 1997, S. 437；Gros, Heilung verdeckter Sacheinlagen in der GmbH durch Umwidmungsbeschluß der Gesellschafter. Zugleich eine Besprechung des BGH-Beschlusses vom 4. 3. 1996-ⅡZB 8/95, GmbHR 1996, S. 721；Krieger, Zur Heilung verdeckter Sacheinlagen in der GmbH. -Besprechung der Entscheidung BGH ZIP 1996, 668-, ZGR 1996, S. 674；Lutter, JZ 1996, S. 921；Trölitzsch, EWiR 1996, S. 457；Priester, Heilung verdeckter Sacheinlagen bei der GmbH. Praxisfragen zum Beschluß des Bundesgerichtshofs vom 4. März 1996, ZIP 1996, S. 1025；Weipert, EWiR 1996, S. 509. がある。

(9) なお，この判例は，隠れた現物出資の治癒について判断されたものである。隠れた現物出資の治癒の問題については第2章で詳述する。

(10) Ulmer, Verdeckte Sacheinlagen im Aktien-und GmbH-Recht, ZHR 154（1990），S. 128, 129.

(11) K. Schmidt, Gesellschaftsrecht, 3. Aufl., 1997, § 29 Ⅱc）．

(12) 隠れた現物出資の具体的方法については，Brandner, Verdeckte Sacheinlage：eine Aufgabe für den Gesetzgeber?, In：FS Boujong, 1996, S. 37, 40；Hachenburg/Ulmer, GmbHG, 8. Aufl., 1992, § 5 Rn. 149；Hopt/Wiedemann, AktG, 4. Aufl., 1997, § 27 Rn. 188；Kraft/Kreutz, Gesellschaftsrecht, 10. Aufl., 1997, S. 284；Priester, Kapitalaufbringung bei korrespondierenden Zahlungsvorgängen, ZIP 1991, S. 345, 346；Ulmer, a. a. O. (Fn. 10), S. 135 を参照。

(13) なお，隠れた，つまり設立契約または増資決議において公開されなかった出資債務に基づく直接の現物出資目的物の給付は，狭義の隠れた現物出資とされている（Ulmer, a. a. O. (Fn. 10), S. 132）。

(14) Brandner, a. a. O. (Fn. 12), S. 40；Priester, a. a. O. (Fn. 12), S. 346 f. なお，"Schütt-aus-Hol-zurück-Verfahren"について本稿は「利益配当払込方式」と訳したが，荒木和夫『ドイツ有限会社法解説』（商事法務研究会，1996）172頁，204頁では「配当払戻法」，柏木邦良『条解・ドイツ有限会社法』（東京布井出版，1992）354頁では「配当利益による増資払込」，ハンス・ヴュルディンガー＝河本一郎編『ドイツと日本の会社法』（商事法務研究会，1969）147頁では「配当支払―取戻し」と訳されている。

(15) Lutter/Gehling, a. a. O. (Fn. 2), S. 1445；Priester, Verdeckte Sacheinlagen：Tatbestand, Rechtsfolgen, Heilungsmöglichkeiten, DStR 1990, S. 770, 771.

(16) Priester, a. a. O. (Fn. 2), S. 1753.

(17) Einsele, Verdeckte Sacheinlage, Grundsatz der Kapitalaufbringung und Kapitalerhaltung, NJW 1996, S. 2681, 2682；Wegmann, Verdeckte Sacheinlagen bei der GmbH, BB 1991, S. 1006.

(18) Priester, a. a. O. (Fn. 2), S. 1753.

(19) Hachenburg/Ulmer, a. a. O. (Fn. 12), § 19 Rn. 60.

(20) BGH ZIP 1994, S. 701；ZIP 1996, S. 668, 671；Hachenburg/Ulmer, a. a. O. (Fn. 12), § 19 Rn. 61 ff.

(21) Hachenburg/Ulmer, a. a. O. (Fn. 12), §19 Rn. 61.
(22) Hachenburg/Ulmer, a. a. O. (Fn. 12), §19 Rn. 88.
(23) Hachenburg/Ulmer, a. a. O. (Fn. 12), §19 Rn. 81 ff.
(24) BGH ZIP 1996, S. 668, 670.
(25) BGH ZIP 1996, S. 668, 670.
(26) BGH ZIP 1996, S. 668, 670. は，目的財産の譲渡から生ずる代償債権または給料債権は，ド有法19条5項に服するとするが，貸付債権については言及していない。これに対して，学説では，貸付債権はド有法19条2項2文によって判断されるとする。すなわち，貸付債権が完全に価値を有し，満期が到来し，かつ支払能力がある場合にのみ相殺できるとする。将来発生する利益配当請求権との相殺は，資本増加の際に，相殺が関係者により「事前合意」されている場合には相殺できないとする（Hachenburg/Ulmer, a. a. O. (Fn. 12), §19 Rn. 107）。
(27) Müller, Heilung einer verdeckten Sacheinlage-Barkapitarerhöhung und Ausschüttungsrückhol-verhfahren zur Heilung einer verdeckten Sacheinlage, INF 1997, S. 209.
(28) Kopp, DNotZ 1998, S. 149, 152.
(29) Priester, a. a. O. (Fn. 12), S. 354.
(30) Kopp, DNotZ 1998, S. 149, 152 ; Müller, a. a. O. (Fn. 27), S. 209 ; Priester, a. a. O. (Fn. 12), S. 354.
(31) 1996年には，株式会社数は4000社であるのに対して，有限会社数は77万社に達している（Hansen, Der GmbH-Bestand stieg auf 770000 Gesellschaften an-Gleichzeitig Anmerkungen der Einstellung der statistischen Erhebungen bei den Kapitalgesellschaften, GmbHR 1997, S. 204 f.）。
(32) Priester, a. a. O. (Fn. 15), S. 770.
(33) Joost, Verdeckte Sacheinlagen, ZIP 1990, S. 549, 557.
(34) Joost, a. a. O. (Fn. 33), S. 557 ; Priester, a. a. O. (Fn. 12), S. 345.
(35) Hachenburg/Ulmer, a. a. O. (Fn. 12), §5 Rn. 147 a ; Priester, a. a. O. (Fn. 12), S. 349 ff. ; Ulmer, a. a. O. (Fn. 10), S. 139 ff. なお，Joostは，この客観的側面のメルクマールは重要ではないと主張する（Joost, a. a. O. (Fn. 33), S. 558）。
(36) Priester, a. a. O. (Fn. 12), S. 349 ff. ; Ulmer, a. a. O. (Fn. 10), S. 139 f. なお，この実体的関連性の内容について，出資金額と給付された目的物の価格もしくは社員の反対債権が対応している場合に存在するという見解もある（Autenrieth, Verschleierte Sachgründung und Haftung des Steuerberaters, DStZ 1988, S. 252, 253）。
(37) Joost, a. a. O. (Fn. 33), S. 558.
(38) Einsele, a. a. O. (Fn. 17), S. 2682.
(39) Lutter, Verdeckte Leistungen und Kapitalschutz, In : FS Stiefel, 1989, S. 506, 515.
(40) Hachenburg/Ulmer, a. a. O. (Fn. 12), §5 Rn. 147 a ; Lutter/Gehling, a. a. O. (Fn. 2), S. 1447 ; Priester, a. a. O. (Fn. 12), S. 350 ; Ulmer, a. a. O. (Fn. 10), S. 139 f.
(41) Autenrieth, a. a. O. (Fn. 36), S. 253.
(42) Mayer, Ein Beitrag zur "Entschleierung" der verschleierten Sacheinlage im Recht der GmbH, NJW 1990, S. 2593, 2598. マイヤーは，事後設立の規定（株式法52条）に依

拠するべきであると主張する。
(43)　なお，Joost は，時間的関連性の要件は重要でないとする。なぜなら，一度，必要な期間がどのくらいであるかを定めれば，関係者は，この期間が過ぎるのを待つであろうし，この期間を過ぎた後で隠れた現物出資を行おうとするからである（Joost, a. a. O. (Fn. 33), S. 558）。
(44)　Einsele, a. a. O. (Fn. 17), S. 2682；Lutter/Gehling, a. a. O. (Fn. 2), S. 1447. なお，ド有法 19 条 5 項の保護目的である現実の資本拠出の確保を十分に考慮して，現実の資本拠出がなされれば，6ヵ月は資本を維持する必要があるとする見解も主張されている（Hachenburg/Ulmer, a. a. O. (Fn. 12), § 5 Rn. 147 a）。
(45)　BGHZ 110, S. 47, 63 f.；Lutter/Gehling, a. a. O. (Fn. 2), S. 1447；Priester, a. a. O. (Fn. 2), S. 1754；Hachenburg/Ulmer, a. a. O. (Fn. 12), § 5 Rn. 146；Ulmer, a. a. O. (Fn. 10), S. 140.
(46)　Lutter, a. a. O. (Fn. 39), S. 512；Lutter/Gehling, a. a. O. (Fn. 2), S. 1447.
(47)　Priester, a. a. O. (Fn. 12), S. 349.
(48)　Lenz, Die Heilung verdeckter Sacheinlagen bei Kapitalgesellschaften, 1996, S. 20 f.
(49)　ここでとくに支払の払戻の場合において，取引行為が金銭出資の後に行われる場合には，潜脱の合意は遅くとも金銭出資の払込までに行われる。これに対して，取引行為が金銭出資の払込に先立って行われる場合には，会社が代償請求権から生じる支払をなすまでに，遅くとも金銭出資の払込までに行われる（Habetha, Verdeckte Sacheinlage, endgültig freie Verfügung, Drittzurechnung und "Heilung" nach fehlgeschlagenen Bareinzahlungen im GmbH-Recht, ZGR 1998, S. 305, 314）。
(50)　BGHZ 110, S. 47. なお近時の判例においては，BGH ZIP 1994, S. 701. が，関係者が隠れた法律行為の経済的な効果を含む合意を行わなければならないのかどうかは，未決定のままである旨を明確に示している。
(51)　Lenz, a. a. O. (Fn. 48), S. 20 f.
(52)　BGH ZIP 1994, S. 701；Priester, a. a. O. (Fn. 12), S. 352；Lenz, a. a. O. (Fn. 48), S. 21；Ulmer, a. a. O. (Fn. 10), S. 141. さらに，最近の有限会社に関する判例では，BGHZ 125, 141；132, 133 があり，ここでも，現物出資の経済的な効果を内容とする合意の存在が要求されている。そして，実体的および時間的関連性が存在すれば，原則として，合意の存在が推定されるとする。なお，伊藤靖史「事後設立規制の適用範囲について―第三者との契約と事後設立規制―」民商法雑誌 125 巻 6 号 10 頁（2002）。
(53)　Vgl. Priester, a. a. O. (Fn. 15), S. 772 ff.；Wegmann, a. a. O. (Fn. 17), S. 1006 ff.
(54)　ド民 134 条は，法律の禁止に違反する法律行為は，当該法律により別段の結果を生じない限り，これを無効とする旨を規定する（神戸大学外国法研究会編『現代外国法典叢書 (1) 独逸民法〔Ⅰ〕民法総則［復刻版］』（有斐閣，1955）215 頁より引用）。
(55)　Einsele, a. a. O. (Fn. 17), S. 2683.
(56)　この場合において，不当利得返還請求の対象が何かについて争われている（vgl. Schiessel/Rosengarten, Heilung einer verdeckten Sacheinlage im GmbH-Recht, GmbHR 1997, S. 772, 774）。すなわち，金銭出資の払込金に対する不当利得返還請求なのか（Priester, a. a. O. (Fn. 2), S. 1759），または取引行為の目的物の返還請求なのか（Hachenburg/Ulmer, a. a. O. (Fn. 12), § 19 Rn. 117）ということである。これに

対して，相殺の場合には，不当利得債権ではなく，社員の債権であるとされる（BGH ZIP 1996, S. 668, 672 ; Custodis, a. a. O.（Fn. 8），S. 463）。

(57) Einsele, a. a. O.（Fn. 17），S. 2683. これについては，株式法 27 条 3 項 1 文により，金銭出資義務との関連において，取引行為（売買契約）が締結された場合に問題が生じるとされ，取引行為は，株式法上債権法上の契約（売買契約）も物権上の契約（所有権移転の合意）も効力を生じないとされる（Priester, a. a. O.（Fn. 2），S. 1755）。なぜなら，株式法 27 条 3 項 1 文によれば，「第 1 項の確定をしないときは，現物出資および財産引受に関する契約，ならびにこれらの実行のための法的行為は，会社に対してその効力を生じない」と規定するからである。しかし，有限会社法においては，①株式法 27 条 3 項 1 文の類推により債権契約も物権契約も有効でないとする見解（Mülbert, Das "Magische Dreieck der Barkapitalaufbringung". Verdeckte Sachleistungen im GmbH-und Aktienrecht, ZHR 154（1990），S. 145, 177 f., S. 195），②債権契約のみ無効で，物権契約は有効であるとする見解（Hachenburg/Ulmer, a. a. O.（Fn. 12），§ 19 Rn. 114 ; Mayer, a. a. O.（Fn. 42），S. 2600 ; Wegmann, a. a. O.（Fn. 17），S. 1007 ; Priester, a. a. O.（Fn. 12），S. 349 ; ders., a. a. O.（Fn. 8），S. 1028 f)，および③債権契約も物権契約も有効であるとする見解（Knobbe-Keuk, "Umwandlung" eines Personenunternehmens in eine GmbH und verschleierte Sachgründung, ZIP 1986, S. 885, 889）が主張されている。

(58) Einsele, a. a. O.（Fn. 17），S. 2683.

(59) 会社の倒産以外では，日常の業務執行においても生じる可能性があるとされる。なぜなら，決算検査役は，会社の第一営業年度の年度決算書または資本増加の場合には当該年度の年度決算書を調査する際に，必然的に履行未済の出資が計上されていないかについて取り組む必要があるからである（Priester, a. a. O.（Fn. 2），S. 1756）。

(60) Müller, a. a. O.（Fn. 27），S. 209 ; Wegmann, a. a. O.（Fn. 17），S. 1007.

(61) Wegmann, a. a. O.（Fn. 17），S. 1007.

(62) ド有法 24 条は，「支払義務者が出資の払込を行うことができず，持分の売却によっても填補することができない限り，他の社員は，自己の持分の割合に応じて不足額を拠出しなければならない」と規定する。

(63) Müller, a. a. O.（Fn. 27），S. 209 ; Wegmann, a. a. O.（Fn. 17），S. 1007.

(64) Wegmann, a. a. O.（Fn. 17），S. 1007.

(65) ド有法 16 条 3 項は，「登記申請の時点で持分について履行が行われていない給付については，取得者は，譲渡人とともにその責任を負う」と規定する。

(66) Müller, a. a. O.（Fn. 27），S. 209 ; Wegmann, a. a. O.（Fn. 17），S. 1007.

(67) この場合，顧問は，契約に基づき相談義務を負っているので，隠れた現物出資に基づく責任が生ずるものと考えられる（vgl. Autenrieth, a. a. O.（Fn. 36），S. 254 f）。判例においても次のような事実がある。「経済監査会社である被告が，倒産に陥った X 有限会社と，経済法上の相談にも関係する顧問契約を締結した。1950 年秋に被告は，現物出資によって行われる場合の増資の問題について相談したが，被告はド有法 56 条を遵守しなかった場合に生ずる法律効果を指摘しなかった」ことに対して，連邦通常裁判所は，この不作為を被告が契約上義務を負っている相談義務に違反するものとみなし，被告に損害賠償を負わせた（BGH, Urt. v. 21. 5. 1959, DB 1959, S. 1028）。

(68) Autenrieth, a. a. O. (Fn. 36), S. 254 f. ; Priester, a. a. O. (Fn. 15), S. 773.
(69) これについて，租税問題に関与する顧問は，民事法上の基礎的問題について知っておく必要があるので，有限会社からの特別な相談の依頼がなくても責任を負うと主張される (Autenrieth, a. a. O. (Fn. 36), S. 255)。アウテンリースは，民事法上の危険な状態を指摘する一般的な義務を負っているとする。
(70) BGH, Urt. v. 21. 5. 1959, DB 1959, S. 1028 ; Priester, a. a. O. (Fn. 15), S. 773. この忠告義務も顧問の契約上の義務の一つであると考えられる (vgl. Autenrieth, a. a. O. (Fn. 36), S. 254 f)。
(71) Lutter/Gehling, a. a. O. (Fn. 2), S. 1445 ; Priester, a. a. O. (Fn. 15), S. 771.
(72) Lutter, a. a. O. (Fn. 39), S. 506.

第 2 章 | 隠れた現物出資の治癒

第 1 節 | 問題の所在

　第 1 章では，現物出資の目的物に対する検査役の調査の負担等を免れる方法としての隠れた現物出資について，その概念，要件および法律効果を検討するとともに，判例と学説の分析ならびに検討を行った。隠れた現物出資と認定されると，当事者にはさまざまな法律効果が生じ，厳格な責任が発生することになる。

　このような隠れた現物出資から生ずる厳格な責任に直面すれば，むしろ関係者は隠れた現物出資を治癒させて，その法律効果を免れることに多大な関心を有することになる。たとえば，社員は，隠れた現物出資を適法な現物出資とし，隠れた現物出資の法律効果のなかでも，とくに自己に存続する金銭出資義務が発生しないことに関心を有する。なぜなら，会社が倒産した場合，社員は金銭出資の払込金に対して不当利得返還請求権を有することになるが（支払の払戻の場合[1]），不当利得返還請求権を有しても，配当でもってしか弁済されない破産債権であるからである。不当利得返還請求権の価値がないだけでなく，金銭出資義務が消滅しない結果となる。これに対して，会社債権者にとっては，その治癒をできないようにして，会社の金銭出資債権を存続させて，この金銭出資の履行によって会社財産を充実させることに関心がある[2]。このために，会社債権者と社員との間で利害が衝突することになり，これを調整する必要が発生する。これに対して，学説および判例では，隠れた現物出資がすでに実務上広く行われてきたために治癒を認める方向にある。この方向は，社員の利益をより重視するという結果をもたらすことになる。それ

では，この立場によれば，どのような構成のもとで隠れた現物出資の状態を治癒できるのであろうか。これについては，多くの見解が主張されていることから，以下では，この問題に関する学説および判例を扱うことにする。

なお，隠れた現物出資の治癒の問題は，有限会社に限定され，株式会社には妥当しないとされる。なぜなら，株式法上，適法に確定されなかった現物出資および取引行為の無効は，法律の規定によって治癒できないからである（株式法27条4項，183条2項4文）。これについては，法政策的に非常に問題があり，現行法上，法の実態に沿うものではないとの指摘がある。それゆえ，株式法では別の治癒の方法が試みられなければならないといわれているが，実際に判例上問題となった多数の事案は，有限会社に関するものである。このことから，以下では，有限会社の場合に限定することにする。

第2節 | 学説の状況

1 隠れた現物出資の治癒の可能性

学説では，隠れた現物出資を治癒する可能性について，もともと次のような見解が主張されていた。すなわち，第一に，自然な治癒の方法として，会社の金銭出資債権が隠れた現物出資によって履行されていないならば，社員がこの債権を履行すれば足りるという見解である。第二に，資本減少と資本増加の組み合わせによる方法である。これは，会社が隠れた現物出資として給付された目的物の総額で資本を減少し（ド有法58条），その後に会社が減少した額と同等の額で，再度，社員債権（不当利得返還請求権）を適法な現物出資として給付することによって（ド有法56条），資本増加を行うという見解である。現在の判例および支配的見解であるプリースターの見解以前の判例は，このような解決に基づいていた。第三に，会社財産による資本増加（ド有法57c条）を利用した治癒の方法である。この方法は，社員が，会社に対する不当利得返還請求権を免除し，その後に当該不当利得返還請求権の免除に基づき発生した収益を準備金に組み入れて，資本増加を行う見解である。しかしなが

ら，これらの方法はあまり現実的なものではないと指摘されている。[9]

2 クノッベ・コイク (Knobbe-Keuk) の見解

そこで，まずクノッベ・コイクは，資本減少と資本増加の組み合わせによる方法は，手続上の問題から現実的でないとし，実用的かつ有意義な方法で治癒されなければならないとする。[10] しかし，どのような方法により隠れた現物出資を治癒して，社員の新たな金銭出資義務という法律効果の免除を実現すべきかについては，依然として未解決のままであったことから，相殺による治癒の方法を展開している。[11] つまり，会社から請求されていない金銭出資債務を，社員の払込金に対する不当利得返還請求権でもってする相殺は，原則として禁止される（ド有法19条5項）。しかし，事後設立（株式法52条1項）に関する2年の期間の類推適用することによって，この禁止を設立または資本増加の登記時点から2年に限定して，相殺による治癒は2年の経過後は許されると主張する。この見解は，相殺の禁止（ド有法19条5項）を時間的に制限して，相殺は2年間禁止されるが，2年の経過後は可能であるとする。このことから，クノッベ・コイクによれば，2年の経過後に，会社から請求される金銭出資債務を社員の払込金に対する不当利得返還請求権でもって相殺すれば，隠れた現物出資を治癒できるとする。

3 ルッターとゲーリング (Lutter/Gehling) の見解

ルッターとゲーリングは，クノッベ・コイクの見解に対して，次のように批判する。[12] すなわち，隠れた現物出資は会社の倒産の際に問題となる場合が多いことから，実際的にみても，クノッベ・コイクによれば設立の場合には有限会社が2年以内に倒産する場合にしか隠れた現物出資を治癒できない結果になるし，また2年が経過してしまうと，現物出資の目的物が価値を有しているかの調査が困難となり，その結果，資本の拠出が十分に確保されないことになるとする。

このような批判から，ルッターとゲーリングは，クノッベ・コイクが主張

するような事後設立（株式法52条1項）の2年の期間ではなく，株式法52条全体の類推適用を主張する[13]。すなわち，もともと効力が生じない取引行為は，事後設立によって治癒できるとする明文の規定があるので（株式法52条10項，27条3項1文），治癒については，潜脱行為が登記前かまたは事後設立の期間内か，もしくは事後設立の期間の後，短期間の間に締結されたかどうかは客観的に重要でなく，また2年の期間は潜脱を推定する意味において重要になるにすぎないとする。この見解は，クノッベ・コイクの見解と異なり，2年が経過する以前にも，瑕疵の治癒を可能にさせることに特徴がある。株式法上はこのように処理できるとしても，ドイツの有限会社法には事後設立に相当する規定（株式法52条）がないことから，株式法の事後設立を類推適用すれば解決できると考える。したがって，この見解によれば，事後設立の規定を類推適用するので，売買契約の締結だけでなく，設立の調査も行われなければならなくなる（株式法52条3項）。

　これに対して，この見解には次のような批判がある。すなわち，事後設立規定の目的は，隠れた現物出資を治癒することではないし，事後設立の規定を類推適用する場合，事後設立の規定の適用範囲が拡大されることになる。したがって，事後設立の規定を治癒に用いることはできない，とするものである[14]。なぜなら，事後設立の規定は，金銭出資義務の存続ではなく，取引行為が有効かどうかを扱うにすぎないからである[15]。

4　ヴェーグマン（Wegmann）の見解

　ヴェーグマンによれば，まず出資者の払込金に対する不当利得債権を現物出資して資本を増加し，それから1年後に[16]，会社が出資義務の免除のために資本減少を決議する見解を主張する[17]。この見解は，不当利得債権の現物出資による資本増加と，金銭出資義務の免除を目的とした資本減少を結合させることに特徴がある。この見解は，金銭出資義務に基づき負担した払込義務を免除する目的でもって，資本を減少することができる明文の規定（ド有法58条2項2文）[18]に依拠している。この場合，不当利得債権は，現物出資の形式的

要件および不当利得債権が完全に価値を有しているという要件（ド有法9条1項，9c条2文）[19]を充足した場合に現物出資として給付することができる。ただし，資本減少をともなって金銭出資義務を免除するには，債権者に対する3回の催告および1年の禁止期間を経過した後にはじめて有効となる（ド有法58条1項3号）。ヴェーグマンによれば，この方法の利点は次の2つにあるとする[20]。まず，先行して資本を減少する場合において，有限会社の資本が資本減少によって5万マルク以下になる場合は資本を減少できない（ド有法5条1項，58条2項1文）。しかしながら，この方法によれば，社員の債権が現物出資の額と完全に価値が等しく，資本がその後に減少される額と対等額で増加できることから，最低資本金の問題は生じない。さらに，即時に効力が生ずる現物出資を給付でき，資本増加が定款で確定され，ただちに商業登記簿に登記申請されうるので，1年の禁止期間中に会社財産が悪化する危険は生じないとする。

しかし，この見解に対しても次のような批判がある。まず，ブラウアー（Brauer）は，債権者保護と手続の実効性という観点から判断すれば，債権者に対する3回の催告および1年の禁止期間の経過に服する必要があり（ド有法58条1項3号），1年の経過後にはじめて資本減少の登記と同時に金銭出資義務の免除が有効になる。さらに，定款で確定されても，1年の期間中に目的物の価値が低下すれば，社員に対して出資を再度払い込ませなければならない危険が生じるとする[21]。ラスナー（Rasner）も，この見解はある種の論理性を有するが，先行して現物出資がなされ，1年の経過後にはじめて金銭出資義務の免除の効力が生ずるので，1年の期間の間に資本が維持および充実されている必要があるとする[22]。

5　プリースター（Priester）の見解

このように考えると，事後設立の規定を利用した前述の2つの解決方法も，ウェーグマンの見解も，妥当な結論に導くかどうか問題が残る。そこで，プリースターは，定款を変更する一方，金銭出資から現物出資に事後的に転換

することを主張した。この見解によれば，現物出資の目的物は，金銭出資の払込金に対する不当利得返還請求権であって，隠れて給付された目的財産ではなく，この不当利得返還請求権を拠出するには，以下の債権者保護の手続要件が遵守されている必要があり，この場合にはじめて転換することができることになる。すなわち，第一に，公証人により認証された少なくとも行使された議決権の4分の3の多数決でなされた定款変更決議である（ド有法53条1項，2項）。この決議では，当該社員が従来の金銭に代えて，対等額により会社に対する自己の不当利得債権を現物出資することが内容とされる。第二に，現物出資設立報告書または現物出資増資報告書の作成である。現物出資設立報告書は，設立に際して要求されるものであるが（ド有法5条4項2文），資本増加の場合にも必要であるとする。第三に，債権の価格が，「調査を受けた」通常の貸借対照表を通じて裁判所に証明されなければならない。なぜなら，現物出資の目的物が価値を有しているかが証明される必要があるからである。第四に，金銭出資から現物出資に転換することが商業登記簿に登記申請され，その際に業務執行者が現物出資の目的物を自由に処分できる旨の保証を表明することである（ド有法7条3項参照）。プリースターは，以上の4つの手続要件の遵守を求める。最後に，登記裁判官は，このような一連の手続要件を調査し適切であると確信した場合に登記を行う。この場合，社員は，拠出された債権の価値について5年間責任を負う（ド有法9条2項）。

このプリースターの見解は，最も単純明快であるだけでなく，まさに立法者の意図を実現することになると評価されている。このことから，学説では，プリースターの見解が通説となり，後述のように連邦通常裁判所もこの見解を採用している。

6 小　括

以上において，隠れた現物出資の治癒に関する学説の概観を試みた。上述のように，現在，学説ではプリースターの見解が通説であり，後述のように，連邦通常裁判所がこの見解を採用したので，実務でもこの見解に基づく処理

がなされている。

　すでに紹介した裁判所による治癒の方法やヴェーグマンの見解は，すでに指摘されているように，やや複雑すぎて実務では困難であろう。また，事後設立の規定(株式法52条)を利用した治癒の方法も，とりわけルッターとゲーリングの見解には，その立法趣旨から疑義が呈されている。このことから，プリースターの見解が支配的地位を占めているのが現況である。プリースターの見解によれば，まず金銭出資を現物出資に転換し，次に定款変更と現物出資に関する手続要件を履践させることになる。したがって，債権者保護の観点からは，現物出資設立(増資)報告書および調査を受けた貸借対照表を通じて，過大評価の問題が生じないだけでなく，現物出資される不当利得債権または社員債権の評価の客観性が確保されることによって，資本充実は害されない。これによって，債権者の利益が保護されることになる。さらに，他の見解との比較においてもかなり容易に治癒できるとされる。隠れた現物出資によって出資者を含めた関係者にさまざまな法律行為が生ずるが，プリースターが掲げる手続要件により，隠れた現物出資の法律効果と責任を免除できるのであれば，出資者を含めた関係者には相当魅力的なものとなる。プリースターの見解によれば，債権者保護にも配慮され，出資者を含めた関係者にも魅力的となると同時に，会社もまた現物出資目的物(たとえば不動産，営業，特許など)の所有権を取得することができる。すでに言及したように，プリースターの見解は裁判所でも採用されている。それでは，具体的な事案において，隠れた現物出資の治癒がどのように処理されているのかを次節で検討したい。

第3節｜判例の状況

　判例においては，当初，隠れた現物出資の治癒の問題について，金銭出資から現物出資への事後的な転換による治癒というプリースターの見解が承認されなかった。初期の段階の判例として，ベルリン高等裁判所およびバイエ[30]

ルン上級地方裁判所は,「有限会社を設立する際に金銭出資が引き受けられたが,いまだ完全に払い込まれていない出資の一部は,会社の商業登記簿への登記後,全社員の合意をもってしても,これを定款変更の方法において現物出資に代えることはできない」と判示した[33]。裁判所は,最近まで,金銭出資を現物出資に転換できない代わりに,資本減少と資本増加の組み合わせによる方法を採用していた[34]。この場合には,当該社員の金銭出資債務は,隠れた現物出資の額での資本減少によって免れることになる。それゆえ,社員は将来に向かって会社の追加払込請求か,または倒産の場合には破産管財人による追加払込請求を受けない。しかし,資本減少とその後の資本増加との組み合わせ方式は,資本減少をともなうので,債権者に対する3回の催告および1年の禁止期間を遵守しなければならない(ド有法58条1項3号)。また,単なる通常の一時的な資本減少も5万マルクを下回れば,資本減少を利用できない(ド有法58条2項)。したがって,従来の裁判所の治癒の方法は,実務にとって複雑で不満が生じていた[35]。

このような状況の下で,1994年に3つの新たな地方裁判所の決定が下された。すなわち,①1994年3月15日のブレーメン地方裁判所および②1994年4月14日のベルリン地方裁判所[36]ならびに③1994年12月5日のリューネブルク地方裁判所[37]の各決定である[38]。これらの決定ではじめて,上述した2つの旧判例の立場を変更し,プリースターが提唱した金銭出資から現物出資への事後的な転換による方法を認容したのである。その意味で,これらの各決定は,隠れた現物出資の治癒の問題において非常に注目されるものである。そこで,以下では,これらの各決定を分析し,検討することにする。

1 地方裁判所の決定

① ブレーメン地方裁判所1994年3月15日決定

【事案の概要】 1986年に5万マルクの金銭で設立され,登記された有限会社の資本が,1987年に20万マルク,1990年に40万マルクに増加された。ここで合意された金銭出資は,社員の個人口座から会社の出資口座に貸方振込の方法で払い

込まれた。社員がこの手続の有効性に対して疑念を抱いたことから，右の不安を取り除くために，まず40万マルクから5万マルクへ資本減少し，その後に24万5000マルクと10万5000マルクで新たな持分を形成することとし，再び会社の資本を5万マルクから40万マルクに増加する決議を行った。出資の目的物については経済監査士が証明した過去の3営業年度（1986年，1987年，1989年）の利益配当請求権が用いられた。さらに，社員は全員一致で，1992年12月31日付の貸借対照表に基づき，利益準備金を資本に組み入れる方法によって60万マルクの増資決議を行った。この決議に基づき，資本は100万マルクに増加された。

【決定要旨】 原審であるブレーメン区裁判所は，ド有法58条1項3号違反に基づき，資本増加の登記申請を拒絶し，その控訴審であるブレーメン地方裁判所も区裁判所の決定を認容した。ただし，ブレーメン地方裁判所は，決定理由において，ド有法58条1項3号の規定に依拠せず，むしろ社員が実際に決議した40万マルクから5万マルクへの資本減少は，資本減少を意図してなされたものではなく，自己の支払義務を有効に免れたかどうかについての疑義をはらすためのものであるので，登記申請は考慮に値しないとした。その結果，登記申請は有効ではないので，1987年と1990年の増資決議も有効ではなくなる。さらに，過去の営業年度に基づく利益配当請求権は，金銭出資による資本増加の際に相殺されているので，この事実は隠れた現物出資と認定される余地がある。したがって，利益配当請求権が出資の目的物ではない。この確定に続いて，ブレーメン地方裁判所は治癒の必要性を説示し，隠れた現物出資の治癒は，事後的な定款変更の方法でなされうる旨を判示した。そして，出資の目的物は，会社の所有物として有効に移転した時点の目的財産ではなく，増資決議の際に履行された出資に対する社員の不当利得債権でなければならないとし，その場合には，不当利得債権が価値を有することについて証明されなければならない，とした。

② ベルリン地方裁判所1994年4月14日決定

【事案の概要】 有限会社Xが，1991年3月11日に設立され，1991年4月18日に商業登記簿に登記された。定款の第3条では，社員が金銭で払い込まなければ

ならない出資は，800万マルクと定められていた。社員は商人である。設立に続いて，Xは，1991年3月11日の契約でもって，有限合資会社Yの営業を1162万9624マルク2ペニヒ，また有限合資会社Zの営業を405万7539マルク55ペニヒで取得した。社員により払い込まれた出資は，これらの営業の売買代金を支払うために利用された。当該有限会社の社員は，直接または間接にその取得の相手方である有限合資会社に資本参加していた。有限会社の決算検査役は，この事実はまさに典型的な隠れた現物出資であると指摘したので，社員は，1993年10月22日に定款を変更し，現物出資設立報告書を作成して，800万マルクのうちその75％の資本を現物出資によって，つまり購入された営業の拠出によって給付する旨の決議をした。営業の価格は，すでにその間に決算検査役によって調査されていた。

【決定要旨】 ベルリン地方裁判所は，原審である区裁判所がバイエルン上級地方裁判所の決定を援用して，金銭出資による設立から現物出資による設立へ事後的に転換することは，ド有法19条5項に違反し，債権者の利益の観点からも許されない，との結論を拒絶して，申立を認容した。ベルリン地方裁判所は，決定理由において，金銭出資から現物出資への転換を拒絶する従来の判例の基本的な理由は，現物出資規定の保護目的である現物出資の合意内容の開示と登記による資本拠出の事前の監督にあるとし，金銭出資から現物出資に事後的に転換することは，現物出資の要件が遵守される場合，つまり現物出資の目的物とその価格が定款で定められる場合に可能であると判示した。本件では，これら2つの要件が遵守されていたと認定する。すなわち，一方では，現物出資の目的物およびその価格が定款で確定され，他方では，定款変更の登記申請時点との関連で，登記裁判所は設立における隠れた現物出資の価格を調査できるからである。したがって，申立てられた変更登記を拒む理由は何ら存在しない，と判示した。

③　リューネブルク地方裁判所1994年12月5日決定

リューネブルク地方裁判所が決定した事案は，本決定を登載する判例集からは明らかでない。しかし，本決定は，②のベルリン地方裁判所が採用した，金銭出資を現物出資に事後的に転換する方法が適切であるとする。さらに金

銭出資による設立から現物出資による設立への事後的な転換について法律には規定はないが，このような転換は不可能ではなく，このような転換決議が，現物出資規定の目的である債権者に対する現物出資の合意内容の開示と登記による資本拠出の事前の監督と矛盾しない，と判示する。したがって，このような方法を認めることは，経済的に意味があるだけでなく，現物出資規制の目的とも一致し（ド有法5条4項1文および2文，8条1項5号，10条3項），登記裁判官は，現物出資の合意内容の開示によって，登記手続において設立の際の隠れた現物出資の時価を調査できるとする。

④　地方裁判所の諸決定の意義

このように，実務で一般に通用している，隠れた現物出資の治癒のための方法が3つの地方裁判所により改められた。従来の裁判所が採用した資本減少とその後に続く資本増加との組み合わせによる方法は，実務にとっては複雑であるため不満が抱かれていた。しかし，これら3つの判例によって，金銭出資から現物出資に事後的に転換する方法が認められる契機ができたといえる。しかし，ブレーメン地方裁判所とベルリン地方裁判所の決定事項を考察すれば[39]，ブレーメン地方裁判所では，不当利得返還請求権の対象は，最初に実行された資本増加に基づき払い込まれた払込金であるのに対して，ベルリン地方裁判所では，金銭出資による資金で取得された営業である。この場合，会社がたとえ隠れた現物出資によってもすでに給付された目的物の所有権を取得すると考えるならば[40]，営業はすでに会社の所有にあるので，ブレーメン地方裁判所の結論が妥当であると思われる。さらに，ベルリン地方裁判所およびリューネブルク地方裁判所は，出資目的物を評価する際，「設立における隠れた現物出資の時価」を考慮するが，会社に譲渡された目的物（ベルリン地方裁判所の場合には営業）の価格は重要でなく，むしろ社員の不当利得返還請求権の価格が重要であるとする。ブレーメン地方裁判所のみ，このことを考慮していた。したがって，3つの地方裁判所において結論に相違があるけれども，いずれにせよ，金銭出資から現物出資に事後的に転換する方法が認め

られたことについては評価されている。

2 連邦通常裁判所 1996 年 3 月 4 日決定

その後，連邦通常裁判所は，隠れた現物出資の治癒に関するリィーディング・ケースとされる 1996 年 3 月 4 日決定において，隠れた現物出資の治癒を適法とし，増資決議で確定された金銭出資は，資本増加の商業登記簿への登記後も，定款変更による社員の多数決により，出資の事後的な変更をもって現物出資に転換できることを認めた。本件は，もともと原審であるシュツットガルト上級地方裁判所が，関係者が商業登記手続において金銭出資から現物出資への事後的な転換を選択した治癒の方法が認められるか，認められるとすれば，その転換を登記できるかについて決定しなければならなかったものである。しかし，この方法を認めないバイエルン上級地方裁判所およびベルリン高等裁判所の決定があるために，本件を連邦通常裁判所に移送したものである（非訟事件手続法 28 条 2 項参照）[41]。これを受けて，連邦通常裁判所が決定したという背景がある。

【事実の概要】　連邦通常裁判所決定の事実関係は，次のとおりである[42]。有限会社が現物出資による資本増加を商業登記簿に登記申請した。現物出資による資本増加は，社員の見解によれば，金銭出資による資本増加を治癒するために 1992 年 8 月 19 日に決議されたものである。

当該有限会社の社員は，1988 年 1 月 29 日に金銭出資により資本を 30 万マルクから 150 万マルクに増加する決議を行った。社員は，自己が引き受けた基本出資に基づき，30 万マルクを払い込んだ。当該有限会社の業務執行者は，1991 年 2 月 6 日に，社員総会の決議に基づき常に社員に請求できた残額（90 万マルク）を，当該社員の貸付口座にある残高の一部で相殺した。その貸付口座の残高は 1990 年度の営業利益に関する 1991 年 5 月 13 日の社員総会の利益処分決議によって生じたものであるので，この相殺は，将来の利益配当でもってなされことになる。1988 年 1 月 29 日の増資決議に基づく残額の出資義務が，1991 年 5 月に決議された利

益処分決議および 1991 年 2 月になされた相殺により有効に履行されていたかどうかについて社員は明確でなかったので，その社員は，1992 年 8 月 19 日，相殺された 90 万マルクの不当利得返還請求権を現物出資として会社に拠出する決議を行った。この債権が価値を有していることは，1992 年 9 月 11 日に社員が表明している。この表明は，1991 年 12 月 31 日付で作成された 1992 年 6 月 9 日の年次決算の調査報告書に基づいている。

【決定要旨】 本件において，連邦通常裁判所は，隠れた現物出資の治癒の前提問題である隠れた現物出資の要件の問題に言及している。会社の出資債権を社員の利益配当請求権で相殺することが隠れた現物出資となるのかどうかについて，本件では資本増加の際の（残額の）出資債権と利益配当請求権との相殺が，資本増加の決議後 3 年で行われたので，隠れた現物出資の要件である時間的関連性が存在しないと主張された。これに対して，連邦通常裁判所は，「…社員が残額の出資債権と利益配当請求権との相殺について事前に合意を行ったならば，隠れた現物出資を推定できる」と判示し，隠れた現物出資の適用範囲を拡大している。その限りでは，時間的関連性の要件が無制限に延長されるが，これと同時に治癒の可能性も必要となる。この場合に，連邦通常裁判所は，隠れた現物出資の治癒については定款変更の方法において金銭出資から現物出資に事後的に転換するという学説上通説となったプリースターの見解に従っている。この観点から，資本増加の際にすでに社員が将来の利益配当で相殺することについて事前に合意していたかどうかが解明される必要があるとし，本件を控訴裁判所に差し戻した。

なお，連邦通常裁判所は，隠れた現物出資を治癒する場合の手続についても一定の要件を示しているが，これについては後述する。

3 小　　括

以上のように，隠れた現物出資の治癒の問題については，プリースターにより主張された金銭出資から現物出資への事後的な転換が，連邦通常裁判所の決定によって，判例上も確定的に認められることになった。しかし，これ

は定款変更と現物出資をともなうことから，各種の手続要件を遵守しなければならないことになる。プリースターの手続要件に対して，連邦通常裁判所は，これに類似する手続要件を独自に示している。次節では，実際にどのような手続を履践しなければならないのかについて，主として連邦通常裁判所が提示した要件を中心にみていくことにする。

第4節 治癒手続

前述のように，連邦通常裁判所は，1996年3月4日の決定において，金銭出資から現物出資への事後的な転換を承認しただけでなく，さらにその手続についても判示した。その手続とは，①社員決議，②現物出資報告書，③出資債権が完全に価値を有していること，④完全に価値を有していることの調査，⑤商業登記簿への登記申請である。以下では，連邦通常裁判所が提示した治癒手続について検討する。

1 社員決議

連邦通常裁判所の決定によれば，金銭出資から現物出資に事後的に転換する場合には，まず社員決議が必要であるとする。なぜなら，この場合，現物出資を定款で確定する必要があるために(ド有法5条4項1文)，定款の変更が必要となり，これについて4分の3の特別多数決を必要とするからである(ド有法53条2項)。さらに，このことは現物出資による資本増加の場合にも妥当する。この場合，定款変更について社員全員の同意を要しないのは，調査によって確定された現物出資が金銭出資と同価値であるならば，少数社員の利益は侵害されないからである。たとえ同価値でなくても，未払込部分の金銭出資について他の社員が責任を負う(ド有法24条参照)。このような治癒決議によって，社員の立場は改善されるが，別段，弱められることにはならない。

2　現物出資報告書

次に連邦通常裁判所は，出資の変更に関する報告書の作成を要求する。隠れた現物出資を治癒することから，現物出資の目的物を開示する必要があるからである。現物出資による設立の場合，法律上，現物出資設立報告書が作成されなければならない（ド有法5条4項2文）。しかし，隠れた現物出資の場合，この報告書は，現物出資による設立規定を補充するという観点のもとで提出される性質を有する。ただし，現物出資による資本増加の場合には条文上の根拠がない。これについて，通説によれば，現物出資による資本増加の場合に報告書作成の必要性を否定するが，登記裁判所は，業務執行者に対して相応の証明を要求する権利を有するので，現物出資報告書を要求できるとされる。[45] なお，報告書には業務執行者および現物出資を給付する社員が署名しなければならない。

3　出資債権が完全に価値を有していること

さらに，連邦通常裁判所は，社員が出資のために会社に処分した債権が，完全に価値を有していること，すなわち給付された債権が金銭出資額に相当することを要求する。ドイツの有限会社法には検査役による調査の規定が設けられていないので，要請されるものである。完全に価値を有してはじめて，社員は確実に転換する権利を有することになる。

4　完全に価値を有していることの調査

連邦通常裁判所は，債権が登記申請の前に完全に価値を有しているかどうかについて調査しなければならず，また完全に価値を有していることの証明は，「経済監査士の調査を受けた貸借対照表によって」証明されなければならないとする。ただし，これについて，社員の債権が完全に価値を有しているとの証明が，専門家の抽象的な意見によってではなく，貸借対照表に基づいてのみ行われる場合，連邦通常裁判所の見解によれば，登記申請以前に早急に貸借対照表に記載されなければならず，また経済監査士による調査に対す

る報酬が高額で費用がかかるために，あまり現実的でないのではないかとプリースターは批判している(46)。

5　商業登記簿への登記申請

　最後に連邦通常裁判所は，商業登記簿への登記申請の添付書類として上述の書類以外に，契約が締結されている限りにおいて，給付されるべき債権の基礎になっている契約書の提出を要求する。さらに，この場合には，現物出資の確定の基礎になっているか，または現物出資の実行のために締結されている（すなわち現物出資の給付に関する債権法および物権法上の合意）契約書の提出が要求される（ド有法8条1項4号，57条3項3号）。また，登記申請のために，業務執行者は，給付された社員の債権が完全に価値を有することについての保証，給付された債権が社員から会社に譲渡されるか，または債権が会社に免除されている旨の保証，および出資の目的物を自由に処分できる旨の保証（ド有法8条2項，57条2項）をしなければならない。

　連邦通常裁判所が提示した以上の要件を要約すれば，登記申請書の添付書類として提出しなければならないのは，①社員決議書，②出資の変更に関する業務執行者および関係社員の報告書，③現物出資の目的物が完全に価値を有していることの書類，とくに経済監査士の調査を受けた貸借対照表，④給付されるべき債権を基礎づける契約書，⑤現物出資の給付および現物出資の実行のためになされた合意に関する契約書，⑥現物出資が給付され，かつ業務執行者が処分可能である旨の保証書，⑦現物出資が完全に価値を有していることについての業務執行者の保証書である。結局，連邦通常裁判所は，このような書類が登記申請書とともに提出された場合にはじめて，登記裁判所は金銭出資から現物出資に事後的に転換する旨の定款変更を登記できると考えている(47)。このような書類の要求は，法律上検査役による調査の必要がないことから，現物出資の目的物の価値を保証し，もって債権者を保護するためにほかならない。

第5節｜小　　括

　以上，隠れた現物出資の治癒に関するさまざまな見解について紹介した。そもそも隠れた現物出資の問題は，会社が倒産した場合に顕在化する。実際に判例では，原告が破産管財人であることが多い。したがって，会社債権者の保護も非常に重要といえる。それゆえ，最終的に隠れた現物出資が治癒され，社員を含む関係者は自己に生ずる責任を免れるが，この観点からの検討も必要となろう。隠れた現物出資の治癒の方法についてはいくつかの見解が主張され，これについては第2節で紹介した。これらの見解の中では，プリースターの見解が利害関係者の利益の調整，とくに債権者の利益保護に適切であるとされる。なぜなら，会社は目的物を取得できるのに対して，事後的に手続要件を遵守させることにより現物出資の過大評価は生ぜず，会社債権者の利益を確保しているからである。たしかに，ドイツの有限会社法には，検査役による調査の規定がない。しかし，連邦通常裁判所の判例では，現物出資報告書と経済監査士の調査を受けた貸借対照表の提出が要求され，会社債権者の利益に配慮されている。社員はそもそも現物出資を隠れて実行したので，これらが事後的に要求されるのは当然であろう。社員が連邦通常裁判所により指摘された手続要件を遵守すれば，本来ならば，社員には破滅的といわれる法律効果を免れる。また，連邦通常裁判所も採用する金銭出資から現物出資への転換という見解に従うならば，現物出資報告書の作成，貸借対照表の提出などの手続を履践すれば足り，実務にとっても比較的容易に隠れた現物出資を治癒できるものと考えられる。他方，会社もたとえば支払の払戻の場合には取引された目的物を取得できることになる。会社は，現物出資の目的物を必要とする場合が多いことを考えれば，会社にとっても有益であると考えられる。したがって，これらの観点からみても，連邦通常裁判所がプリースターの見解を採用するのは当然であると思われる。

　ところで，プリースターの見解による隠れた現物出資の治癒の方法は，す

でに指摘したように，株式法では，一度決議され，登記された金銭出資から現物出資への転換は明文でもって禁止されている（株式法27条4項）。したがって，株式法では別の治癒の方法が試みられなければならないと指摘される。この問題については，今後のドイツの議論に注目する必要がある。
(48)

(1) これについては，第1章前掲注（56）を参照。
(2) Priester, Die Heilung verdeckter Sacheinlagen im Recht der GmbH, DB 1990, S. 1753, 1756.
(3) 株式法27条4項は，「会社の設立が，商業登記簿に登記された後は，右の無効は，定款変更によって治癒できない」旨を規定し，株式法183条2項4文は，「増資決議において現物出資の確定がないときは，現物出資に関する契約およびその実行のための法的行為は，会社に対してその効力を生じないが，資本増加の実行が商業登記簿に登記された後は，それを定款変更によって治癒することができない」旨を規定する。
(4) Lutter, JZ 1996, S. 912, 913.
(5) Krieger, Zur Heilung verdeckter Sacheinlagen in der GmbH.—Besprechung der Entscheidung BGH ZIP 1996, 668—, ZGR 1996, S. 674, 677. また，BGH ZIP 1996, S. 668, 672. も，治癒の問題は，「株式法（183条2項4文）とは異なり」，有限会社法には明文をもって規制されていないと指摘する。
(6) Priester, a. a. O. (Fn. 2), S. 1756 ff.
(7) KGJ 47, S. 108, 111 f；BayObLG vom 5. 12. 1977, DB 1978, S. 337.
(8) 会社財産による資本増加とは，準備金を資本に組み入れることにより資本を増加することをいう（ド有法57c条1項参照）。
(9) Knobbe-Keuk, "Umwandlung" eines Personen unternehmens in eine GmbH und verschleierte Sachgründung, ZIP 1986, S. 885, 889；Priester, a. a. O. (Fn. 2), S. 1758.
(10) Knobbe-Keuk, a. a. O. (Fn. 9), S. 889；Priester, Heilung verdeckter Sacheinlagen bei der GmbH. Praxisfragen zum Beschluß des Bundesgerichtshots vom 4. März 1996, ZIP 1996, S. 1025.
(11) Knobbe-Keuk, a. a. O. (Fn. 9), S. 889 f.
(12) Lutter/Gehling, Verdeckte Sacheinlagen. Zur Entwicklung der Lehre und zu den europäischen Aspekten, WM 1989, S. 1445, 1454 f.
(13) Lutter/Gehling, a. a. O. (Fn. 12), S. 1455.
(14) BGH ZIP 1996, S. 668, 671.
(15) BGH ZIP 1996, S. 668, 671.
(16) ド有法58条1項3号は，「増資決議の商業登記簿への登記申請は，官公報において債権者に3回目の催告をなした日から1年を経過するまでは行ってはならない」と規定する。
(17) Wegmann, Verdeckte Sacheinlagen beiderGmbH, BB 1991, S. 1006, 1009.
(18) ド有法58条2項2文は，「資本の払戻または資本に基づき負担した払込の免除目的のために資本減少を行うときには，減資後に残っている基本出資の金額が，5万マルク

を下回ることはできない」と規定する。
(19) ド有法9c条は，「会社の設立および登記申請が適正になされなかったときは，裁判所は登記を拒絶しなければならない。現物出資が過大評価された場合も同様とする」と規定する。
(20) Wegmann, a. a. O. (Fn. 17), S. 1009.
(21) Brauer, Heilung verdeckter Sacheinlagen bei der GmbH durch nachträglichen Umwidmungsbeschluß, BB 1997, S. 269.
(22) Rasner, Verdeckte Sacheinlage und ihre Heilung, NJW 1993, S. 186.
(23) Priester, a. a. O. (Fn. 2), S. 1758 ff.; ders., Verdeckte Sacheinlagen : Tatbestand, Rechtsfolgen, Heilungsmöglichkeiten, DStR 1990, S. 770, 775.
(24) これについては，第1章前掲注（56）を参照。
(25) ド有法53条1項は，「定款の変更は，社員の決議によってのみこれを行うことができる」と規定し，2項は，「決議は，公証人により認証されなければならず，行使された議決権の4分の3の多数決を必要とする。定款をもってこのほかの要件を定めることを妨げない」と規定する。
(26) ド有法9条2項は，「会社の請求権は，会社の商業登記簿への登記の時から5年の時効にかかる」と規定する。
(27) Rasner, a. a. O. (Fn. 22), S. 186.
(28) Vgl. Custodis, Verdeckte Sacheinlagen im GmbH-Recht.—Anmerkungen zum Tatbestand und zur Heilung—, DNotz 1997, S. 437, 452 ; Einsele, Möglichkeit der Heilung verdeckter Sacheinlagen, NJW 1997, S. 562, 563 ; Habetha, Verdeckte Sacheinlage, endgültig freie Verfügung, Drittzurechnung und "Heilung" nach fehlgeschlagenen Bareinzahlungen im GmbH-Recht, ZGR 1998, S. 305, S. 327 ; Hachenburg/Ulmer, GmbHG, 8. Anfl., 1992, §19 Rn. 117 ; Lutter, JZ 1996, S. 912 ; Rawert, Heilung verdeckter Sacheinlagen durch nachträgliche Änderung der Einlagedeckung, GmbHR 1995, S. 89.
(29) BGH ZIP 1996, S. 668.
(30) KG vom 11. 12. 1914, KGJ 47, S. 108.
(31) BayObLG, Beschluß vom 5. 12. 1977, DB 1978, S. 337.
(32) ドイツでは，有限会社の設立または資本増加を登記申請する場合，出資の4分の1が払い込まれたときに登記申請をすることができる（ド有法7条2項1文，56a条参照）。ただし，設立の場合，会社の資本は5万マルク以上でなければならない（ド有法5条1項，55条4項1文）。
(33) とくにベルリン高等裁判所は，金銭出資を現物出資に転換することについて，「その転換はド有法19条2項違反，つまり出資免除の禁止違反である」とし，「なるほど，履行に代わる別の給付を受け入れることは，何ら出資の免除に含まれないが，ド有法19条2項の目的は，会社が契約により有すると思われる財政的基盤を，実際にも受領することにある」とする（KGJ 47, S. 108 ff）。
(34) BayObLG, Beschluß vom 5. 12. 1977, DB 1978, S. 337.
(35) Rawert, a. a. O. (Fn. 28), S. 88.
(36) LG Bremen, Beschluß vom 15. 3. 1994＝GmbHR 1995, S. 122.

(37) LG Berlin, Beschluß vom 14. 4. 1994＝GmbHR 1994, S. 557.
(38) LG Lüneburg, Beschluß vom 5. 12. 1994＝GmbHR 1995, S. 122.
(39) Vgl. Rawert, a. a. O. (Fn. 28), S. 89 ff.
(40) これについては，第1章前掲注（56）を参照。
(41) ドイツ非訟事件手続法28条2項は，「上級地方裁判所が，第1条所定の事項に関する帝国法の条文を解釈する場合，他の上級地方裁判所の再抗告に対する判決と，既に争訟につき連邦通常裁判所の判決が下されている場合において，連邦通常裁判所の判決と異なる判決を下すときは，上級地方裁判所は，再抗告を法解釈の理由を付して，連邦通常裁判所に移送しなければならない。移送決定は，再抗告人に告知されなければならない」と規定する。
(42) なお，本件における隠れた現物出資の事実関係についてはすでに述べたが，便宜上ここでも引用している。
(43) 連邦通常裁判所が手続を指摘したことについては，原則的にこれに同意することができるとして，裁判所に感謝しなければならないとの評価がある（Priester, a. a. O. (Fn. 10), S. 1028)。
(44) Vgl. BGH ZIP 1996, S. 668, 674；Krieger, a. a. O. (Fn. 5), S. 684 ff.；Priester, a. a. O. (Fn. 10), S. 1028 ff.
(45) Vgl. Hachenburg/Ulmer, GmbHG, 8. Aufl., 1997, § 56 Rn. 49.
(46) Priester, a. a. O. (Fn. 10), S. 1031.
(47) BGH ZIP 1996, S. 668, 674.
(48) Lutter, JZ 1996, S. 912, 913.

第3章 | 第三者介在型の隠れた現物出資
―企業結合関係を中心として―

　第1章で検討した，隠れた現物出資の問題は，社員と会社との間での二当事者関係で行われるものである。しかし，このことが，第三者を介在させて行われる場合についても議論がある。第三者を介在させて，現物出資規制を潜脱する問題は，ドイツでは，とりわけ企業結合関係において議論される。そこで，以下では，この企業結合関係において現物出資規制の潜脱が行われる可能性がないのかについても，検討することにする。

第1節 | 問題の所在

　一般的に今日の会社は，他の会社と親子関係にないものはなく，とくに現代の大企業は，多数の子会社や関係会社を有する大企業集団を形成しているといわれる[1]。企業は，単体で活動するのではなく，企業グループを形成することで，経営の合理化や国際的な競争力の強化等を企図しているのである。これに対して，企業が親子会社関係を創設する場合には，経営の合理化などの利益だけではなく，財産隠匿，架空取引による損失の穴埋め，強制執行の潜脱，競業避止義務の回避，取締役報酬規制の潜脱等のような違法行為や脱法行為に対する規制の必要性についても指摘される[2]。親子会社関係の設定自体が違法行為，脱法行為等を目的とするものではないにしても，親子会社関係がそれ自体の中に違法行為，脱法行為が行われる危険性を包蔵しているとも指摘される[3]。

　このような危険性は，現物出資規制の潜脱についても同様に問題になると思われる。現物出資は，金銭出資と異なり，資本充実を確保するために，定

款への記載，検査役による調査等が法定されている。しかし，この手続には時間と費用がかかり面倒であるので，この負担を回避して現物出資を給付したのと同様の効果をもたらすような措置がとられる可能性を否定することはできない。この可能性は，隠れた現物出資の理論により展開されるが，第1章と異なり，さらに企業結合関係などにおいて第三者を介在させることによる現物出資規制の潜脱の問題も議論される。たとえば，子会社が，増資を実行した親会社に金銭出資をする一方で，当該子会社が，上位会社と何らかの関係がある第三者と現物出資目的物の取引を行う場合がある。つまり，子会社が直接に親会社に目的物を現物出資する場合，検査役の調査等の法定手続を履践する必要があるが，この手続を避けるために，まず子会社が親会社に金銭出資を払い込むのと同時に，親会社と緊密な関係にある第三者(たとえば姉妹会社)との取引により第三者に目的物を取得させることで，この目的を達成し，他方で子会社は取引の対価を得ることで実質的に出資の払戻しを受けた状況を作り出すのである。この場合にも，現物出資規制の潜脱の観点から無効と解する余地がないのか，問題とされるのである。わが国でも企業の再編がすすみ，企業結合関係が形成された場合には，ドイツと同様の問題が生じる可能性を否定できないように思われる。このような問題意識を基礎に，以下では，第三者を介在させることで現物出資規制を潜脱できないのか検討したいと思う。

第2節　第三者介在型の隠れた現物出資

1　問題提起

　第三者を介在させることによって現物出資規制を潜脱する現象は，ドイツでは第三者介在型（Einschaltung von Drittpersonen）の隠れた現物出資として議論されているが[4]，ここで第三者が介在する場合の問題には，第三者について2つの側面があるとされている[5]。すなわち，第一に，第三者が親会社と特別な関係(藁人形関係，親子関係，故意の仕向け関係(Willentliche Veranlassung))

にあるかどうかの問題，第二に，第三者が親会社または出資者の子会社であるかどうかの問題である。後者の問題には，会社法上およびコンツェルン法上の特別な考察が必要とされる。たとえば，大規模に組織された持株会社の内部で偶然にも，金属部門で営業活動している子会社が，親会社の増資を引き受けると同時に，化学部門で営業活動している姉妹会社に新たな生産設備のための導管を大量に提供した場合を想定した場合，原則として，会社の業務や法律行為は，当該会社の親会社または姉妹会社ではなく，当該会社自身にのみ関係する（分離原則（Trennungsprinzip））[6]。したがって，これらの行為を統一的指揮力に基づいた現物出資規制の潜脱として，当該取引行為を無効とすること自体が，まず問題であるように思われる。すなわち，姉妹会社との導管の取引は，子会社の親会社への資本参加と一緒に扱われる必要はないのである。子会社は，親会社から取引の機会を示唆され，これに対する相当な対価を受けたにすぎない。子会社からみれば，現物出資規制の潜脱として隠れた現物出資に該当するかどうかは，まさに偶然の問題ともいえる。しかし他方で，子会社と姉妹会社との間の現物出資目的物の不当な取引によって，実質的に過大評価がなされる危険性があることは否定できない。したがって，このような問題意識に基づけば，親会社，子会社および姉妹会社の三当事者の間において現物出資規制の潜脱が企図されて，隠れた現物出資が存在すると認定できるならば，違法なものとしてこれら一連の行為を無効とする必要性もあるのではなかろうか。しかし，この場合には，通常の二当事者関係での隠れた現物出資とは異なるので，三当事者間では法律要件を修正する必要が生ずる。そこで，以下では，主として隠れた現物出資の方法の一つである金銭出資と取引行為を結びつけた支払の払戻の方法を中心として，第三者が介在する場合の具体的な事案形態を明らかにして，第三者介在型の隠れた現物出資の法律要件の具体化とその法律効果を考察したいと思う。

2　具体的な事案形態

通常の隠れた現物出資の事例では，金銭出資と取引行為は会社と社員間で

締結される。たとえば，会社が社員から目的財産を取得するために，社員から払い込まれた金銭でもって社員が保有する目的財産を取得するという条件により，社員が金銭出資を合意し，それに基づき金銭を払い込む場合である。この場合は，相互的，双務的な法律行為であるという事情が考慮されるのに対して，第三者が介在する場合には，とくに第三者の相手方(親会社または社員)への関与が重要となる[7]。以下，第三者が親会社の側に関与する場合と，第三者が社員の側に関与する場合とに区別して考察する。

(1) 第三者が親会社の側に関与する場合[8]

隠れた現物出資の給付を受ける者は，通常は，給付の受領者が会社自身にほかならないので(株式法54条3項参照)，増資を行った会社である。この場合，会社は，金融機関のような補助者を用いることができるにすぎない。しかし，現物出資目的物の給付が増資を実行した親会社にではなく，第三者に対して行われる場合には，金銭出資の払込と結びついた現物出資目的物の給付および譲渡の対価としての第三者による当該金銭出資の払戻が，隠れた現物出資とみなされるかどうかが問題となる。つまり，社員が親会社に金銭出資をする一方で，第三者と現物出資目的物の取引行為をする場合である。この場合に第三者と親会社との間に社員関係や契約関係その他の法的関係があれば，隠れた現物出資を問題にする必要性が生ずる。なぜなら，このような関係のもとで，過大評価された現物出資目的物の取引行為を行い，過大評価による第三者の財産的損失が少なくとも間接的に親会社の損失につながれば，親会社の債権者が危険を負うことがあると考えられるからである。

第三者と親会社との間の関係については，次のような場合が考えられる。

① まず，第三者が「親会社の計算で」取引行為によって出資社員から現物出資目的物を取得した場合である[9]。

② 次に，第三者と親会社との社員関係に基づく場合である。親会社の債権者からみれば，現物出資目的物について過大評価される場合には，親会社はその第三者との社員関係に基づき財産的損失を被ることになる。たとえば，親会社と第三者との間で支配契約および(または)利益供与契約が締結されて

いるならば，過大評価による第三者の財産的不利益は，親会社が補償する損失として，直接に親会社の収益状況にも影響を与えることになる（株式法302条参照）[10]。第三者が従属会社であるが，支配契約がない場合にも同様に，親会社は，従属会社の財産的損失について不利益を補償するか，または損害賠償の義務を負うので（株式法311条，317条），親会社の収益状況に影響を与えることになる。

以上から，社員が，増資を実行した親会社に金銭出資をする一方で，第三者と現物出資目的物の取引行為をする場合において，とくに取引行為に際して過大評価が問題となるならば，親会社の債権者保護の観点から，親会社と第三者との間の人的関連性の有無により，これらの一連の行為を隠れた現物出資と認定して無効とするのが合理的な場合がある。ここでは，社員は取引行為を通じて，第三者に現物出資目的物を提供することで，実質的に金銭出資の払戻を受けた形になり，取引の対象である現物出資の目的物について検査役の調査は行われない。

(2) 第三者が社員の側に関与する場合[11]

(1)以外にも，出資社員と何らかの関係があるが，親会社の社員ではない第三者を通じて隠れた現物出資が行われる方法も考えられている。この場合には，取引行為は，当該第三者と増資を実行した親会社との間で締結される。また，親会社と出資者である社員との間で取引行為が行われ，第三者がこの取引行為に関与する場合についても同様である。具体的には，次のような関係がある。

① 信託関係

たとえば，受託者である社員が，第三者である委託者のために，委託者の会社持分を保持し，社員権を行使する場合があげられる。これに関連する判例が，IBH/Lemmerz事件であるが，これについては後述する。

② 資本参加関係

次に第三者が，増資を実行した会社（親会社）の社員（子会社）に対して，資本参加している場合があげられる。この場合には，第三者が，増資会社の

社員に対する影響力の行使を通じて，さらに間接的に増資会社に対しても影響があることを前提とする。たとえば，第三者が増資会社に金銭出資を払い込み，この払込金でもって増資会社が社員所有の現物出資目的物の取引行為を行う場合が考えられる。これによれば，第三者が増資会社の社員に対して100%参加している事例では，目的物の過大評価によって，社員に対する第三者の参加持分権の価値が増大することになる。

③　結合企業関係

②の資本参加関係だけでなく，第三者と社員との間に結合企業関係がある場合（株式法15条）もある[12]。

このように社員と第三者との間の人的関連性としては，主として信託関係，資本参加関係，結合企業関係があげられる[13]。このような人的関連性があれば，通常の二当事者間の関係における隠れた現物出資を三当事者間の関係に拡大して考察する必要性が生じてくる。なぜなら，第三者を介在させることによっても，現物出資規制の潜脱が行われ，現物出資目的物の過大評価が生じる可能性があるからである。

第3節　第三者介在型の隠れた現物出資の法律要件の具体化

二当事者間における隠れた現物出資においては，出資者である社員自身が取引行為を行うので，解釈上現物出資規制の範囲内のものとして隠れた現物出資を認定することが容易となる。これに対して，第三者が介在する場合を現物出資規制の範囲内に含めるとすれば，法律上の規制がなく不十分であるとされる。しかし，第三者が介在するようなその他の場合が法律に明定されていれば，その趣旨から，第三者が介在するような隠れた現物出資についても，それと同様に処理して，効力を生じない方向において，立法者の意思を推定することも可能となる。その例として，たとえば①自己資本の代替的貸付（ド有法32a条），②自己株式の取得（株式法71d条），さらに③コンツェルン

計算報告書（ド商法290条）があげられる。これらの規制は，立法者が企業結合を基礎にした資本保護における企業の一体性という考え方が背景にあるとされ[14]，これにより第三者が介在する隠れた現物出資についても，同様に規制する方向で立法者の意思を推定することができる。

以上のように，第三者が介在する3つの規制の場合において，とくに資本保護の観点から，第三者を介在させることによる法の潜脱も防止しなければ，その実効性が確保されなくなる。第三者が介在する隠れた現物出資の場合についても規制することは，企業結合における資本保護の観点からすれば，立法者の意思に相応すると考えられる。そうであれば，次に第三者が介在する隠れた現物出資の場合の法律要件を具体化する作業が必要となる。

ところで，すでに検討したように，二当事者間における通常の隠れた現物出資の場合，その法律要件として，とくに実体的および時間的関連性が必要であると指摘した。これらの要件を充足することで，隠れた現物出資という違法性が推定される。そうであれば，第三者が介在しても，当然その違法性を推定させるために，これらの要件を充足していることが必要となる。しかし，第三者が介在する場合には，これらの要件を充足するだけでは違法性の推定に決定的であるとは考えられないとされる。なぜなら，上述したような第三者と社員または会社との間の人的関連性が存在してはじめて，第三者介在型の隠れた現物出資を規制する必要性が生ずることになるからである。以下，順を追って法律要件を検討することにする。

1 実体的および時間的関連性

実体的関連性とは，設立または増資の際に会社が有償で取得した現物出資の目的物が，社員の出資義務が発生する際にすでに，現物出資に関する形式規定を遵守すれば，現物出資の対象でありえた事実をいい，この場合には，社員が現物出資の目的物それ自体を現物出資として拠出しうるかどうかが重要となる。これに対して，時間的関連性とは，社員による出資の履行と会社の現物出資目的物の取引行為との間の6ヶ月の期間をいう。第三者が介在す

る隠れた現物出資の場合も同様に，これらは隠れた現物出資の違法性を推定させるために必要となる。したがって，この場合の実体的関連性とは，第三者を介在させて行った取引行為の対象である目的物を，金銭出資の払込に際して現物出資として給付できた事実をいう。これにより，社員は金銭出資の払込に際して，自己または第三者所有の現物出資の目的物を取引するのではなく，現物出資する可能性があったことになる。ここで現物出資とすることなく，第三者を介在させた取引行為によって厳格な現物出資規制に服さないとするならば，いずれにせよ，取引行為の段階において現物出資目的物の過大評価の危険性が生じる可能性がある。これに対して，時間的関連性とは，社員の金銭出資の払込と第三者との取引行為との間の6ヶ月の期間をいう。会社は，長い期間を経過してもなお取引行為をともなう増資の実行を計画するか，または調整することができる一方で，通常の取引行為と隠れた現物出資としての取引行為を限界づけるためにも，6ヶ月の期間が相当とされている。

2　関係者の合意

通常の隠れた現物出資における関係者間の合意は，実体的および時間的関連性の要件を充足していれば，事実上これが存在すると推定するのに有益であると解されているにすぎない。第三者が介在しても，関係者(社員，上位会社および下位会社の経営者)の主観的な潜脱の意図や合意は，通常の場合，証明することが困難なので，実体的および時間的関連性という純粋な客観的基準に従って判断されるべきであるとされている。[15][16]

3　人的関連性

上述のように，通常の隠れた現物出資の場合とは異なり，第三者が介在する隠れた現物出資の場合には，第三者との人的関連性が必要となる。この場合における会社と社員との間の関係の外にいる第三者は，会社または社員の「延長された手足 (verlangerter Arm)」にほかならない。[17]具体的には，①第三者

が会社の計算で行う場合，②社員関係，③信託，④資本参加，⑤結合企業関係がある。さらにこれらは，第三者が自己の名で，会社または社員の計算で活動するような藁人形の場合（①②③）のほか，第三者，場合によってはコンツェルン従属会社が「道具」として用いられる場合（④⑤）に整理される。このような場合には，第三者の法的独立性(分離原則)が一応問題となりうるが，これをコンツェルン関係でみれば，コンツェルン関係における経済的一体性が考慮されることになる。したがって，社員は，第三者を介在させて隠れた現物出資を積極的に行わせることも，反対に隠れた現物出資を阻止することもできるが，経済的一体性の存在が認められないとするならば，社員は自己の金銭出資による第三者との取引行為が，時間的関連性との関係において，いつ隠れた現物出資が行われたかを知ることは容易でない。それゆえ，経済的一体性の存在もまた決定的であると考えられている。資本参加関係または社員関係的結合の場合も同様に，参加会社が被参加会社の機関に対して，具体的な資金調達の決定について決定的な影響力を与える可能性があれば足りるとされる。

第 4 節 ｜ 第三者介在型の隠れた現物出資の法律効果

1　金銭出資義務の継続

　通常の隠れた現物出資の場合，とくに社員に対して金銭出資義務が消滅したことにならない。つまり，金銭出資義務の継続という法律効果が生じるが（株式法 27 条 3 項 3 文参照），この法律効果は，第三者が介在する場合にも妥当すると解されている。履行の効力を否定して，社員が再度金銭出資を払い込んではじめて，以後，社員は取引行為を開始できる。

2　取引行為の無効

　金銭出資義務の継続とならんで，第三者との取引行為が無効になる。この場合，とくに第三者が企業であれば，取引行為の無効を認めることは，第三

者の法的独立性（分離原則）に対する介入になる。したがって，たとえば第三者が会社の側に介在する場合には，社員に対する第三者の現物出資目的物の返還義務は，第三者の債権者にとっては，現物出資の目的物に対する追求の可能性を侵害することになると同時に，第三者にとっては，現物出資目的物がたとえば営業用の土地，商標権または販売権など営業上不可欠な場合には，第三者の経済的存立を危殆化することになる。しかしながら，やはり現物出資規制の潜脱という観点からみると，取引行為もまた無効とせざるをえなくなる。

第5節 第三者介在型の隠れた現物出資に対する判例および学説の対応

これまで，第三者介在型の隠れた現物出資が，理論的に認められる方向で検討されていることについて言及した。以下では，実際に裁判所において生じた問題と学説の対応について扱うことにする。

1 判　例

第三者介在型の隠れた現物出資の問題に関する裁判例・判例として，主として次の4つの事件があげられる。

(1) **マインツ地方裁判所1986年9月18日判決（IBH/General Motors事件）**[24]
【事実の概要】　原告は，IBH株式会社(持株会社：以下，IBHとする)の破産管財人であり，被告は，デトロイトに住所を有する，デラウェア州法により設立された法人（GM）である。IBHは，1981年と1982年に計4回の増資を行い，被告はそれぞれこれを引き受けた（本稿と関連がある第2回と第4回との増資について取り上げる）。

1981年6月の第2回の増資に対して，被告は，1981年6月16日，120万マルクの額面価格で株式を引き受けた。1981年4月28日の時点ですでに，被告は，こ

の金額をIBHのメインバンクにある増資口座に振り込んでいたが，増資の商業登記簿への登記申請後には当座預金口座へ振り替えられていた。増資決議前である1981年5月8日にはすでに，IBHがかつて1980年に被告の2つの子会社を取得した売買代金の一部の支払金として，自己の子会社であるT1（Tex. Corp.）およびT2（Terez Ltd.）が，総額に換算して2601万マルクを被告に支払っていた。

　1982年7月の第4回の増資に対して，被告は，割増金を含む総額4696万マルクでもって資本参加した。このうち4000万マルク相当のアメリカドルが，IBHの子会社であるT3（Terex do Brasil Ltda.）の増資のための資本出資金として，またそこでは被告の子会社（GM do Brasil）に対するT3の債務の弁済のために処分されることになった。この計画を確実にするために，被告はIBHのメインバンクから，IBHが撤回できない旨の書面による証明を受けた。被告がIBHの増資口座に4696万マルクを振り込んだ後，IBHはその1ヶ月後，自己の子会社であるT4（IBH Far East, Singapur）を通じて，T3に4000万マルクの金額を振り込んだ。T3は，相当のアメリカドルを被告の子会社に振り込んだ。

　原告は，被告がIBHの全4回の増資から生じた総額6976万マルクの支払義務を果たしていないとして，利息等を含めて被告に請求した。

　【判決要旨】　これに対して，マインツ地方裁判所は，「被告は，1980年12月（第1回），1981年6月（第2回），1982年4月（第3回）および1982年7月（第4回）におけるIBHの増資を引き受け，資本参加した。これらの株式引受の意思表示に基づき，被告は，自己が引き受けた株式のために，IBHに対して金銭で6280万マルクを払い込む義務を負った。被告は，これまでこの払込義務を完全に果たしていない。被告は，これらの金額において，何らIBHの取締役が自由にできるための払込をしなかった。」と認定するとともに，隠れた現物出資について，「このような合意や給付は，株式法183条2項，27条3項の規定に服する。株主は，相殺によって自己の払込義務を免れない。株主は，自己が引き受けた株式に対して金銭で払い込まなければならない。この場合，資本参加から生じた株主の債務とその他の株主との法律行為から生じた債務の双方が直接に相殺されるのかどうか，会社が払い込まれた金銭出資を即時に合意に基づき再度払い戻すのかどうか，ま

たはまず株式会社が自己の債務を弁済し，株主がその弁済金から自己の金銭出資債務を履行するかどうかについては，何ら相違はない」と判示した。

(2) マインツ地方裁判所 1988 年 9 月 30 日判決 (IBH/Babcock 事件)[25]

【事実の概要】 原告は，1983 年 12 月 13 日に破産手続が開始された，IBH 株式会社（持株会社：以下，IBH とする）の破産管財人である。1982 年初頭，IBH と被告(1)(Babcock International) は，次のことで意見が一致していた。つまり，IBH により 44.3%で資本参加されていた Wibau が，Babcock コンツェルンの建築機械部門を 4000 万マルクの売買価格で取得するということである。このために，1982 年 7 月 21 日，IBH において金銭出資増資の決議がなされた。被告(2)(Babcock Deutschland)は，この増資において 8200 万マルク相当の IBH の株式を引き受けた。被告(2)が出資を払い込み，増資を登記した後，IBH は，自己のメインバンクに対して，そのうち 4000 万マルクについては分離して，1982 年 10 月 1 日まで，Wibau の売買代金を支払うためにのみ保持して処分する旨の撤回できない指図を行った。これは，被告(1)が本件取引の予備段階で Wibau による売買代金の支払についての銀行保証を要求したからである。最終的には 1982 年 10 月 1 日に，IBH が 4000 万マルクを Wibau に振り込み，さらに被告(1)に振り込まれた。原告は，被告らに対して，1982 年 7 月 21 日付の IBH の増資を払い込むよう請求した。

【判決要旨】 これに対して，マインツ地方裁判所は，隠れた現物出資について直接には言及していないが，以下のように判示している。すなわち，「たしかに，IBH の撤回できない委託において，4000 万マルクを信託的に被告のために IBH の当座預金口座に保持し，1982 年 10 月 1 日の被告に対する Wibau の売買代金支払義務の履行のためにしか 4000 万マルクを処分しないという確認は，増資の登記日付後にはじめて行われている。しかしながら，関係者の意思からすれば，IBH の取締役が 4000 万マルクに関する自由な処分権限を有しないということに何ら疑いはない。[26]契約上の意思表示により，IBH が 4000 万マルクの金額を自由にすることができず，売買代金請求権の満期までの間，信託的に IBH が保持しておくということが重要である。4000 万マルクは，最終的に合意に基づき 1982 年 10 月 1 日

に事実上被告に払い戻され，ここではIBHに対する実際の資本の提供が行われることなく，支払の払戻がなされている」と判示している。さらに，「被告の建築機械部門についての売買代金は，増資を実行するIBHからではなく，Wibauから支払われたこと，IBHがWibauに売買代金の支払のために4000万マルクを提供したこと等によっても，この認定に何一つ変更はない。Wibauは，IBHのコンツェルンに所属している。Wibauは，IBHの資本参加に基づきIBHにより支配された。これにより，経済的に考察すれば，Wibauは法的に独立しているにもかかわらず，IBHコンツェルンの一員であることが明らかである。IBHとWibauは，増資と結合した取引行為を判断する場合に経済的に同一のものとして処理されるべきである」と判示し，IBHはWibauに対して44.3%しか資本参加していないにもかかわらず，Wibauをコンツェルン従属企業と判断した。

(3) 連邦通常裁判所1992年4月13日判決（BuM/Genossenschaftsbank事件）[27]

【事実の概要】 原告は，1979年6月に破産に陥ったBeton-und Monierbau株式会社(以下，BuMとする)の破産管財人である。被告(Genossenschaftsbank)は，BuMの株主総会で決議された増資の実行を委ねられていた，銀行シンジケートの構成員であった。原告は，被告に対して，隠れた現物出資の観点から，増資の際に引き受けた金銭出資義務の履行を求める。

BuMは，相当に支払が困難な状況にあった。BuMは，再建のために増資を決議し，被告からつなぎ融資を受けた。被告は，現存しているBuMに対する貸付債権に鑑みて，次のことに疑義を有した。それは，計画された増資に際して，金銭出資を払い込む必要があったのかどうか，もしくは既存の債権を現物出資として拠出する必要はなかったのかどうかということである。最終的に，関係者は，以下の措置をとることに合意した。つまり，BuMが，V銀行の信用組合システムにおいて被告と相互に結合していたBRZ銀行から貸付を受け，この貸付金でもって，BuMが被告に対してつなぎ融資による貸付を返済するというものである。その後短期間のうちに，増資が決議され，実行された。そこで，被告は，以前貸し付け，返済されたつなぎ融資の額で自己の金銭出資を払い込んだ。その金銭出資でもっ

て，BRZ 銀行に貸付金が再度返済された。

【判決要旨】　これに対して，連邦通常裁判所は，「出資者の貸付債権を金銭出資の払込金で弁済することは，隠れた現物出資となりうる。これについては，弁済額が株式に対して払い込まれる金額と相殺されるかどうか，会社がすでに払い込まれた金銭出資を合意に基づき弁済のために処分するかどうか，または会社がまず貸付債権に対する弁済をし，次に貸付債権者が自己の金銭出資債務を履行するかについては，何ら相違はない。この観点のもとでは，隠れた現物出資の問題について，被告が付与した当座貸越金の BuM による返済，および被告が負担した BuM に対する出資金の払込が決定的なものとみなされる。2 つの支払の間には，密接な時間的関連性が存在する。そして，BuM は，被告に対して，BRZ 銀行が介在して供与された立替融資を弁済し，被告が自己の出資義務をこの立替融資との相殺によってではなく，金銭で払い込むとの合意に達した。この立替融資金は，隠れた現物出資の観点では，当時の関係者の見解によれば，立替融資金を金銭出資と相殺するために行われるという背景において弁済され，かつ出資義務が金銭の振込によって行われた。BuM が BRZ 銀行から提供された金銭でもって，被告により供与された当座貸越金を弁済したことだけが決定的である。時間的関連性は，貸付金の弁済（1978 年 9 月 1 日）と出資金額の払込（1978 年 11 月 7 日）が行われた時点が接近していることから明らかである」として，隠れた現物出資を認定した。ここでは，人的関連性については言及していないが，原審である 1990 年 11 月 15 日のデュッセルドルフ上級地方裁判所の判決が[28]，これについて次のように認定している。「株式引受人としての被告と貸付債権者としての BRZ 銀行との間の人的同一性が存在しないというのは相当でない。隠れた現物出資の要件は，払込金が合意に基づき株式引受人の債権の弁済に処分される場合にのみ充足するのではなく，引受人と「緊密な関係にある者（nahestehenden Person）」のために行われる場合にも充足する。たしかに，BRZ 銀行は被告に従属しているわけではない。しかし，BRZ 銀行も被告も，V 銀行の信用組合システムにおいて相互に結合していたし，BRZ 銀行は BuM の「希望」に応じて貸付金を付与した。そこで，BRZ 銀行は，次の理由から被告と緊密な関係にある者としてみなされるべきである。すな

わち，BuM に対する貸付金の付与について，被告と BRZ 銀行との間に法的に特別な関係，つまり信用委任関係（ド民 778 条）が成立しているということである」。

(4) 連邦通常裁判所 1990 年 1 月 15 日判決（IBH/Lemmerz 事件）[29]

【事実の概要】　原告は，1983 年 12 月 13 日に破産手続が開始された，IBH 株式会社(持株会社：以下，IBH とする)の破産管財人である。原告は，被告に対して—現在なお利益がある限りで—増資による出資債権（500 万マルク）と適時に出資をしていないことに基づく損害賠償債権（とくに 76 万 1622 マルク 47 ペニヒの利息金）を主張する。以下の事実関係が訴えの基礎になっている。

1979 年 12 月 16 日, 21 日の契約によれば，Lemmerz 製作所株式合資会社(以下，Lemmerz とする)は，IBH に対して，9 回の同一の年率で返済される 500 万マルクの供給者信用（Lieferantenkredit）を付与した。1982 年 1 月 20 日に満期になった弁済部分の支払が行われなかったとき，Lemmerz と IBH は，貸付契約の終了について，その貸付契約の存続に関係する 1979 年 12 月 16 日, 21 日の供給契約を含めて交渉した。IBH は，交渉の過程で，Lemmerz の資本参加を話し合い，そして Lemmerz が 500 万マルクの額で出資を引き受けるならば，貸付金を返済すると表明した。Lemmerz は，これを前提に，上述の額で資本参加の準備をすると表明した。Lemmerz は，被告（Alike 有限会社）の設立を指示し，被告と成果引受契約および機関契約のほか，信託契約を締結した。その契約の重要な内容によれば，被告は 500 万マルクの金銭出資の払込と引き替えに，156 万 2500 マルクの額面額で IBH の株式を引き受け，また信託者である Lemmerz のために，IBH の株式を管理する義務を負った。他方で，Lemmerz は，受託者である被告があらゆる責任から免除され，委任の実行に際して生じる費用を被告に補償することを引き受けている。

被告は，1982 年 7 月 27 日に IBH の株式を，1982 年 8 月 6 日に商業登記簿に登記された認可資本による増資の範囲内において，上述の金額で引き受けた。被告は，1982 年 8 月 2 日，1982 年 7 月 30 日を利息起算日にして，メインバンクである SMH-Bank により貸し付けられた 500 万マルクを，当該銀行に開設された IBH の増資口座に振り込んだ。IBH は，1982 年 8 月 9 日に Lemmerz に対して，供

給者信用の弁済のために，1982年8月13日にIBHの当座預金口座の勘定で現金化される500万マルクの計算小切手を振り出した。この口座の残高は，増資口座から当座預金口座への相応の金額の振替によって1982年12月16日に書き換えられた。SMH-Bankにおける被告に対する貸付金は，1982年8月11日のLemmerz側からの500万マルクの振替によって1982年8月13日に清算された。

【判決要旨】　これに対して，連邦通常裁判所は，原審の結論と同様に，「Lemmerz の受託者である被告は，1982年7月27日の表明によって，500万マルクの金銭で156万2500マルクの額面額においてIBHの3万1250株を引き受けた。その発行は，監査役会の同意を得て取締役が金銭を払い込むのと引き換えに，株主総会により1981年8月17日の決議でなされた授権に基づいて，1982年7月22日に決議された。控訴裁判所は，被告の申立と地方裁判所が実行した証拠調べの結果により，被告がIBHの資本参加に同意したものと評価した。これに基づけば，被告の資本参加およびIBHによるLemmerzの貸付金の弁済，ならびにこれに基づく給付に関する当事者の合意は，関係者が考えるところによれば，経済的に一体をなすものとして意欲されていた。これは，被告が株式に対する反対給付として，Lemmerzの貸付債権を拠出すべきであり，また拠出したとの評価を正当化するものである。会社に対する債権の拠出も，現物出資の目的物でありうるので，被告とIBHは，「隠れた現物出資」の理論の原則により，通常は現物出資の給付として合意し，実行しなければならない。しかしながら，株主総会の決議で金銭出資による増資の権限も現物出資による増資の権限も付与したにもかかわらず，現物出資は，取締役会決議においても確定されていないし，株式申込書にも記載されていない。商業登記への申請とその登記ならびに公告においても，現物出資ではなく，金銭出資を公表しているといえる。この事情の下では，現物出資義務を引き受けて締結された参加契約の効力は生じず，被告は，増資の商業登記簿への登記後に，出資を金銭でかつIBHによる貸付金の返還と別個に払い込む義務を負う」と判示した。また，被告とLemmerzとの関係について詳細に言及していないが，「控訴裁判所は，株式引受人である被告とLemmerzとの間に人的同一性はなかったとする。しかしながら，人的同一性がないことは，出資債権の額や出資債権の

履行との時間的関連性において合意された Lemmerz の貸付債権の弁済の性質を変更するものではない。払込金が合意に基づき株式引受人の債権の弁済に使用される場合にのみ，隠れた現物出資の要件を充足するのではなく，この方法で引受人と緊密な関係にある者のために手続がなされる場合もまた充足することが認められる。被告と Lemmerz との間では，1982 年 7 月 22 日に成果引受契約と機関契約（株式法 291 条 1 項の意味における支配契約と利益供与契約）が締結されているにすぎず，それと同時にコンツェルン関係（株式法 18 条 1 項 2 文）が創設されている。この関係が存在する場合には，人的には分離されるにもかかわらず，一定の事案について現実の資本拠出原則の違反が肯定される」と判示している。

以上のように，裁判所は二当事者間における通常の隠れた現物出資を，第三者が介在した三当事者間の関係にまで拡大して隠れた現物出資を問題としている。この場合には，隠れた現物出資の法律要件である実体的および時間的関連性だけではなく，第三者と社員または上位会社との人的関連性もまた要件となることが判明した。つまり，(1)の場合には，人的関連性に直接には言及せず，取締役が自由に処分できるかを問題にしたが，この背景には，IBH とその子会社との間におけるコンツェルン関係の創設がある。(2)の場合には，直接的に IBH と Wibau との間の資本参加関係を基礎にコンツェルン関係を認定した。(3)の場合には，原審は，BRZ および被告が V 銀行の信用組合システムにおいて相互に結合し，ここに法的に特別な関係である信用委任関係（ド民 778 条）を認定した。(4)の場合には，株式引受人と緊密な関係にある者のために手続される場合も，隠れた現物出資を認定できるとしながら，Lemmerz と子会社との間の成果引受契約および機関契約を，支配契約および利益供与契約（株式法 291 条 1 項）をみなし，ここにコンツェルン関係を認定した。このように裁判例・判例は，人的関連性を基礎に，第三者介在型の隠れた現物出資を認める傾向にある。

2　学説の対応

学説ではコンツェルン関係において，第三者が介在する隠れた現物出資について種々の見解が展開されている。

(1)　ルッター（Lutter）の見解[31]

ルッターは，現物出資設立または現物出資による資本増加に関する規定が潜脱される，隠れた現物出資からの保護は，コンツェルン関係にも拡大されなければならないとする。これについて，次の事例を下に考察している[32]。すなわち，「株式会社 A が，B の事業に興味を示し，この事業を 1000 万マルクで購入することができる。また同一の金額で，B は A の株式を引き受けることができる状態にある。当該事業の評価の困難を避けるために，まず A の 1000 万マルクの金銭出資による増資が決議され，B がこれを引き受ける。同時に，A の子会社 T が，B から 1000 万マルクで事業を購入し，これに対する対価を支払う。その後に，B が A に対して自己の出資金を払い込む」，というものである。この場合，B の事業は，今後 T が営むことになる一方で，B は下位会社 T にではなく，その上位会社である A に資本参加することになるので，単純にそれ自体が現物出資規制の潜脱の意図なしに行われているとも考えられるが，当事者（出資者および上位会社と子会社の経営者）の潜脱という主観的な意図は通常の場合は証明することが困難なので，この場合の現物出資規制の潜脱は，実体的および時間的関連性という純粋な客観的基準に従って判断されなければならないとする。コンツェルンでは，いずれにせよ，子会社は親会社の道具でありうるので，通常，強行法的な現物出資規制は，コンツェルン指揮により任意なものとされる。ここに現物出資規制をコンツェルン関係にも拡大して規制する必要性があるとする。さらに，立法者は，コンツェルン関係にも立脚して，コンツェルン関係を客観的な現物出資規制に含める意思を有していたと考えられる[33]。

(2)　シュナイダー（Uwe H. Schneider）の見解[34][35]

シュナイダーもまた，コンツェルン関係における隠れた現物出資を規制するよう主張する[36]。コンツェルン関係における隠れた現物出資については，と

くに親会社における増資の場合が問題であるとして，次のように指摘している[37]。たとえば，ある会社が増資し，これに会社Aが資本参加する。増資会社に目的財産を譲渡した会社Bに対して，会社Aが資本参加しているような場合において，これらの会社の間に何らコンツェルン関係がない場合には，会社Bの財産の譲渡と会社Bに対する増資会社の対価の支払との間の実体的関連性は，会社Bによる財産の譲渡が会社Aから「仕向けられた」場合にのみ認めることができる。このことは，会社Aが資本参加関係に基づき会社Bに仕向けることによって，増資会社に対する会社Aの出資金でもって，増資会社がこの目的財産を会社Bと取引し，もって検査役の調査を避けることを目的としたものと考えられる。したがって，ここでは，会社Aが会社Bに仕向けたことが問題となるのである。これに対して，コンツェルン関係がある場合には，企業が「統一的指揮」に服していることから，個々の場合に具体的な仕向けがない場合にも，「間接的な隠れた現物出資」とみなさなければならないとする。さらに，コンツェルン関係では，被支配コンツェルン企業に対して有形資産を給付する場合には，「テレスコープ効果」[38]に基づき，出資義務に応じた支配企業の財産の増加が確保されない危険性があることを指摘する。

(3) ヨースト（Joost）の見解[39]

ヨーストは，隠れた現物出資に関する1990年1月15日判決を基礎に，信託関係を資本拠出法の適用範囲内に含めることが必要であるとする。学説で従来あまり扱われなかったコンツェルン関係の場合にも，資本拠出の確保を拡大することは支持されるとする[40]。

しかし，コンツェルン関係では，たとえば次の場合には問題があるとする。つまり，コンツェルン内部で，コンツェルン会社Aが金銭出資による増資への資本参加を上位会社に求めるのに対して，別のコンツェルン会社Bが上位会社に対して債権を有する場合である。とくに金銭出資と債権の弁済との時間的関連性を確定できる場合に隠れた現物出資が認められるならば，上位会社がコンツェルン会社Aの増資金を債権の弁済としてコンツェルン会社B

に対して処分させるときは，株式引受人としての上位会社は隠れた現物出資により自己の金銭出資義務を免れなくなる可能性がある。したがって，コンツェルン会社Aの増資に資本参加する上位会社は，まずコンツェルン全体において，どのコンツェルン会社が自己に対して債権を有するかどうかについて広範な調査をしなければならない。そこでヨーストは，コンツェルン関係では，関係者の合意を隠れた現物出資の基本的な基準とみなすことが重要であると指摘する。[41]

(4) ウルマー（Ulmer）の見解[42]

ウルマーは，隠れた現物出資の形態として，次のような場合も考慮されるとする。[43]すなわち，引き受けた金銭出資を現物出資の目的物で填補することが，直接に社員によってではなく，共同社員または第三者が介在したなかで行われるような場合である。たとえば金銭出資義務の履行において複数の社員により払い込まれた会社の資本が，ただちにある社員の有形資産の給付と引き替えに，当該社員に払い戻される場合には，直接譲渡行為に加わらなかった社員についても，その社員が出資を払い込んだ履行の効力は排除される。この場合には，目的物の譲渡が，金銭出資義務を負った社員の指示に基づき行われることが重要であるのに対して，さらにコンツェルン関係では，たとえば子会社が金銭出資によって設立される一方で，当該子会社に資本参加した第三者の金銭出資の払込金が，親会社に対する第三者の資産の譲渡によって調達される場合が問題となる。すなわち，第三者が資産を子会社に現物出資すれば足りると解される余地があるのである。このような場合には，コンツェルンに特有の一体的な考察をして，金銭に代わって資産が提供されている場合には，金銭の払込の効力は否定されるべきであると指摘する。[44]

(5) グロス（Groß）の見解[45]

グロスも，二当事者間における隠れた現物出資は，第三者が介在する場合に拡大されるとする。[46]この考察のために，次の2つの事例を考える。①会社が，AとBと次のことを合意する。すなわち，Aが増資を引き受け，会社がAの増資金でもってBと取引行為を行うか，または債務をBに弁済し，次い

でBが取引行為または弁済から得た金銭をAに支払うことによって，Aが自己の引受金額と同額の払戻を受ける場合である。もしくは②BがAの要請に応じて，会社に貸付金を付与し，この貸付金でもって会社がAと取引行為を行うか，またはAに対する債務を弁済する。これに基づき，Aが会社の増資を引き受け，会社はAから受領した増資金でもってBに対する自己の貸付債務を弁済する場合である。これら2つの事例では，AとBとの間にコンツェルン関係が存在し，両者が経済的一体性を形成する場合，第三者が社員の計算でもしくは社員が第三者の計算で行為するならば，第三者または社員の法的行為は，社員または第三者の行為にほかならない。したがって，この基準を充足する場合には，隠れた現物出資を第三者に拡大することができると指摘する[47]。

このように学説も判例と同様に，第三者が介在した三当事者間の関係にまで拡大して，隠れた現物出資を問題にしている。各見解は，コンツェルン関係に基づいて検討しているが，これは，ルッターが指摘するように，子会社は親会社の道具でありうるので，コンツェルン指揮により現物出資の強行規定が任意規定とされる危険性を含んでいるからであると考えられる。このことから，各見解の展開は評価できるのではなかろうか。しかし，この場合に隠れた現物出資と認定する要件については，いまだ確立されていない。たしかに，シュナイダーやグロスは，コンツェルン関係を前提に，社員が第三者に仕向けること，第三者が社員の計算で，もしくは社員が第三者の計算で行為するという要件を設定するが，コンツェルン関係以外で第三者が介在する場合にも[48]，一般に説明できるかという疑問もある。したがって，ヨーストのように，二当事者間の場合も含めて，現物出資規制を潜脱する関係者の合意が証明できれば，無効であるとする見解も当然に主張されよう。

第 6 節 ｜ 小　　括

　隠れた現物出資の問題は，通例，出資者と会社との間の二当事者で生じるものであるが，さらにその応用として，第三者を介在させて現物出資規制を潜脱する場合にも問題となる。その場合，とりわけ人的関連性の要件が重要となる。この要件により，企業結合関係においては法的独立性を無視して隠れた現物出資が認定される。したがって，第三者を介在させた場合には，実体的および時間的関連性の要件だけでなく，人的関連性の要件についても留意されなければならない。

(1)　河本一郎『現代会社法〈新訂第 8 版〉』565 頁（商事法務研究会，1999）。
(2)　田代有嗣「親子会社の法理」法律のひろば 20 巻 2 号 21 頁（1967）参照。
(3)　田代・前掲注(2) 21 頁。また，昭和 56 年の商法改正で設けられた 211 条ノ 2 との関連においては，「法人株主層の極度の増大は，株主総会において経営者がお互いにかばい会うようなことになって，いわゆる株主総会決議の歪曲化を招き，増資に当たっては，出資金がたらい回しされることによって資本の空洞化をもたらす等の弊害を生ずる」と指摘される（河本一郎「子会社による親会社株式の取得禁止―自己株式の取得禁止との比較―」法学セミナー 27 巻 12 号 114 頁（1983））。
(4)　第三者介在型の隠れた現物出資については，主として Müller-Eising, Die verdeckte Sacheinlage. Tatbestand und Rechtsfolgen unter Besonderer Berücksichtigung von Drittbeteiligungsfällen, 1993, S. 198 ff. による。
(5)　Vgl. Müller-Eising, a. a. O. (Fn. 4), S. 198 ff.
(6)　Lutter, Verdeckte Leistungen und Kapitalschutz, In：FS Stiefel, 1989, S. 506, 519.
(7)　ここでは取引行為について，第三者が，増資を実行した上位会社または金銭出資を引き受ける社員のいずれの側に関与しているかどうかによる区別が必要となるのに対して，金銭出資に第三者が関与する場合については，何ら問題にならないと解されている。なぜなら，たとえば発起人（株式法 28 条），株主名簿の登録者（株式法 67 条），株式の所持人や持分譲渡の際の会社への届出人（ド有法 16 条）のように，金銭出資は形式的に社員の地位を有する者だけが引き受けることができるからである。
(8)　Müller-Eising, a. a. O. (Fn. 4), S. 204.
(9)　Vgl. Groß, Die Lehre von der verdeckten Sacheinlage, AG 1991, S. 217, 225.
(10)　このことは，編入の場合（株式法 324 条 3 項）にも妥当する。
(11)　Müller-Eising, a. a. O. (Fn. 4), S. 206.
(12)　たとえば，過半数参加（株式法 16 条），従属関係（株式法 17 条），コンツェルン（株式法 18 条），相互参加（株式法 19 条）または企業契約（株式法 291 条，292 条）があ

げられる。これらの一つでも認定されれば，第三者と社員との間の人的関連性を認めることができる。

(13) これ以外にも，第三者介在型の隠れた現物出資として，社会的結合関係がある (Müller-Eising, a. a. O. (Fn. 4), S. 210)。社員と第三者との間の社会的結合関係として，とくに親族関係や婚姻関係があげられる。現物出資規制を潜脱して，また取引行為の段階で過大評価がなされて，不当な財産的利益がもたらされるならば，①②③の場合と同様に，この場合にも隠れた現物出資を検討する余地があろう。

(14) ①については，Regierungsentwurf GmbHG 1977, BT-Drucks. 8/1347, S. 10 を参照。立法者がとくに企業結合の場合を有限会社の資本保護の領域に含める意思を有していたことについて，BGH, NJW 1984, S. 1036；Scholz/K. Schmidt, GmbHG, 8. Aufl., 1993, §§ 32a, 32b, Rn. 99；Hachenburg/Ulmer, GmbHG, 8. Aufl., 1992, § 32 a, b, Rn. 118. ②については，Lutter, in：Kolner Kommentar zum AktG, 2. Aufl., 1988, § 71 d, Rn. 6. を参照。③については，とくに資本の連結が重要であり，コンツェルンにおける通常の営業過程に資本の連結の開示および監督が要求されることからすれば，正規の現物出資が問題である場合にも，経済関係に対応する連結的な考察方法の必要があることを推論することができる（Müller-Eising, a. a. O. (Fn. 4), S. 232）。

(15) Lutter, in Kölner Kommentar zum AktG, 2. Aufl., 1995, § 183, Rn. 82.

(16) しかしながら，コンツェルン関係を基礎にすれば，関係者の合意は，金銭出資と取引行為との間の関連性を指向する隠れた現物出資の基本的な基準であると指摘する見解もある（Joost, Verdeckte Sacheinlagen, ZIP 1990, S. 549, 563）。したがって，コンツェルン会社は，金銭出資と取引行為との間の関連性を導き出さないためにも，金銭出資増資に対する資本参加を無視して，その代わりに現物出資をする方向での企図がなされなければならないとされる。

(17) Müller-Eising, a. a. O. (Fn. 4), S. 235.

(18) たとえば株式法 46 条 5 項，ド有法 9a 条 4 項参照。株式法 46 条 5 項は，「発起人が他人の計算において株式を引き受けたときは，発起人とならんで，その他人はこれと同様に責任を負う。この者は，その計算において行為をした発起人が知り又は知りうべきであった事情に関して，自己の不知を主張することができない」と規定し，ド有法 9a 条 4 項は，「社員が他人の計算において出資を引き受けたときは，社員とならんで，その他人はこれと同様に責任を負う。この者は，その計算において行為をした社員が知り又は通常の商人の注意を尽くせば知ることができた事情に関し，自己の不知を主張することができない」と規定する。

(19) ③の信託の場合において，後述する IBH/Lemmerz 事件の控訴審であるコブレンツ上級地方裁判所は，第三者である有限会社は，「単なる形式的な役割」だけを有していたと認定している（OLG Koblenz, ZIP 1988, S. 642, 648）。

(20) このことを指摘するものとして，Lutter, a. a. O. (Fn. 15), § 183, Rn. 79.

(21) これについて，わが国における法人格否認に相応するドイツの責任把握（Durchgriffshaftung）の理論が問題となる。しかしながら，そもそも現物出資には明文による規定（株式法 27 条，183 条，ド有法 5 条，19 条，56 条）の意義および目的から，責任把握の理論は原則的に問題にならないと指摘されている（Autenrieth, Verschleierte Sachgründung im Konzern, DB 1988, S. 1101）。

(22) 経済的一体性の形成が重要であると考えるものとして，Groß, a. a. O. (Fn. 9), S. 224.
(23) この場合，見解の対立があるが，社員に払込金に対する不当利得返還請求権が付与される（ド民812条1項）。
(24) LG Mainz, Urt. v. 18. 9. 1986, AG 1987, S. 91＝ZIP 1986, S. 1323＝WM 1986, S. 1315.
(25) LG Mainz, Urt. v. 30. 9. 1988, AG 1989, S. 176＝WM 1989, S. 1053.
(26) 株式法36条2項1文，54条3項1文参照。株式法36条2項1文は，「登記申請は，現物出資が合意されている場合を除き，各株式に対して払込催告された金額が適正に払い込まれ(54条第3項)，かつその金額がすでに設立の際に負担した租税および手数料の支払に使用された場合を除き，取締役が終局的に自由に処分できるときにはじめて，これを行うことができる」と規定し，株式法54条3項1文は，「会社の登記申請前に払込催告された金額は，法律上の支払手段においてか，または金融機関もしくは信用制度法の53条1項1文または53b条1項1文または7項に従い活動する企業における口座への貸方振込によってのみ，会社または取締役が自由に処分できるよう，払い込むことができる」と規定する。このことは，とくに会社が払込金に対する権限者（通常は口座振込の名義人）にならなければならないこと，および会社が何ら返還義務を負わない，もしくは業務執行者が事実上拘束力ある出資の払込金の処分制限に拘束されていないことを意味し，通常，隠れた現物出資の範囲内での合意に基づく金銭の支払の払戻の場合には，業務執行者は終局的に自由に処分できないとされる（Picot/Müller-Eising, in：Unternehmenskauf und Restrukturierung, 2. Aufl., 1998, Rn. 203)。
(27) BGH, Urt. v. 13. 4. 1992, BGHZ 118, 83＝AG 1992, S. 312＝BB 1992, S. 1447＝DB 1992, S. 1621＝NJW 1992, S. 222＝WM 1992, S. 1225.
(28) OLG Düsseldorf, Urt. v. 15. 11. 1990, ZIP 1991, S. 161.
(29) BGHZ 110, 47＝AG 1990, S. 298＝BB 1990, S. 382＝DB 1990, S. 311＝NJW 1990, S. 982＝ZIP 1990, S. 156. 本件に関する評釈として，Frey, Das IBH-Urteil, ZIP 1990, S. 288；Lutter, EWiR 1990, S. 223 がある。
(30) LG Mainz ZIP 1987, S. 512＝EWiR § 183 AktG 1/87, S. 327 (Uwe H. Schneider)；OLG Koblenz ZIP 1988, S. 642＝EWiR § 27 AktG 1/88, S. 635 (Crezelius)。
(31) Vgl. Lutter, a. a. O. (Fn. 15), § 183 Rn. 79 ff.；ders., a. a. O. (Fn. 6), S. 518 ff.
(32) Lutter, a. a. O. (Fn. 6), S. 519.
(33) BT-Drucks. 8/1347, S. 10 mit Begründung S. 40. なお，Lutter, a. a. O. (Fn. 15), § 183 Rn. 82；ders., a. a. O. (Fn. 6), S. 521.
(34) Vgl. Uwe H. Schneider, Die Gründung von faktischen GmbH-Konzernen-Zuständigkeiten und Finanzierung-, in：Entwicklungen im GmbH-Konzernrecht, ZGR-Sonderheft 6, S. 121, 145 ff.
(35) さらにコンツェルンでは，正規の資本拠出に関する監督がとくに必要となると指摘される（Müller-Eising, a. a. O. (Fn. 4), S. 232)。会社がコンツェルン内で結合する場合には，当該会社の資本がコンツェルン上位会社に拘束される危険性がある。シュナイダーは，これを自己資本ピラミッド（Eigenkapitalpyramide）とする（Uwe H.

Schneider, Das Recht der Konzernfinanzierung, ZGR 1984, S. 497, 504)。たとえば，コンツェルン上位会社が，A 有限会社を 5 万マルクの資本で設立し，さらに A 有限会社が，B 有限会社を 5 万マルクの資本で設立し，再度 B 有限会社が，C 有限会社を 5 万マルクの資本で設立する。このような多重式コンツェルンの自己資本は，一体的な考察をすれば，15 万マルクではなく，5 万マルクにすぎない(テレスコープ効果)。このようなコンツェルン会社における出資の払込に際して，隠れた現物出資により過大評価がなされるならば，さらに出資価値の低いピラミッドが生じる可能性がある。そうであれば，コンツェルンでの隠れた現物出資は，第一義的には，コンツェルン下位会社の債権者保護の問題にもなると指摘される (Müller-Eising, a. a. O. (Fn. 4), S. 233)。

(36) Uwe H. Schneider, a. a. O. (Fn. 34), S. 145.
(37) Uwe H. Schneider, a. a. O. (Fn. 34), S. 146 ff.
(38) これについては，前掲注 (35) を参照。
(39) Vgl. Joost, a. a. O. (Fn. 16), S. 563 ff.
(40) Joost, a. a. O. (Fn. 16), S. 563.
(41) Joost, a. a. O. (Fn. 16), S. 563. なお，関係者の合意である主観的要素を重視するものとして，Baums/Vogel, in：Lutter, Scheffler, Schneider (Hrsg.), Handbuch der Konzernfinanzierung, Rn. 9. 44. も参照。
(42) Vgl. Hachenburg/Ulmer, a. a. O. (Fn. 14), § 5, Rn. 150 ff.
(43) Hachenburg/Ulmer, a. a. O. (Fn. 14), § 5, Rn. 150.
(44) Hachenburg/Ulmer, a. a. O. (Fn. 14), § 5, Rn. 151.
(45) Vgl. Groß, a. a. O. (Fn. 9), S. 222 ff.；ders., Verdeckte Sacheinlage, Vorfinanzierung und Emissionskonsortium, AG 1993, S. 108, 112 ff.
(46) Groß, a. a. O. (Fn. 9), S. 222.
(47) Groß, a. a. O. (Fn. 9), S. 225.
(48) たとえば，前掲注 (13) における社会的結合関係を参照。

第4章 | 結 語—日本法の検討—

第1節 | ドイツ法からの示唆

　以上のように，ドイツでは，現物出資規制を潜脱する方法としての隠れた現物出資が活発に議論されている。本節では，この議論について簡単に確認しておくことにする。隠れた現物出資については，まず，現物出資における検査役の調査が煩雑なことから問題となることが指摘できる。その背景としては，会社の倒産の増加傾向がある。この倒産に関連して，破産管財人は，設立または資本増加に際しての出資にも着目して，出資が適法に履行されたのかについて調査する。この過程において，破産管財人は，ある財産が現物出資として給付するのが適切であるにもかかわらず，たとえばこれを金銭出資と現物出資目的物の取引とを結合させることによって，あたかも財産を売買したかのように，現物出資規制を潜脱することを問題とする。たとえば，会社が出資者から目的財産を取得するために，出資者から払い込まれた金銭でもって出資者が保有する目的財産を取得する条件で，出資者が金銭出資を合意し，これに基づき金銭を払い込む場合（支払の払戻）が考えられる。この方法により，実体的関連性および時間的関連性（ドイツでは6ヶ月が通説である）の要件を充足すれば，破産管財人は，実質的に現物出資規制が潜脱されたと判断し，再度，出資者に金銭出資義務を負わせることによって，破産財団を少しでも増加させるのである。すなわち，前者の要件は，社員の出資義務が生ずる際にすでに現物出資に関する形式規定を遵守すれば，会社が有償で取得した現物出資の目的物が現物出資の対象でありえた事実をいうのに対して，後者の要件は，金銭出資と取引行為との時間的接近をいう。このように

して，現物出資規制が潜脱されるのは，現物出資目的物の客観的価値を確保するために（過大評価の防止），法律上検査役の調査を経る必要があるからにほかならない。しかし，この調査手続は時間と費用がかかり面倒である。そのために，隠れた現物出資という方法を用いて，現物出資規制の潜脱が企図される。たとえ目的物の評価が適正であっても，破産管財人はこのことを捉えて違法であると評価する。これにより，出資者は，上述のように，再度，金銭出資義務を課されるという効果が生ずるのである。この法律効果は，出資者には厳格であるために，次の問題として，この潜脱の違法性を除去して治癒できないかについても議論される。この場合の治癒については，さまざまな見解が主張されているが，金銭出資から現物出資に事後的に転換して治癒させる方法が一般的である。

さらに，企業が親子会社関係を創設する場合においても，現物出資規制の潜脱が問題となる可能性がある。隠れた現物出資の問題は，通例，社員と会社との間の二当事者間において問題となるが，たとえばコンツェルン関係において，第三者を介在させて隠れた現物出資が利用される場合も考えられている。たとえば，子会社が，増資を実行した親会社に金銭出資をする一方で，当該子会社が，上位会社と何らかの関係がある第三者と現物出資目的物の取引を行う場合が考えられている。すなわち，子会社が直接に親会社に対してある目的物を現物出資するような場合において，検査役の調査という法定手続を避けるために，まず子会社が親会社に金銭出資を払い込むのと同時に，親会社と緊密な関係にある第三者（たとえば姉妹会社）との取引により第三者に目的物を取得させることで，この目的を達成し，他方で子会社は取引の対価を得ることで実質的に出資の払戻しを受けた状況を作り出すのである。このような場合にも，現物出資規制の潜脱の観点から無効と解する余地がないのかについて問題とされるのである。その場合には，隠れた現物出資と認定するために，どのような要件が妥当するのかがとくに重要となる。通常の二当事者関係では，実体的および時間的関連性の要件が考えられているが，三当事者関係では，さらに人的関連性（たとえば社員関係または信託，資本参加，

結合企業関係)の要件も充足しなければならないとされており，これらの要件でもって，三当事者関係においても隠れた現物出資が認定されている。したがって，たとえ第三者を介在させたとしても，現物出資規制の潜脱は，解釈上，二当事者間の場合と同様に防止されなければならないと考えられている。

第2節│わが国における現物出資規制潜脱の可能性

1 隠れた現物出資の可能性

これに対して，わが国において，ドイツのような隠れた現物出資という形で問題になった事実は現在のところ見当たらない。なぜなら，そもそも現物出資の利用自体が少なく[1]，設立段階では，平成2年の商法改正以前では事後設立の方法によって，現物出資の厳格な規制が回避されたからである[2]。しかし，平成2年の商法改正によって事後設立にも検査役の調査が必要となったので，実務に及ぼす影響は相当に大きいといわれる[3]。

たしかに，近年においては，たとえばベンチャー企業に相当する創造会社の設立の際にも現物出資の利用が考えられていることから（創造会社法私案8条[4][5]），現物出資の利用に対する実務上の要求は無視できないものがあろう[6]。しかし他方で，利用の増大にともない，現物出資規制の潜脱が顕在化する可能性も否定できない。その場合，ドイツの議論は，財産引受および事後設立規定を含めて，現物出資規制の潜脱に対する検討の基礎を示すものと思われる。

わが国においても，ドイツのような現物出資規制の潜脱は，法律が原則として現物出資を規制する以上，これを阻止する必要があろう。すでに指摘したように，ドイツにおける隠れた現物出資の具体的方法には，主として金銭出資と現物出資目的物の取引を結合させた支払の払戻[7]の方法および相殺の方法がある。そこで，以下では，これらの方法に基づいてわが国における潜脱の可能性を検討することにしたい。

2　わが国おける現物出資規制

　まず，わが国における現物出資および財産引受については，設立および新株発行の両者の場合に規制されているのに対して（商168条1項5号，280条ノ2第1項3号），財産引受については，設立の場合にのみ規制されている（商168条1項6号，なお有49条2号）[8]。これによれば，現物出資または財産引受の場合には，定款における記載または取締役会における決定を要する。現物出資の目的たる財産は全部給付されなければならず（商172条，280条ノ14第1項），設立における募集設立の場合には株式申込証への記載（商175条2項7号，280条ノ6第3号），さらに原則として裁判所が選任する検査役による調査を要する（商173条1項，181条1項，280条ノ8第1項）。取締役および監査役による現物出資の調査も定められている（商173条ノ2第1項3号，184条1項）。事後設立の場合には，株主総会の特別決議および検査役による調査を要する（商246条1項，2項）。主としてこれらの規制に鑑みれば，ドイツと同様に，わが国の現物出資規制も複雑であるといえるし，とくに検査役の調査は，時間と費用がかかり面倒でもある。このことから，現物出資規制を回避する基礎は，わが国でも存在すると思われる。

3　わが国おける現物出資規制の潜脱の具体的方法

　次に潜脱の可能性について，設立および新株発行段階に分けて検討することにする。現物出資規制を潜脱する方法には，上述のように，相殺および支払の払戻という2つの方法がある。これらの方法によれば，はたして設立または新株発行段階において現物出資規制を回避できるであろうか。

　(1)　設立の場合　　①　相殺の方法　　まず，設立段階における相殺について検討する。設立段階における相殺は，会社からの相殺は禁止されないが，株主からの相殺は法律上禁止されている（商200条2項）[9]。これは，株式に対する払込は会社の資本を形成するので，資本充実の要請から禁止する趣旨であるが[10]，設立段階では，そもそも会社自体が成立しておらず，会社に対する反対債権は生じていない。したがって，相殺の方法による可能性はないと考え

られる。

　② 支払の払戻の方法　　これに対して，金銭出資と現物出資目的物の取引行為を通じた方法について検討すれば，金銭出資の後の取引自体は，設立前であれば財産引受の規制，設立後2年内であれば事後設立の規制に服すると考えられる。そうであれば，相殺の場合と同様に，これにより設立段階で現物出資規制が潜脱される可能性は低いであろう。

　(2) 新株発行の場合　　① 相殺の方法　　次に新株発行段階における相殺についてみれば，すでに会社が成立していることを考慮すれば，設立の場合と異なり，会社と出資者の債権および債務の対立が一応問題となりうる[11]。しかしながら，新株引受人は，常に払込取扱銀行または信託会社に出資を払い込まなければならないことから（商175条2項10号，4項，177条2項，178条），払込は現実になされることを要し，会社からの相殺も認められないとの見解や[12]，現物出資の厳格な監督規定に反するので，新株引受人からも会社からも相殺できないとの見解がある[13]。したがって，これらの見解によれば，やはり現物出資規制を潜脱する可能性は低いと思われる。

　② 支払の払戻の方法　　新株発行の段階では，現物出資は規制されているのに対して，財産引受および事後設立については規制されていない（有限会社法における新株発行段階での財産引受および事後増資の規制（有49条2号，57条，40条3項）を参照）[14]。なぜなら，そもそもこの段階での取引自体が業務執行行為であるからである。そうであれば，新株発行後に，会社が新株引受人の金銭出資でもって，当該新株引受人所有の目的物を取引する可能性が存在すると考えられるのではなかろうか。なぜなら，この場合に，もともと取引の目的物が現物出資として給付できた事実（実体的関連性）ならびに金銭出資と取引行為との時間的関連性を充足するのであれば，現物出資規制の潜脱を認定できる可能性があるからである。結果的にみても，現物出資を給付したのと同様の結果がもたらされうる。新株発行を条件とした財産引受およびいわゆる事後増資については，格別その効力自体には影響がないとされているが[15]，金銭出資と取引行為という支払の払戻の方法には，少なくとも現物出資規制

を潜脱する徴憑がうかがえると思われる。

　このような検討の結果，わが国でも，新株発行段階において支払の払戻の方法によって現物出資規制を潜脱する余地があると思われる。この場合に現物出資規制の潜脱と認定して，一連の行為が無効であると判断できるのであれば，契約の解除により，会社に対する金銭出資の払込金の不当利得返還請求権が出資者に生ずる一方，取引行為の対価に対する不当利得返還請求権が会社に生ずることになる。

　そこで，次の問題として，無効と評価されたこの状態を治癒できないのかが問題となる。なぜなら，現物出資の対象である取引行為の目的物が会社に必要とされる場合を考慮すれば，上述のように会社と出資者双方に発生した請求権が行使されるよりも合理的であるからである。現物出資の目的物には種々の個性があるが，たとえば特許権を現物出資の目的物とする場合などは，とくに会社にとって必要とされよう。そうであれば，検査役による調査の手続要件を遵守したうえで，出資者の金銭出資の払込金に対する不当利得返還請求権を改めて現物出資することによって（結果的に不当利得返還請求権を免除したことになる），治癒する余地も考えられるのではなかろうか。

第3節　第三者介在型の隠れた現物出資の可能性

1　わが国における人的関連性の要件

　さらに，第三者を介在させて現物出資規制の潜脱を企図することも考えられる。わが国でも，新株発行の段階で現物出資規制を潜脱できる可能性は，すでに検討したが，さらに第三者を介在させた場合については，どのように考えることができるであろうか。ドイツでは，現物出資規制の潜脱と認定する要件として，解釈上，実体的および時間的関連性があげられるが，さらに第三者と会社または出資者との間の人的関連性の要件も満たす必要がある。この場合，人的関連性については社員関係や企業結合関係などが考慮されている。

これに対して、わが国における人的関連性の要件を考えるならば、まず企業結合関係(支配従属関係)として次の形成手段が考慮されている[17]。すなわち、株式保有による関係(全株所有による支配、過半数株式所有による支配等)、役員兼任による支配(人的機構による支配)、契約による支配である。さらに、その他の手段による支配としては、たとえば債権関係による支配(金融による支配)[18]や、事実上の人的関係・取引関係による支配もある[19]。このような形成手段が人的関連性に対応すると考えられるのであれば、これらを前提として人的関連性の要件を考慮することができるので、第三者が介在した場合における現物出資規制の潜脱の可能性を認めることができよう。なお、この場合、以下で検討するような事例も含め、法人格否認の法理を用いた解決方法も検討することができるが、個別規範の合理的弾力的解釈をこえて法人格否認の法理を適用することに疑義を呈する見解もあることから[20]、この法理の検討は行わないこととする。

2　第三者が介在した場合の現物出資規制の潜脱事例

一例として、次の事例を想定してみることにする。まず、A社がB社の完全子会社である場合において、B社はA社に対して影響力を行使できることを前提とする。そこで、B社が、A社に対する影響力を通じて、P社の増資を引き受けさせて、A社は、自己が保有する特許権をP社に現物出資したいような場合に、A社は、自己の親会社であるB社およびP社と相談の上、特許権の検査役による調査を避けるために、次のような方策を考えた。つまり、A社が引き受けるのではなく、親会社であるB社がC銀行から借り入れた資金でもって、P社の第三者割当増資を引き受けて、P社の新株を取得する代わりに、P社はA社の特許権の譲渡を受ける。A社は、B社の指示により、P社に対する特許権の譲渡の対価を、B社のC銀行に対する借入金の返済に充てる、というものである[21]。

この事例では、A社はB社の完全子会社であるが、両社は法的には独立している(分離原則)。したがって、P社の増資とA社の特許権の取引との間に

は，形式的には隠れた現物出資を認定する要素はないし，個別的には何ら現物出資規制の対象となるものではない。しかし，結果的にみれば，親会社 B 社が第三者である自己の子会社 A 社を介在させることにより，当事者は当初の目的を達成しており，実質的に特許権を現物出資したのと同視しうる状況が作り出されていると考えられる。そうであるならば，B 社と A 社との間の資本参加関係（全株所有による支配）という人的関連性を重視することにより，両社を経済的に一体のものとして扱うことができれば，一連の行為全体を現物出資規制の潜脱と認定して無効とする余地が生じうる。つまり，B 社と A 社との人的関連性を基礎に，増資の際に P 社が A 社から有償で取得した特許権は，すでに B 社の出資義務の負担に際して，実質的には現物出資の対象となる。同時に，A 社も特許権を現物出資することができたという事実，および P 社の増資と A 社との取引行為との間の時間的関連性（ドイツの支配的見解によれば 6 ヶ月）を認めることができるならば，一連の手続を一体としてみて，現物出資規制を潜脱するものとして無効であると解釈できるのである。なぜなら，検査役の調査に関する厳格な規制は，上述のように，増資の場合，設立の場合における事後設立（商 246 条）のような潜脱防止規制がないからである（有 57 条参照）。もちろん，ここに当事者間の合意があれば，隠れた現物出資と認定される可能性も当然に高くなると思われるが，実体的関連性および時間的関連性によりすでに潜脱の事実は推定されることになる。

第 4 節｜仮装払込としての見せ金との関係

上述のように，現物出資規制の潜脱が，支払の払戻の方法によって行われる可能性があることを指摘した。この場合，たとえば金銭出資と現物出資目的物の取引行為によれば，この方法は，いわば取引行為を介した現物出資の仮装現象であるといえよう。たしかに金銭出資自体と取引行為自体は，個別的にはそれぞれ独立した行為である。しかし，全体として，これらの行為によって現物出資規制が潜脱されたと判断されるのである。とりわけ第三者を

介在させた場合は，そうでない場合と比較して，より複雑になっているが，この場合にも全体から判断して現物出資規制の潜脱が判断される。そうであれば，この現物出資の仮装現象は，わが国において従来議論されている仮装払込としての見せ金の判断と類似する現象であるとも思われる。実際，学説において，見せ金を広義に解すれば，見せ金による会社設立または新株発行は，債務弁済方式・債権発生方式・財産取得方式の3類型に分類でき，見せ金をこれら3つの方式のいずれかとして把えることができる，とする見解がある。たしかに，見せ金の場合においては，別段，現物出資規制の潜脱という形式で問題となっているのではない。しかし，金銭の移動全体から判断する見せ金の考え方からすれば，現物出資の仮装現象の場合も，一連の行為全体から判断している。そこで，本節では，見せ金と現物出資規制の潜脱方法の相違点について言及することにする。その際，要件の相違および無効の根拠の観点から検討することにする。なお，上述のように，わが国における現物出資規制の潜脱の可能性は，新株発行の段階で考慮されるので，以下では新株発行の場合について検討する。

　(1)　要件の相違　　見せ金および現物出資規制の潜脱の方法を考慮する場合，前者では，新株発行後借入金を返済するまでの期間の長短等，行為全体の経過を判断する。なかでも金銭の移動に着目することで見せ金かどうかが判断される。たとえば，新株発行の段階では，新株引受人に払込資金の余裕がないために，新株引受人が払込金の総額ないし大部分の額を第三者から借り入れて払込金にあて，新株発行後速やかにこれを引き出して第三者に返済する場合が想定できる。これに対して，後者の場合は，そもそも現物出資を仮装するものであって，検査役の調査手続のような現物出資規制を潜脱するために目的物を取引することに特徴がある。したがって，前者の場合は単なる金銭の移動が問題となるが，後者の場合は，一連の金銭の移動ではなく，現物出資目的物の取引行為自体が問題となるにすぎない。

　(2)　無効の根拠　　次に見せ金と現物出資規制の潜脱が無効となる根拠を比較する場合，前者では株式の払込にあてられる金銭は，払込取扱銀行以外

の第三者から借り入れた上で払込取扱銀行に払い込まれるのであるから，たとえ新株発行後に代表取締役が払込金を自己の債務の返済に充てたとしても，一応，金銭の移動による現実の払込があったものと判断できる。これに対して，後者では，出資者が払込取扱銀行以外の第三者から借り入れた金銭でもって払込取扱銀行に払い込み，新株発行後に代表取締役が出資者から当該払込金で現物出資目的物を取引し，次に出資者はこの対価でもって自己の債務を第三者に返済することになる。このことから，一応，両者の場合において金銭の払込はなされているといえることになる。しかしながら，前者の場合，これら一連の行為が無関係に偶然になされるものではないので，会社資本の充実の観点に基づき，預合禁止の脱法行為にほかならないとされる（無効説）が，後者の場合には，会社資本の充実とは関係なく，たとえ目的物の過大評価がなされなくても現物出資規制を潜脱したことを根拠に無効とするものである。このことから，両者が無効となる根拠について，無効が資本充実の観点に基づく預合禁止の脱法行為か規制の潜脱それ自体によるのかで相違がある。

第5節 小　括

以上の検討から明らかなのは，ドイツにおける隠れた現物出資の理論によって，わが国の新株発行の段階で現物出資規制を潜脱する可能性があることである。たしかに，新株発行に際して，会社が他人と財産取得契約を結ぶことは会社業務の必要上行う取引行為の一つであって，会社設立の場合と異なり，これが不当な目的のために悪用される恐れは少ないといわれる。[25]しかし，ベンチャー企業などによる現物出資の利用の増加が予想されるわが国では，ドイツにおける隠れた現物出資の理論は，今後の展開に参考となるのではなかろうか。もちろん，この観点には，結合企業関係が創設された後に，子会社などを介して現物出資規制を潜脱するという問題も内在している。

(1) この理由として，現物出資の調査に手数，費用，日数がかかること，裁判所が介入することにより心理的不快感を伴うこと，現物出資に税金が課せられることが指摘されている（志村治美『現物出資の研究』271，272頁（有斐閣，1975），大隅健一郎＝今井宏『会社法論上巻〔第3版〕』200頁注(5)（有斐閣，1991）。さらに，近年の状況について，針塚遵「東京地裁商事部における現物出資等検査役選任事件の現状」商事法務1590号4頁（2001），池田光宏「大阪地裁における商事事件の概況」商事法務1585号11頁（2001）参照）。すなわち，心理的不快感は別にすると，昭和40年代の実態調査では，大体20日の日数と3万円の費用がかかるとされる（志村・前掲書271頁）。1989年頃の調査では，費用について検査役の調査には公認会計士・不動産鑑定士を補助者とすることが多いので，その場合には，報酬額を予定するにあたり，検査役が公認会計士・不動産鑑定士に支払う報酬額を考慮することが必要となり，公認会計士に支払う報酬額は，少なくとも30万円程度，不動産鑑定士に支払う報酬額は100万円程度を考えなければならないといわれている（佐賀義史「商事保全及び非訟事件の実務研究―現物出資等のための検査役選任申請事件」判例時報1323号10頁以下（1989））。また，変態設立事項の調査のための検査役選任請求は，昭和62年が25件，昭和63年が28件で，検査役の調査に50万円程度の費用がかかり，しかもその調査に1ヶ月近くかかるという資料もある（森淳二朗＝吉本健一編『会社法〔第7版〕エッセンシャル商法1』31頁コラム⑨（有斐閣，2003）参照）。次に，税金の問題については，現物出資の場合において，現物出資の目的物がたとえば不動産・船舶の場合であれば，出資者個人の取得原価と法人への出資価格との差額に対して一般の所得税が課せられるのに対して（所得税法33条1項），金銭出資には何ら課税されないことから，現物出資に税金が課せられることも，現物出資が行われない大きな理由といわれている（志村・前掲書272頁，森＝吉本・前掲書31頁コラム⑨）。
(2) たとえば，北沢正啓「会社の設立」商事法務1222号17頁（1990）を参照。
(3) 北沢・前掲注(2)17頁以下。
(4) 「(資料)創造会社法試案」ジュリスト1125号11頁以下(1997)。ただし本条は，「金銭その他の財産…をもって創造会社への出資とすることができる」と定め，直接には現物出資という用語を用いていない。
(5) さらに，会社分割法制においても，当時，会社分割には，資産を譲渡する被分割会社が，資産を取得する分割会社の株式を「分社化」によっていったん取得したのちに，被分割会社の株主に分配する「間接分割方式」と，分割会社の株式を被分割会社の株主に直接割り当てる「直接分割方式」が想定されていたが（都銀懇話会『「会社分割制度の調査・研究」報告書の概要」商事法務1534号76頁（1999）），このうち間接分割方式の場合，被分割会社の資産の譲渡は，現物出資または営業譲渡という構成がとられていた。この場合に，検査役の調査を義務づけるかどうかの商法上の問題点があるが，選任や調査に時間を要する等，実務上の問題があることから，現行の検査役制度の運用方法を見直すことや，実務に通じた公認会計士等による事前チェック等の代替手段の検討が必要であるとされており，さらには按分比例による分割の場合や，持株会社のみが株主である場合等，株主の権利を侵害する恐れがないと考えられる場合には，検査役の調査の免除を検討することも必要であるとの指摘がなされていた（都銀懇話会・前掲80頁）。なお，参照，早川勝「商法からみた会社分割立法のあり方」ジュ

リスト 1165 号 10 頁以下（1999））。

(6) さらに，企業再編法制の一つである株式交換制度についてみても，その法的構成について，「親子会社法制等に関する問題点」に関する意見照会の段階では（「親子会社法制等に関する問題点」商事法務 1479 号 18 頁（1998）），その第 1 編第 1 章の 2 において，株式交換方式は，「既存の会社の一方を子会社とし，他方をその親会社とするための手続として，一方の会社の株主が有する当該会社の株式の全部の現物出資により他方の会社が新株を発行する手続（株式交換）を創設すべきであるとの意見があるが，どうか」というように，もともとは現物出資的構成をとっていた。したがって，この場合には検査役の調査を要するが，株式交換が 100％親子会社関係の形成を目的とする制度であるので，合併に類似する組織法的行為と構成された。したがって，検査役の調査は不要となるが，株式交換制度に現物出資的要素が含まれることが否定されるものではないと指摘されている（前田庸「商法等の一部を改正する法律案要綱（案）の解説〔上〕」商事法務 1517 号 8 頁以下（1999））。さらに，会社分割法制についても，「商法等の一部を改正する法律案要綱中間試案」において，検査役の調査を要しない方向も検討されている（原田晃治ほか「商法等の一部を改正する法律案要綱中間試案の解説」商事法務 1533 号 5 頁（1999））。

(7) 支払の払戻に類似する概念として，わが国では税法上，変態現物出資という概念がある。変態現物出資とは，法人が金銭出資により新会社を設立した後，その直後に法人から新会社に資産を譲渡する方法である。会社分割の一手法であると説明され，この手法によると，通常の現物出資による新会社の設立に比較して，手続きが容易で短期間に会社分割が可能となるとされる（岸田雅雄『会社税法』204 頁（悠々社，1997），柿塚正勝「変態現物出資の手続きと税務処理上の留意点」税理 35 巻 10 号 137 頁（1992））。

(8) 増資における財産引受および事後設立（事後増資）は，昭和 13 年改正の商法で導入され（昭和 25 年改正前商法 348 条 3 号，375 条），昭和 25 年の改正に際して，これらの規定は削除された。昭和 13 年にこれらの規制がなされた理由は，財産引受については，設立に設けられた趣旨と同様に「現物出資ト同視スベキ財産引受ニ関シ何等規定ヲ設ケザリシ現行法ノ下ニ於イテハ財産引受ハ往々ニシテ現物出資ニ関スル規定ノ適用ヲ回避スル目的ヲ以テ脱法的ニ行ハレタルノ憾アルニヨリ之亦右記載事項トシタル…」という趣旨からであり（司法省民事局編纂『商法中改正法律案理由書（総則会社）』91 頁（清水書店，1937）），事後設立については，「資本増加ノ場合ニ於ケル現物出資又ハ財産引受ニ関スル規定ヲ回避スル目的ヲ以テ往々行ハルル契約ニシテ弊害甚シキモノハ之ヲ取締マル必要アリ，…」という趣旨からである（司法省民事局編纂・前掲書 210 頁）。このことから，現物出資規制の回避を阻止するために，これらの規制が設けられたと考えられる。これに対して，削除された理由としては，「会社成立後における財産の譲受については，他の会社の営業全部の譲渡には株主総会の特別決議を要するが（商 245 条 1 項 3 号），その他の場合には一般的になんらの制限がない以上，とくに会社成立後の財産引受を制約する必要はなく，かかる事項の決定は，代表取締役または取締役会の合理的決定に委ねられる」という理由からである（鈴木竹雄＝石井照久『改正株式会社法解説』207 頁以下（日本評論社，1950））。なお，単に代表取締役がこれをなし得るとする見解として，大隅健一郎＝大森忠夫『逐条改正会社法解説』338 頁（有斐

閣，1952）。事後増資についても同様である（鈴木＝石井・前掲書 225 頁以下）。さらに，これらがとくに不当の目的のために悪用されることはほとんど考えられないとの指摘もある（大隅＝大森・前掲書 337 頁，大森忠夫ほか編『注釈会社法（5）』〔大森忠夫〕27 頁以下（有斐閣，1968），大隅健一郎＝今井宏『会社法論中巻〔第 3 版〕』571 頁（有斐閣，1992））。
(9) 上柳克郎ほか編『新版注釈会社法（3）』〔米津昭子〕37 頁（有斐閣，1986）。なお，大判昭 16 年 6 月 3 日民集 20 巻 793 頁，田中誠二『三全訂会社法詳論（上巻）』215 頁（勁草書房，1993），松田二郎『会社法概論』283 頁（岩波書店，1968）も参照。
(10) 上柳ほか編・前掲書注 (9) 33 頁。
(11) たとえば最判昭和 42 年 12 月 14 日判例時報 510 号 3 頁以下を参照。本件は，次のような事実関係である。

「A 株式会社は，2750 万円の増資を決定したが，引受申込額は，461 万円にすぎなかった。そこで，A 会社取締役 Y1 は，本件株式払込取扱銀行である B 銀行甲支店の支店長 Y2 に事情を打ち明け，同支店から不足分の融資を受けることにし，A 会社に 770 万円，A 会社代表取締役 C 個人に 1500 万円の貸付が行われた。この場合に，現実に金銭が直接授受されたのではなく，新株払込金として同支店の別段預金口座に振替記帳され，即日，Y1 は Y2 より払込金 2750 万円の株式払込金保管証明書の交付を受け，これによって，Y1 は翌日この証明書をもって所定の増資手続を完了し，直ちに銀行に対して A 会社および C 個人の借入金を保管金より返済した。なお，この場合において，借入金による払込に当たって，A 会社借入分 770 万円は，会社の従業員等で新株引受人たる者に対する債務（預り金，借受金）の弁済にあてられ，従業員等は，この弁済金に会社からの貸付金を加えて本件払込金に充当するという帳簿処理が行われている」。

これに対して，裁判所は，次のように判示した。

「思うに，形式的に帳簿上の操作をすることによって容易に払込の仮装が行われうることにかんがみると，払込が実質的になされたか否かについてはきわめて慎重に審理することを要し，帳簿上の操作に惑わされるべきでないことはもちろんであるが，しかし，株式引受人の会社に対する債権が真実に存在し，かつ会社にこれを弁済する資力がある場合には，右弁護人主張のような態様の払込方法をとったとしても，資本充実の原則に反するものではなく，株金払込仮装行為とはいえないから，商法 491 条の預合罪および応預合罪にあたらないものと解するのを相当とする。

記録を調べてみると，本件会社が本件銀行から借り受けた 770 万円は，会社に対する従業員らの債権 637 万円と C の債権約 102 万 5000 円の各弁済にあてられ，従業員らおよび C は，右弁済を受けた金員に会社からの貸付金を加えて本件払込金にあてる方法によりその払込の一部をなしていることが証拠上うかがわれるので，原審としては，当時従業員らおよび C が会社に対して真実右の債権をもっていたかどうか，また会社がその弁済の資力をもっていたかどうかなどの事実を調べたうえ本件を処理すべきであったのに，これらの事実を確定することなく，本件払込金全額につき預合罪および応預合罪が成立するとして第一審判決を維持したのは，法令の解釈を誤った結果審理を尽くさなかったもので，原判決を破棄しなければ著しく正義に反するものと認める」。

本件の場合，770万円については，法形式上は株式引受人の会社に対する債権の弁済にあて，引受人がその弁済金で払い込んだことになっているが，その間現金の移動はない。しかし，この事実は，いわば「会社に対する債権」であるか，または株金払込についての相殺禁止の脱法行為であろう（上柳克郎『会社法・手形法論集』88頁以下（有斐閣，1980），長谷部茂吉「債権出資に帰着する見せ金による払込と預合罪の成否」金融法務事情519号11頁（1968））。

⑿　鈴木＝石井・前掲書注（8）78頁。なお，田中誠二＝山村忠平『五全訂コンメンタール会社法』408頁（勁草書房，1994）。

⒀　大塚市助「株主の出資義務」田中耕太郎編『株式会社法講座第2巻』486頁（有斐閣，1956）。会社からの相殺または会社との合意による相殺は，現物出資に関する手続をふまない場合には許されないとする見解につき，前田庸『会社法入門〔第8版〕』506頁（有斐閣，2002）。

⒁　有限会社法における増資段階の事後設立の準用（事後増資）の趣旨については，事後設立の場合と同様に，増資に際して現物出資や財産引受につき，社員総会の特別決議に付議することを要する旨の規定の潜脱を防止することであるといわれる（上柳克郎ほか編『新版注釈会社法（14）』〔塩田親文〕454頁（有斐閣，1990）。

⒂　大隅＝今井・前掲書注（8）570頁以下，上柳克郎ほか編『新版注釈会社法（7）』〔森本滋〕33頁（有斐閣，1986）。

⒃　新株発行の場合の現物出資には，取締役会の新株発行決議（商280条ノ2第1項3号），株式申込証への記載（同280条ノ6第3号），検査役の調査（同280条ノ8第1項），払込期日までに出資の目的たる財産の全部を給付すること（同280条ノ14第1項，177条3項，172条，280条ノ9第2項参照）の手続が必要である。

⒄　これについては，田代有嗣「親子会社の法理」法律のひろば20巻2号20頁以下（1967），同『新版親子会社の法律』17頁以下（商事法務研究会，1979），服部栄三＝柿崎栄治「親子会社に関する一般論―わが国における規制のあり方」法律のひろば20巻2号7頁以下（1967），森本滋「企業結合」竹内昭夫＝龍田節編『現代企業法講座2―企業組織』110頁以下（東京大学出版会，1985），並木俊守『親子会社関係の法律実務〔改訂版〕』4頁以下（中央経済社，1991）を参照。なお，大隅＝今井・前掲書注（1）27頁以下，龍田節『会社法〔第9版〕』431頁以下（有斐閣，2003）も参照。

⒅　自己資本比率が小さく，借入金といった他人資本に依存する会社にあっては，借入金の貸主が資金を引き上げたり，新たな資金の供給を止めれば，会社の資金が不足し，営業活動に重大な支障をきたすばかりか，倒産の危険すらあるので，貸主は，実質的に会社を支配することができる（並木・前掲書注（17）11頁）。

⒆　さらに，特許実施権付与による支配，排他的販売権・購入権取得による支配も考えられる（並木・前掲書注（17）12頁以下）。

⒇　森本滋『会社法〔第2版〕』56頁（有信堂高文社，1995）参照。

(21)　この事例については，吉原和志＝黒沼悦郎ほか編『会社法2〔第4版補訂版〕』33頁（Columu51 現物出資の回避）（有斐閣，2004）に掲げられている事例を参考に構成した。

(22)　このような隠れた現物出資としての支払の払戻の方法を，財産取得方式とする見解もある（上柳・前掲書注（11）94頁）。

(23)　上柳・前掲書注（11）96頁。

(24)　大隅＝今井・前掲書注（1）236頁。
(25)　大隅＝今井・前掲書注（8）571頁注（4）参照。

第4編
ドイツ株式法における利用権の現物出資
―― ライセンスを中心として ――

第1章｜問題の所在

　現物出資は，通常，取引の対象となりうるすべての財産的価値ある目的物が対象となるといわれる[1]。しかし，現物出資の目的物にはさまざまな個性がある。たとえば，特許などをめぐるライセンス・利用権の場合には，代替物である動産と比べれば，その個性は非常に強いものと思われる。なぜなら，このような現物出資は，会社が当該目的物を利用できることに利点があり，その目的物は代替的な性質を有しないからである。したがって，このような利用権が現物出資される場合には，その個々の性質に応じた検討が必要となると思われる。ドイツでは，名称やロゴという商標を現物出資の対象とした事例についてすでに新判例が出ており[2]，この問題の検討の重要性を示唆している[3]。わが国でも，土地や建物以外に，事業部門，債権または地上権，さらにノウ・ハウ，特許権，コンピュータ・ソフト，契約上の地位など時代を反映したさまざまな目的物が現物出資の対象とされている事実がある[5]。

　そこで，本編では，隠れた現物出資の問題に続く現物出資の各論的問題として，主として現物出資の目的物としての商標に関する問題について検討することしたい[6]。商標は，商標権により保護された記号(Kennzeichen)によって，企業の象徴としての機能を果たすと同時に，企業のイメージの担い手として

用いられ、また顧客吸収力（グッドウィル）のある商標は、消費者の意識に浸透し、かつ消費者を喚起させるための媒体でもある一方で、今日では、以上の理由から、商標の価値が相当に高額となる場合も少なくない。したがって、商標は、固有の企業だけが利用するだけでなく、当該権利の価値に基づき、第三者にライセンスを付与することによっても利用される。たとえば、合理化目的で共同販売網を組織するために、商標を現物出資して会社を設立するような場合がこれにあたる。この場合には、金銭出資に代わって、商標のライセンス化を通じて現物出資を給付することに実際的な意義がある。しかしながら、このような意義にもかかわらず、はたして商標に対するライセンスが法的に会社への現物出資に適格なのであろうか。この問題は、商標以外の無体財産権（特許等）について企業が技術資源を共同利用する目的でジョイント・ベンチャーを設立する場合においても、同様の問題が生じるのではないかと思われる。

そこで、以下では、このような問題意識のもとに、ドイツ株式法の議論を中心として、検討を試みたいと思う。

---

(1) Pentz, Münchener Kommentar zum AktG, 2. Aufl., 2000, § 27 Rn. 11.
(2) これについては、第3章第1節を参照。
(3) なお、本編の問題については、主として、Boehme, Kapitalaufbringung durch Sacheinlagen, insbesondere obligatorische Nutzungsrechte, 1999（本書の紹介として、NZG 1999, S. 587）および ders., Sacheinlagefähigkeit von Lizenzen, Zugleich Besprechung des "adidas"-Urteil des BGH v. 15. 5. 2000, GmbHR 2000, S. 841 ff. によった。
(4) たとえば、造船部門の全資産について日経産業新聞2002年2月26日16面、債権について日経金融新聞2002年3月12日32面、地上権について日経産業新聞2002年2月20日20面を参照。
(5) 小林久起「東京地裁における商事事件の概況（上）」商事法務1580号9頁（2000）。
(6) Vgl. Götting, Die Einlagefähigkeit von Lizenzen an Immaterialgüterrechten, AG 1999, S. 1.

第 2 章｜現物出資目的物の適格性

　社員は，引き受けた株式について金銭で出資しなければならない(株式法 54 条 2 項)。しかし，定款で現物出資を定めた場合には，社員は，金銭出資に代わって現物出資もまた給付することができる(株式法 27 条)。給付について，株式法は，現物出資目的物のための包括的な規制を設けず，現物出資の目的物となりうるものは，「経済的価値を確定できる目的財産でなければならない」旨を定めるにすぎない(株式法 27 条 2 項)。役務の出資もまた，現物出資の目的物となりえない(株式法 27 条 2 項後段)。この株式法 27 条の規定が，現物出資目的物の適格性に直接に関係する規定であるとされる。これに対して，株式法 36 条 2 項 1 文は，「金銭出資の場合において払込催告された金額が，終局的に取締役の自由な処分に属さなければならない」旨を定める。この規定により，金銭出資が現物出資に代替されるならば，現物出資についても，取締役はその目的物を終局的に自由に処分できなければならないとされる。さらに，株式法 36a 条 2 項 1 文が，「現物出資は完全に給付されなければならない」旨を定める。これらの規定は相互に関連することから，会社に対する現物出資の完全な給付とは，取締役が現物出資の目的物を終局的に自由に処分できる場合にのみ，当該目的物を給付することができるという意味において理解されている。すなわち，現物出資を給付する場合には，法律上，第一に現物出資目的物の経済的価値を確定でき，第二に取締役が終局的に自由に現物出資を処分できるように会社に給付されなければならないのである。このような現物出資の適格性に関する要件は，法律上導かれるものである。

　しかし，このような現物出資能力の要件の問題は，まだ解釈上確立されたものではないので，正確な解明を要するという指摘もある。以下ではまず，これらの要件が，株式法上，どのように議論されているか言及することにし

たい。

第 1 節│経済的価値を確定できる現物出資目的物

　上述のように，株式法 27 条 2 項によれば，現物出資の目的物は，経済的価値を確定できる目的財産でなければならない。しかし，どのような基準により，当該目的物が価値を保持しているかは明確でない。なぜなら，文言上，現物出資の目的物が貸借対照表に計上できなければならないのかどうか，あるいは株式法 27 条 2 項の意味における目的財産とするために，現物出資の目的物が会社債権者の追及（Zugriff）に服さなければならないのかどうかが明確でないからである[6]。以下，順を追って検討する。

1　貸借対照表計上能力

　この要件は，ドイツ商法 246 条 1 項[7]に基づき貸借対照表に計上できることで，相応の目的物が価値を保持していると考えるものである[8]。したがって，経済的価値を確定できる目的財産について規定する株式法 27 条 2 項の文言は，貸借対照表計上能力を言い換えたものとして理解する見解がある[9]。この見解によれば，貸借対照表に目的財産を計上できないならば，当該目的財産は，現物出資として適格でないことになる[10]。なぜなら，もし計上できない目的財産の場合，極端な場合を想定するならば，会社が設立に際してすでに欠損をともなって設立され，設立段階において倒産手続が開始される可能性があるからであると指摘される[11]。このような状況のもとで目的財産を給付することは，資本拠出原則（Kapitalaufbringungsgrundsatz）[12]の違反となることは明らかであって，この違反は，必然的に開業貸借対照表（Eröffnungsbilanz）において判明する[13]。これについて，旧判例も，貸借対照表計上能力を考慮したものがあるが[14]，しかしながら，1959 年に連邦通常裁判所は，「貸借対照表計上能力の要件は，法律の文言上読み取ることはできない」との見解を主張した[15]。このことから，連邦通常裁判所は，貸借対照表計上能力の要件を断念したと

いう意味において理解されている[16]。さらに，その後の判例および学説も，貸借対照表計上能力は現物出資の要件ではなく，現物出資目的物が，「把握可能な財産的価値（ein faßbarer Vermögenswert）」を有していることが重要であるとする[17]。それゆえ，これらの見解によれば，必ずしも現物出資目的物が貸借対照表に計上される必要がないとの結論を導き出すことができよう[18]。たしかに，貸借対照表に計上することができれば，現物出資として給付可能な財産的価値の徴憑を示すことになる[19]。しかしながら，たとえば，当該目的物への強制執行（追及可能性）のような法的側面もまた考慮に入れる必要がある。なぜなら，債権者に対する弁済提供の目的に供せられる目的物が，会社に提供されるかどうかも重要であるからである[20]。したがって，現在では，単に資本拠出原則のみが重要であるとの指摘があるように[21]，株式法上は，貸借対照表に計上できることは必要でなく，むしろ，法的側面を含めた把握可能な財産的価値が重要であると考えられている[22]。現物出資目的物は，この把握可能な財産的価値を充足する結果，貸借対照表に計上できるにすぎないことになる[23]。

2　金銭出資と現物出資の機能的等価性

債権者に対する弁済提供の目的に供せられる目的物が，会社に給付されるかどうかだけを考慮する，把握可能な財産的価値の要件は，現物出資が額面資本の拠出に適格かどうかに従って判断されなければならないといわれる[24]。なぜなら，額面資本の拠出に適格であればこそ，財産的価値を容易に把握できる金銭出資と同様の機能が，現物出資に認めることができるからである[25]。そのために，現実に資本が拠出されなければならないとの観点のもとで，現物出資として合意された目的物は，金銭出資の適格な代替物でなければならないともいわれる[26]。この金銭出資と同様の機能は，たとえば現物出資者が一方的に現物出資目的物の利用に関する合意を解約する場合のように，現物出資者に起因する危険が何ら存在しない場合にのみこれを認めることができ，その結果，会社は現物出資を金銭出資と同価値なものとして判断することができる。これが，たとえば，利用権のような現物出資者の債権的義務につい

て出資能力を否定できない決定的な根拠であると指摘されている[27]。この場合にのみ，現物出資は，「金銭と同様[28]」であって，金銭出資と同様に，現物出資による確定資本を会社に具備させることができるのである(機能的等価性(funktionale Äquivalenz))。これに対して，このことから直接に現物出資に関する要件の個別基準を導くことはできず，とりわけ利用権がこの基準を充足するかどうかについては，不明確であるとの疑義が呈されている[29]。それでは，どのような観点の下で現物出資が金銭出資と同様であると判断することができるのであろうか。この問題については，額面資本拠出の目的を解明することなく，これを述べることはできないと指摘される[30]。そこで，以下では，この額面資本拠出の目的について言及することにする。

さて，社員が額面資本額の価値で自己の出資を履行する義務には，2つの機能があるとされる[31]。すなわち，社員が出資を履行することによって生ずる会社財産は，一方では「営業基金」として会社の営業活動を保証し，他方では「責任基金」として新たに発生する会社の責任能力を保証することになる。

会社財産の営業基金としての機能は，主として会社に対して現実に開業財産を拠出することによって，企業の営業能力および収益能力のための経営的基礎を作り出し，社員がその利益に参加することにある。これに対して，会社財産の責任基金としての機能は，社員の財産ではなく，会社財産だけが会社債権者に対して責任を負うことにある(株式法1条1項2文)。社員は会社の債務について責任を負う必要がない一方，会社財産だけが会社の債権者に対して責任を負う。もっとも，この場合，営業の基礎としての機能と，責任の基礎としての機能は，同一の会社財産に属することに留意しなければならない[32]。なぜなら，営業基金を投下して得られた収益は，この収益から会社債権者に対する債務もまた支払われるので，会社債権者に対しても収益が提供されるからである。また，責任基金の拠出と維持については，責任の基礎がなければ会社は経済的な信用がないことから，社員にとっても重要な意義がある[33]。これによって，両者の関係が緊密になると考えられる。したがって，営業の基礎は，社員が出資を通じてこれを作り出すことによって，会社の将来

の収益に参加することを指向する社員の固有の利益となるだけでなく，収益を生む会社の事業を通じて債権者に対する弁済提供が期待されることにより，会社債権者の利益にもならなければならないことになる。

　このような機能に基づけば，額面資本の拠出は，債権者保護にとっても有益でなければならず，現物出資の要件もまた，この債権者保護に対する考察を通じて決定されなければならないとされる(34)。しかしながら，それでは，どのような方法で債権者保護が保証されるのであろうか。これについては，たとえば利用権の現物出資の要件を判断するに際して，会社の現物出資目的物の利用が，会社の事業の範囲内で妨げられない場合において，会社債権者の利益にもなりうるかどうかが重要である，とする見解が一般的である(35)。すなわち，会社に拠出された財産的価値の利用が，出資者から取り消されることがないことである(36)。ここでは，会社が利用の客体を第三者に譲渡しうるか，または第三者が会社に対して差押えをすることができるかどうかは，とくに重要ではなく(37)，むしろ，社員が会社の事業を確実にする利用権の出資によって，会社が将来の収益を確保することができるとともに(38)，会社の弁済提供の可能性を保証することが重要となる(39)。したがって，学説が主張する把握可能な財産的価値とは，会社財産にある現物出資目的物の利用が，会社の収益の増加を期待させる場合にも存在すると考えられる(40)。

　しかしながら，株式法の設立に関する規定上は，何ら会社の営業能力および収益能力を保証してはいない。株式法は，法定最低資本金を定めているにすぎない（株式法7条）。また登記裁判所も，設立検査役も，設立されるべき会社の経済的な収益の可能性または会社の将来の給付能力を調査する権限までは有しないとされる(41)。したがって，会社債権者は，何ら自己の債権の弁済を求める法的に確実な可能性を有しないために，額面資本の営業基金としての機能だけでは，効果的な債権者保護として不十分であるということができる(42)。現物出資についても，現物出資の目的物が，会社の収益能力を高めるのに適しているかどうかが重要であるとの見解がある(43)。会社の収益能力が法律上担保されていないことを前提とする限りでは，この見解はあまり説得的で

ないとの指摘もあるが[44]，むしろ，債権者に対する弁済提供に必要な収益が，たとえ会社の事業が失敗する場合でも，収益が倒産手続において確保されうるかどうかが重要でなければならない。このことは，以下で述べるように，現物出資の目的物が，債権者の追及に服さなければならないかどうかという問題につながる[45]。

3　会社債権者の追及可能性

　責任基金としての額面資本の機能を考慮すれば，株式法27条2項の意味における「目的財産」とは，会社債権者に対して責任を負う会社財産の換価可能な構成部分であると同時に，会社債権者に対する弁済提供に適しているものでなければならない[46]。現物出資能力の要件としても，債権者保護のために，このような特徴を有する会社債権者の目的財産に対する追及可能性が要求されなければならない[47]。しかし，このことは，現物出資の目的物が，事後に会社財産として実際に保持されていなければならないか，または差押可能な別の目的物と代替できることを意味するものではない[48]。なぜなら，金銭出資自体が，このような制限に服さないからである。金銭出資および現物出資は，営業基金としての機能の結果として，等しく「その場かぎりの（flüchtig）」ものである。会社財産の額またはその構成の事後的な変更は避けることができないが，会社が債務超過に陥った状態では，どの程度会社の経済活動の進行中に消費されなかった責任財団が会社に残っているか，すなわち，社員の出資によって形成された責任基金が，どの程度現実に消費されているか，または同様にこの責任基金が，どの程度換価可能な現物出資目的物によって填補されているかが問題になる。出資によって拠出されるべき額面資本額での開業財産でもって，会社の「経済的な余裕（Finanzpolster）[49]」が生ずるのであり，これは，会社の倒産申請前に会社が実際にまたは計算上失うことが許されるものである。現物出資については，倒産が開始する場合には，換価可能な財団の構成部分に属する現物出資目的物だけが，この「経済的な余裕」に属すると考えることができる。このことから，経済的な余裕を作り出すために給

付された現物出資は，たとえ設立後まもなく開始した倒産手続の範囲内においても，債権者の追及可能性を満たすことができる。

しかし，この債権者の追及可能性は，倒産手続において会社の事業を継続する場合[50]，現物出資の目的物が，債権者のために「解体して売却（ausschlachten）」されうることでは足りないし[51]，現物出資の目的物が，会社の事業の全部を譲渡することによって換価されうることでも足りないとされる[52]。これは，設立後まもなく倒産手続が開始したような場合，事業の譲渡による換価の形式でも，何ら確実かつ正当に保証された換価可能性が存在しないからである[53]。たとえ会社設立後に事業の譲渡による換価の可能性があっても，経営が一旦停止され，経営の破綻を回避する可能性が少ないならば，倒産管財人が適切な取得者を見つけるまで，倒産会社の経営を引き続き継続できなければならない。この場合には，事業を継続することによって財団が縮小されないことが，必要となる。

むしろ，会社が破綻する場合，債権者の側からすれば，追及可能性は，第三者の側から強制執行ができ，かつ換価可能な現物出資目的物としてのみ考慮されなければならないといわれる[54]。なぜなら，倒産財団の概念および差押えできない目的物について規定するドイツ倒産法35条，36条（以下，ド倒法とする）によれば，強制執行に服する目的物とは，差押えできる目的物であって，かつ常に財団に属すると同時に，債権者のために倒産管財人がこれを換価できるものでなければならないからである。つまり，債権者が強制執行できなかった資産は，責任基金としての機能との関連において，何一つ「責任のストック（Haftungsreservoir）」に寄与しないことから[55]，会社債権者は，会社に対する自己の債権の弁済を得るために，現物出資の目的物に対する強制執行によって強制的に現物出資の価値を把握できなければならないのである[56]。

以上のことを要約すれば，次のように述べることができよう[57]。会社債権者のための責任基金が額面資本の拠出によって作り出されることを前提にして，経済的価値を確定できる目的財産という要件を考慮すれば，額面資本で給付されるべき現物出資目的物とは，債権者が「追及可能」なものでなけれ

ばならない。この場合には，事業が破綻した場合において，倒産管財人による第三者の側からの強制執行を前提とした換価可能性が重要となる。現物出資がこの状況において倒産管財人により換価され，その収益が会社債権者の弁済提供のために利用されうる場合にのみ，上述した現物出資と金銭出資との機能的等価性について述べることができ，確定可能な経済的価値を有することになる。

第2節 | 終局的に自由に処分できる可能性

　株式法36条2項1文は，「登記申請は，現物出資が合意されていない限りにおいて，払込を催告された金額が適正に各株式に対して払い込まれている場合，および払込を催告された金額が，すでに設立に際して生じた税金および手数料の支払のために使用されなかった限りにおいて，終局的に取締役の自由な処分に属する場合にはじめて，これを行うことができる」旨を規定し，株式法36a条2項1文は，「現物出資は，完全に給付されなければならない」旨を規定する。後者の株式法36a条2項1文においては，終局的に自由に処分できる可能性の要件が言及されていない。しかし，この要件が本条においても重要であることは，自明であると指摘されている[58]。上述のように，株式法36条2項1文は，金銭出資においては払込を催告された金額を，取締役が終局的に自由に処分できなければならない旨を定めるが，金銭出資が現物出資によって代替される場合には，現物出資についても当然に終局的に自由に処分できる可能性は要求されなければならないとされる[59]。したがって，株式法36a条2項1文における会社に対する現物出資の「完全な」給付とは，株式法36条2項1文を基礎に，取締役が現物出資の目的物を終局的に自由に処分できる場合にのみ存在するという趣旨で解釈されるのが一般的である[60]（以下では，この終局的に自由に処分できる可能性を処分要件という）。

　現物出資についても同様に法律上，処分要件が要請されるのであれば，現物出資の目的物が，終局的に会社に給付されており，その結果，取締役が法

的にかつ事実上会社のために現物出資の目的物を利用できなければならない。この前提を充足するには，次の2つの要件について留意されなければならない。

1　現物出資の履行行為の法的な効果

まず，現物出資目的物は，これに必要な履行行為を実行することによって，法律上会社に給付されていなければならない。会社の所有に属するために給付されるべき現物出資目的物は，たとえば動産の場合にはその所有権の譲渡について規定するド民929条，不動産の場合には土地に対する所有権の譲渡ならびに登記簿への登記について規定するド民873条以下，要式合意（Auflassung）について規定するド民925条の諸規定に基づかなければならない。債権の場合には，債権の譲渡ならびにその他の権利の譲渡を規定するド民398条およびド民413条に基づき譲渡されることが必要となる。このような法律上の根拠づけによって，会社に譲渡されなければならない。

2　現物出資者の財産からの分離

このような法律に基づく現物出資の給付とならんで，さらに現物出資目的物が，現物出資者の財産から分離されていることが要求される。処分行為である譲渡を通じて給付される現物出資の場合には，現物出資者の財産から分離されることは，本来，何ら特別な意味を有しない。なぜなら，諸権利が帰属する目的物の譲渡によって，現物出資者は，現物出資目的物に対する影響力を失うからである。しかし，現物出資者と会社との間で，とくに付随合意に基づく譲渡が問題になるのであれば，ここに処分要件は存在しないことになる。たとえば，金銭出資について仮装払込や払戻合意がある場合と同様に，付随合意が現物出資の給付についても存在すれば，その効力は生じない。その結果，取締役に対する処分要件が存在しないとされれば，現物出資の給付もまた，その効力を生じない。したがって，現物出資の給付をたとえば解除条件または停止条件に（たとえば所有権留保）かからせることも，現物出資者

と会社との間で目的物の返還合意を行うこともできないのが原則である[67]。このことは，目的物に対する利用権を現物出資する場合において，現物出資者が当該目的物に対する基本権（Stammrecht；いわば完全な所有権マイナス利用権）を保持する場合にも，基本権に関して付随合意がなされているので，同様に問題となる。しかしながら，利用権の現物出資も認められるとするならば，現物出資者の財産から分離されているというために，付随合意によって現物出資者に起因するすべての危険は，会社のために実質的に除去されていなければならない[68]。この場合にはじめて，利用権の現物出資が認められる可能性を有することになる。このような危険としては，(1)出資者の解約に基づく危険，(2)権利承継に基づく危険，ならびに(3)現物出資者に対する強制執行に基づく危険が考えられている[69]。まさに現物出資者に起因する危険が完全になくなることが，現物出資者の財産からの分離という要件について考慮されなければならないものである。もしこのような危険が存在するとすれば，現物出資目的物の評価に影響を及ぼすだけでなく，現物出資者の財産からの分離を妨げることになり，利用権の現物出資能力が阻害される結果となる。以下，これらの危険について検討する。

(1) 現物出資者の解約に基づく危険[70]

上述のように，利用権の処分要件として，まず，現物出資者から一方的に解約によって利用権を終結できないことが，要求されなければならない。学説では，この分離という要件（処分要件）については，利用される目的物に対する占有が，現物出資者から会社に移転されることで足りるとするのが一般的である[71]。しかしながら，引き渡されるべき現物出資目的物の性質や，当該目的物の占有がすでに会社に移転されたかどうかに関係なく，現物出資者に起因する危険は，現物出資者がみずからの行為によって利用権の利用期間に影響を及ぼしうる場合には，常に存在すると考えられる。たとえば，現物出資者の一方的な形成権の意思表示によって，現物出資された利用権の存続に影響を及ぼしうる場合には，処分要件は否定されなければならない[72]。そのために，利用権の現物出資は，現物出資者が合意された利用期間で利用権を解

約することができない場合にのみ給付できるとするのが通説である。これによれば，現物出資者による解約は，現物出資の経済的価値の確定可能性またはその評価だけでなく，現物出資目的物の処分要件も阻害する可能性があるということになる。すなわち，解約の可能性によって，二重の危険が存在すると考えられるのである。したがって，利用権を現物出資する場合には，たとえ現物出資者と会社との間に明文による合意がなくても，解約権の排除が必要となろう。もし，解約権が排除されないならば，このような利用権は，現物出資として会社に給付することができないことになる。つまり，利用権の現物出資は，あらかじめ確定された期間を前提とするということができ，現物出資者が解約によって利用権の確定期間に影響を与えることができないことが必要となるのである。

(2) 権利承継に基づく危険

また，利用権が現物出資されている会社の法的地位は，現物出資者が合意された利用期間の満了前に，基本権を喪失することによっても危殆化される可能性がある。ここでは，承継人である第三者との関係において，現物出資者が基本権の所有関係（Inhaberschaft）を喪失する場合として，次の2つの可能性が考えられる。すなわち，全財産の一部としての基本権が，包括承継により第三者に移転する可能性と，基本権の所有者としての現物出資者が，会社に対して利用権を給付した後も，特定承継の方法で当該基本権を第三者に譲渡する可能性である。

まず包括承継の場合についてみると，包括承継の本質は，承継人である第三者が，従前の所有者である現物出資者の権利義務の全部を譲り受けることにある。そのために，たとえば死亡の場合には，包括承継を規定するド民1922条に基づき，現物出資者から第三者に当該基本権に関する法的権限だけが移転するのではなく，同時に利用権については合意された期間内で会社に引き渡す義務も移転する。これにより，会社は，原則として，現物出資者に対する利用権限と同一の範囲内で引き渡された利用権を包括承継人に対して有することになる。したがって，処分要件を妨げうる特別な危険は，包括承継か

ら生じないと指摘されている[78]。

　これに対して，特定承継の場合には[79]，包括承継の場合と異なり，第三者が現物出資者の権利義務の全部を譲り受けるわけではない。利用権については会社が依然として現物出資者から取得している。しかしながら，現物出資者が現物出資の合意に反して，目的物に対する基本権を承継人である第三者に譲渡することになれば，これによってもはや会社が当該目的物に対する利用を継続できなくなる可能性を否定することはできない。この場合には，現物出資者が基本権を第三者に譲渡することよって生じる会社の利用不能について，当該会社が第三者に対して利用関係の継続を要求できないことに留意しなければならない。現物出資の合意に基づき利用権の現物出資者が基本権を有するので，現物出資者は単に第三者に対して基本権を譲渡するにすぎないが，基本権が譲渡されることによって会社が利用権を失う危険を有するのであれば，これは会社に対する現物出資の処分要件を侵害すると考えることができる。この場合には，当然に現物出資者の出資義務違反を想定することができよう。たとえ現物出資者が基本権を譲渡できない旨を定款に定めなかったとしても，また会社の利用権を留保してのみ，利用権の現物出資者は基本権を第三者に譲渡できるという内容の合意をしなかったとしても，現物出資の合意の目的から，会社が目的物を利用できるという結論を導き出すことができるとの見解もある[80]。しかし，実質的にみれば，やはり現物出資者の財産から分離しておらず，基本権の処分によって会社の利用権の存続に影響を及ぼしうることに鑑み，利用権の会社に対する処分要件を認めることはできないであろう。もっとも，利用権限を有する会社が，動産について第三者の返還請求にド民986条2項[81]による抗弁を主張できる場合のように，会社が法律上の規定に基づき自己の利用権限を基本権の取得者である第三者に対して主張でき，そのために，会社の利用権に対する法的地位に何ら危険が生じない場合には，契約上現物出資者の権限を制限する必要はない。

(3) 現物出資者に対する強制執行に基づく危険[82]

　利用権の現物出資者に対する債権者の強制執行の場合にも，基本権を譲渡

する場合と同様の危険が生じる場合がある。基本権が強制的に現物出資者の債権者のために換価される限りで，同様に会社の利用権に対する法的地位が侵害される可能性があるからである。たとえば，土地に対する利用権が会社に現物出資されるとともに，土地が会社に引き渡された場合，現物出資者の債権者による当該土地に対する差押えは，動産と異なり，土地が会社の占有にある場合でも可能であり[83]，会社は，強制競売によって土地に対する占有を現物出資者の債権者である買受人に引き渡さなければならない。この場合，会社の側からすれば，当然に引き渡される土地の利用が妨げられないことが重要であろう。したがって，この場合にも，上述した基本権を譲渡する場合と同様の危険が生じる可能性がある。その結果，会社の利用権が現物出資者に対する強制執行によって妨げられる場合には，会社は，利用権に対する処分要件を有しないと指摘されている[84]。

このように，現物出資者の財産から分離しているというためには，上述のような3つの危険が存在しないことが重要となる。すなわち，利用権が付与されることよって発生している会社の法的地位が，現物出資者の解約に基づく危険，権利承継に基づく危険ならびに強制執行に基づく危険によって侵害されない場合にのみ，現物出資者の財産からの分離（処分要件）を充足するのである。これとともに，現物出資の目的物がこれに必要な履行行為が実行され，法律上会社に給付されることによって，株式法36条2項1文，36a条2項1文に基づく処分要件を充足することになるのである。

第3節｜小　　括

以上のように，株式法は，現物出資として適格な目的物として，第一に，その経済的価値を確定でき（株式法27条2項），第二に，処分要件として会社が現物出資の目的物を終局的に自由に処分できること（株式法36条2項1文，36a条2項1文）を定めているが，これらの意義についてはいまだ明確でない。第一の経済的価値を確定できる現物出資の目的物の意義については，どのよ

うな基準により当該目的物が価値を保持しているかが法律上明確でないことが問題となる。これについて，ドイツの学説では，従前では貸借対照表計上能力が指摘されていたが，現在では，このことは重要ではないと考えられている。むしろ，たとえば現物出資の目的物に対する強制執行（追及可能性）のような法的側面を考慮に入れた上で，債権者に弁済提供の目的で供せられうる目的物が会社に提供されるかどうかが重要であり，これを基礎にした把握可能な財産的価値が重要であるとされる。この要件は，額面資本の機能に従って判断されることとなる。なぜなら，額面資本の拠出として適格であれば，額面資本の拠出に適格な金銭出資と同様の機能が現物出資にも認めることができるからである。この場合，額面資本の機能には，営業基金としての機能と責任基金としての機能があるが，とくに後者の責任基金としての機能により，現物出資目的物について債権者が追及可能でなければならない。事業が破綻した場合には，倒産管財人による第三者の側からの強制執行を前提とした「換価可能性」も重要であり，現物出資の目的物が，この状況において倒産管財人により換価され，その収益が会社債権者の弁済提供のために利用されうる場合にのみ，現物出資と金銭出資とが機能的に等価性を有すると考えられている。

次に，会社が処分要件を充足することが必要である。この要件は，現物出資に必要な履行行為の実行によって法律上会社に給付され，かつ現物出資の目的物が現物出資者の財産から分離されている場合に認められる。後者の前提を認めるためには，現物出資者に起因するすべての危険が除去されていなければならない。この場合の危険としては，上述のように，社員の解約に基づく危険，権利承継に基づく危険ならびに現物出資者に対する強制執行に基づく危険が考えられ，このような危険が存在すれば，現物出資目的物の評価に影響を及ぼすだけでなく，現物出資者の財産からの分離を妨げることになり，現物出資能力が阻害される結果になる。したがって，たとえば利用権の現物出資についていえば，現物出資者が合意された利用期間に利用権を解約できないこと，とくに特定承継と強制執行の場合において，たとえ基本権が

譲渡または強制執行されたとしても，会社が現物出資の目的物の利用権を失わないことが必要である。この場合にはじめて，会社が処分要件を充足すると考えられている。

このように，株式法上，現物出資の目的物が適格であるためには，以上の要件を充足する必要がある。この要件に関して，近年，実際にスポーツ団体がロゴ（Logo）等のライセンスを現物出資した事案において，連邦通常裁判所がその判断を示す機会を得た。しかしながら，連邦通常裁判所は，これまでの学説に取り組むことなく，これらの目的物も有益な現物出資であると説示したにすぎない。したがって，現物出資の要件を認定することが実際には容易でないことがうかがえる。そこで，以下では，この判例を中心に，ライセンス（実施権）が現物出資の目的物とされる場合，どのような問題が生ずるのか検討することにしたい。

(1) 本規定は，いわゆる「会社法の調整に関するヨーロッパ共同体理事会の第二指令(77/91/EWG, ABl. EG Nr. L 26 v. 31. 1. 1977)」の7条に基づき，1978年に国内法化されたものである（BGBl. I 1978, S. 1959）。これについては，第１編１章第３節の５を参照。
(2) Boehme, Kapitalaufbringung durch Sacheinlagen, insbesondere obligatorische Nutzungsrechte, 1999, S. 9.
(3) Boehme, a. a. O. (Fn. 2), S. 12；Hüffer, AktG, 4. Aufl., 1999, § 36a Rn. 5.
(4) Boehme, a. a. O. (Fn. 2), S. 12；Bork, Die Einlagefähigkeit obligatorischer Nutzungsrechte, ZHR 154 (1990), S. 205, 224；Hüffer, a. a. O. (Fn. 3), § 36a Rn. 5.
(5) Boehme, a. a. O. (Fn. 2), S. 13.
(6) Boehme, Sacheinlagefähigkeit von Lizenzen, Zugleich Besprechung des "adides" —Urteil des BGH v. 15. 5. 2000, GmbHR 2000, S. 841, 842.
(7) ドイツ商法246条１項の規定は，次のように定める（宮上＝フレーリックス『現代ドイツ商法典（第２版）』17頁（1993年，森山書店））。
「(1)年度決算書は，法律上別段の定めがない限り，すべての目的財産，負債，計算区分項目，費用および収益を計上しなければならない。目的財産で，所有権留保の下で取得されたもの，また自己債務もしくは他主債務のために質入れされたもの，またはこれとは別の方法で担保として移転されたものは，担保提供者の貸借対照表に収容されなければならない。ただし，現金による預け入れがおこなわれたときに限り，それは担保受領者の貸借対照表に収容されなければならない」。
(8) Vgl. LG Köln：Beschluß 24 T 6/58 v. 26. 2. 1959, GmbHR 1959, 133 f.；Haas, Gesellschaftsrechtliche Kriterien zur Sacheinlagefähigkeit von obligatorischen Nut-

zungsrechten, in: FS Döllerer (1988), S. 169, 177; Knobbe-Keuk, Obligatorische Nutzungsrechte als Sacheinlagen in Kapitalgesellschaften?, ZGR 1980, S. 214, 216 f.
(9) Eckardt, in: Geßler/Hefermehl/Eckardt/Kroppf, AktG, 1973-1984, §27 Rn. 8; Hüffer, a. a. O. (Fn. 3), §27 Rn. 21.
(10) Knobbe-Keuk, a. a. O. (Fn. 8), S. 217; Lutter in: Kölner Kommentar, AktG, 2. Aufl., 1995, §183 Rn. 10.
(11) Vgl. Pentz, Münchener Kommentar zum AktG, 2. Aufl., 2000, §27 Rn. 18.
(12) 資本拠出原則とは，定款または商業登記簿所定の資本が，事実的かつ終局的に拠出されることを確保する原則をいう（Vgl. Pentz, a. a. O. (Fn. 11), §27 Rn. 5.)。すなわち，発起人または株主は，現実に資本を自己の会社に提供しなければならず，これを確実にするのが，資本拠出原則の対象である。現物出資については法律上，たとえば株式法27条，32条2項，33条2項4号，34条1項および2項，36条2項2文（争いあり），37条4項2号，38条，40条，41条3項において，必要額の拠出を確実にする。
(13) Eckardt, a. a. O. (Fn. 9), §27 Rn. 8; Kraft in: Kölner Kommentar, AktG, 2. Aufl., 1988, §27 Rn. 14. なお，Knobbe-Keuk, a. a. O. (Fn. 8), S. 217 も，「貸借対照表に計上できない財産を出資する場合に，どのようにして物的会社の開業貸借対照表に計上すべきかが，まったく謎に包まれている」と指摘する。
(14) KGJ 44 A S. 146, 147; 45 A, S. 175. また，学説において，貸借対照表計上能力を肯定する見解としては，参照，Baumbach/Hueck, AktG, 13. Aufl., 1968, §27 Rn. 3; Eckart, a. a. O. (Fn. 9), §27 Rn. 8; Godin/Wilhelmi, Aktiengesetz vom 6. September 1965, Band Ⅰ, 4. Aufl., 1971, §27 Anm. 11; Haas, a. a. O. (Fn. 8), S. 177 f.; Müller-Erzbach, Handelsrecht, 2/3. Aufl., 1928, S. 262; Schlegelberger/Quassowski, Aktiengesetz vom 30. Januar 1937, 1937, §20 Rn. 4. なお，学説では，貸借対照表計上能力を現物出資能力の最低基準の要件とする見解もある，Vgl. Knobbe-Keuk, a. a. O. (Fn. 8), S. 217; Kraft, a. a. O. (Fn. 13), §27 Rn. 14; Lutter, Kapital, Sicherung der Kapitalaufbringung und Kapitalerhaltung in den Aktien-und GmbH-Rechten der EWG, 1964, S. 231 f.; Lutter, a. a. O. (Fn. 10), §183 Rn. 10.
(15) BGH II ZR 170/57 v. 16. 2. 1959, BGHZ 29, 300, 304＝NJW 1959, 934.
(16) Pentz, a. a. O. (Fn. 11), §27 Rn. 18.
(17) Vgl. BGH II ZR 170/57 v. 16. 2. 1959, BGHZ 29, 300, 304＝NJW 1959, 934; Baumbach/Hueck, GmbHG, 17. Aufl., 2000, §5 Rn. 23; Fischer in: Großkommentar AktG 1937, 2. Aufl., 1961, §20 Anm. 6; Hachenburg/Ulmer, GmbHG, 8. Aufl., 1992, §5 Rn. 32; Röhricht in: Großkommentar AktG, 4. Aufl., 1997, §27 Rn. 23; Wiedemann, in: Großkommentar AktG, 4. Aufl., 1995, §183 Rn. 31.
(18) Vgl. Baumbach/Hueck, a. a. O. (Fn. 17), §5 Rn. 23; Hachenburg/Ulmer, a. a. O. (Fn. 17), §5 Rn. 32; Röhricht, a. a. O. (Fn. 17), §27 Rn. 23.; Scholz/Priester, GmbHG, 8. Aufl., 1993/1995, §56 Rn. 10; Scholz/Winter, GmbHG, 9. Aufl., 2000, §5 Rn. 43.
(19) Vgl. Hachenburg/Ulmer, a. a. O. (Fn. 17), §5 Rn. 33; Lutter/Hommelhoff, GmbHG, 15. Aufl., 2000, §5 Rn. 14; Rittner/Schmidt-Leithoff in: Rowedder, GmbHG, 3. Aufl., 1997, §5 Rn 25; Röhricht, a. a. O. (Fn. 17), §27 Rn. 27.

第 2 章｜現物出資目的物の適格性　　197

⒇　これについて，Bork, a. a. O. (Fn. 4), S. 228 は，「強制執行の客体が債権者に提供されることは重要ではなく，「把握可能な財産的価値」が会社に提供される，つまり会社の固有財産を増加させ，その限りで会社がみずから活動しうる自己資金に還元することによって，債権者が保全される目的物が会社に提供されることが重要である」と述べる。

㉑　Vgl. Haas, a. a. O. (Fn. 8), S. 171；Knobbe-Keuk, a. a. O. (Fn. 8), S. 217.

㉒　Vgl. Hachenburg/Ulmer, a. a. O. (Fn. 17), § 5 Rn. 33.

㉓　たとえば，Baumbach/Hueck, a. a. O. (Fn. 17), § 5 Rn. 23 によれば，貸借対照表計上能力が決定的な基準ではなく，貸借対照表への計上は，拠出の前提とされた財産的価値の結果であると述べる。

㉔　Vgl. Boehme, a. a. O. (Fn. 2), S. 20；Bork, a. a. O. (Fn. 4), S. 209；Haas, a. a. O. (Fn. 8), S. 171；Hachenburg/Ulmer, a. a. O. (Fn. 17), § 5 Rn. 31；Knobbe-Keuk, a. a. O. (Fn. 8), S. 214；K. Schmidt, Obligatorische Nutzungsrechte als Sacheinlagen?, ZHR 154 (1990), S. 237, 245；Lutter, a. a. O. (Fn. 14), S. 231；Röhricht, a. a. O. (Fn. 17), § 27 Rn. 20；Steinbeck, Obligatorische Nutzungsüberlassung als Sacheinlage und Kapitalersatz, ZGR 1996, S. 116, 119；Scholz/Winter, a. a. O. (Fn. 18), § 5 Rn. 42.

㉕　Knobbe-Keuk, a. a. O. (Fn. 8), S. 215.

㉖　Bork, a. a. O. (Fn. 4), S. 209；Haas, a. a. O. (Fn. 8), S. 173.

㉗　Knobbe-Keuk, a. a. O. (Fn. 8), S. 222.

㉘　Knobbe-Keuk, a. a. O. (Fn. 8), S. 222；K. Schmidt, Gesellschaftsrecht, 3. Aufl., 1997, § 20 II 3 a), S. 573.

㉙　Boehme, a. a. O. (Fn. 2), S. 21；Bork, a. a. O. (Fn. 4), S. 209.

㉚　Boehme, a. a. O. (Fn. 2), S. 21.

㉛　Vgl. Boehme, a. a. O. (Fn. 2), S. 22；ders., a. a. O. (Fn. 6), S. 843；Haas, a. a. O. (Fn. 8), S. 172；Rohricht, a. a. O. (Fn. 17), § 27 Rn. 2. なお，K. Schmidt, a. a. O. (Fn. 24), S. 246 f.

㉜　Boehme, a. a. O. (Fn. 2), S. 25.

㉝　Boehme, a. a. O. (Fn. 6), S. 843.

㉞　Boehme, a. a. O. (Fn. 6), S. 844.

㉟　たとえば，Bork, a. a. O. (Fn. 4), S. 228 f.；Hachenburg/Ulmer, a. a. O. (Fn. 17), § 5 Rn. 35；Lutter, a. a. O. (Fn. 10), § 183 Rn. 13；Lutter/Hommelhoff, a. a. O. (Fn. 19), § 5 Rn. 19；Röhricht, a. a. O. (Fn. 17), § 27 Rn. 31；Scholz/Winter, a. a. O. (Fn. 18), § 5 Rn. 44 を参照

㊱　Barz in：Großkommentar AktG, 3. Aufl., 1973, § 27 Anm. 6.

㊲　Vgl. Bork, a. a. O. (Fn. 4), S. 228 f.；Haas, a. a. O. (Fn. 8), S. 175 f.；Röhricht, a. a. O. (Fn. 17), § 27 Rn. 30；Scholz/Priester, a. a. O. (Fn. 18), § 56 Rn. 10；Scholz/Winter, a. a. O. (Fn. 18), § 5 Rn. 44. なお，Barz, a. a. O. (Fn. 36), § 27 Anm. 6 は，差押可能性の要件に対して疑義を呈する。

㊳　Vgl. Döllerer, Das Kapitalnutzungsrecht als Gegenstand der Sacheinlage bei Kapitalgesellschaften, in：FS Fleck (1988), ZGR-Sonderheft 7, S. 35, 47. なお，Frey, Einlagen in Kapitalgesellschaften, S. 93 a. E. mit Fn. 75 も参照。

⑶⑼　Vgl. Röhricht, a. a. O. (Fn. 17), § 27 Rn. 31 ; Scholz/Winter, a. a. O. (Fn. 18), § 5 Rn. 44.
⑷⓪　Wiedemann, a. a. O. (Fn. 17), § 183 Rn. 31.
⑷⒈　Vgl. BGH II ZR 111/72 v. 27. 2. 1975, BGHZ 64, S. 52, 60 ; Barz, a. a. O. (Fn. 36), § 38 Anm. 5 ; Kraft, a. a. O. (Fn. 13), § 38 Rn. 8 ; Godin/Wilhelmi, a. a. O. (Fn. 14), § 38 Anm. 3 ; Scholz/Winter, a. a. O. (Fn. 18), § 9c Rn. 31.
⑷⒉　Boehme, a. a. O. (Fn. 2), S. 28.
⑷⒊　Vgl. Bork, a. a. O. (Fn. 4), S. 228 f. ; Döllerer, a. a. O. (Fn. 38), S, 47 ; Frey, a. a. O. (Fn. 38), S. 93 f.
⑷⒋　Boehme, a. a. O. (Fn. 2), S. 28.
⑷⒌　Boehme, a. a. O. (Fn. 2), S. 28.
⑷⒍　Boehme, a. a. O. (Fn. 2), S. 29.
⑷⒎　Vgl. Boehme, a. a. O. (Fn. 2), S. 29 ff. ; Brandes, Die Behandlung von Nutzungsüberlassungen im Rahmen einer Betriebsaufspaltung unter Gesichtspunkten des Kapitalersatzes und der Kapitalerhaltung, ZGR 1989, S. 244, 250 ; Hachenburg/Ulmer, a. a. O. (Fn. 17), § 5 Rn. 34 ; K. Schmidt, a. a. O. (Fn. 24), S. 251 ; Lutter, a. a. O. (Fn. 14), S. 232 bb) ; Lutter, a. a. O. (Fn. 10), § 183 Rn. 13.
⑷⒏　現物出資目的物に対する追及可能性の要件に関する議論については，Bork, a. a. O. (Fn. 4), S. 229, Fn. 124 ; Haas, a. a. O. (Fn. 8), S. 176 を参照。なお，Bork によれば，「債権者の利益は，会社財産を増加させる把握可能な価値が会社に提供されることで足り，この場合には出資の履行時期が重要である。このときに提供された価値が，事後の強制執行においてなお現存していることは，いずれにせよ，要求されえない。したがって，この場合に，たとえば利用権がすでに消滅しているかどうかは重要ではない。なぜなら，譲渡された機械も，すでに減価償却されている可能性があり，出資された現金は，支出されている可能性があるからである」と述べる。
⑷⒐　Boehme, a. a. O. (Fn. 2), S. 34.
⑸⓪　倒産手続における事業の継続については，Boehme, a. a. O. (Fn. 2), S. 40 ff. を参照
⑸⒈　Lutter, a. a. O. (Fn. 10), § 183 Rn. 13.
⑸⒉　同旨の見解として，Vgl. Haas, a. a. O. (Fn. 8), S. 175 f. ; Hans-Peter Müller, Differenzierte Anforderungen für die Leistung von Sacheinlagen in das Eigenkapital von Kapitalgesellschaften, FS Heinsius (1991), S. 591, 598, mit Fn. 33 f. ; Hüffer, Harmonisierung des aktienrechtlichen Kapitalschutzes. Die Durchführung der Zweiten EG-Richtlinie zur Koordinierung des Gesellschaftsrecht, NJW 1979, S. 1065, 1067 ; K. Schmidt, a. a. O. (Fn. 24), S. 251 ; Steinbeck, a. a. O. (Fn. 24), S. 122 f.
⑸⒊　Boehme, a. a. O. (Fn. 2), S. 44 ff.
⑸⒋　Boehme, a. a. O. (Fn. 2), S. 48 ff. 結論に同旨の見解として，Penné, Die Prüfung der Sacheinlagen nach Aktienrecht, 1984, S. 91 f. ; Wiedemann, Gesellschaftsrecht Ⅰ, § 10 Ⅳ. 2. a (2), S. 559.
⑸⒌　Wiedemann, a. a. O. (Fn. 54), § 10 Ⅳ 2 a (2), S. 559.
⑸⒍　Lutter, a. a. O. (Fn. 14), S. 50, 232 bb) ; Penné, a. a. O. (Fn. 54), S. 69 f., 91 f. ; Wiedemann, a. a. O. (Fn. 54), § 10 Ⅳ 2 a (2), S. 559.

⑸7 Boehme, a. a. O. (Fn. 2), S. 51.
⑸8 Boehme, a. a. O. (Fn. 2), S. 12.
⑸9 Hüffer, a. a. O. (Fn. 3), § 36a Rn. 5.
⑹0 Vgl. Bork, a. a. O. (Fn. 4), S. 224；Hüffer, a. a. O. (Fn. 3), § 36a Rn. 5；Lutter, a. a. O. (Fn. 10), § 188 Rn. 29, § 183 Rn. 12.
⑹1 Boehme, a. a. O. (Fn. 2), S. 52.
⑹2 Vgl. Barz, a. a. O. (Fn. 36), § 27 Anm. 3；Baumbach/Hueck, a. a. O. (Fn. 14), § 27 Rn. 5；Baumbach/Hueck, a. a. O. (Fn. 17), § 7 Rn. 10；Boehme, a. a. O. (Fn. 2), S. 52；Kraft, a. a. O. (Fn. 13), § 27 Rn. 11.
⑹3 これについて，たとえばウルマーは，「現物出資者は，出資によって現物出資の目的物に対する自己の権利を放棄しなければならず，もはや目的財産に対する影響可能性（Einwirkungsmöglichkeit）が残っていない場合」と述べる（Hachenburg/Ulmer, a. a. O. (Fn. 17), § 5 Rn. 37, Rn. 35）。また，クノッベ・コイクは，「金銭以外の出資は，拠出者の活動領域に起因する危険がもはや会社に存在しない場合にのみ，金銭出資と同価値なものとして判断されうる」と述べる（Knobbe-Keuk, a. a. O. (Fn. 8), S. 221）。さらに，ルッターは，「出資者が，財産的価値ある目的物を会社に提供しなければならない結果，当該目的物は，みずから会社の経済的な運命に参加する」と述べる（Lutter, a. a. O. (Fn. 14), S. 231）。
⑹4 K. Schmidt, a. a. O. (Fn. 24), S. 250；Scholz/Winter, a. a. O. (Fn. 18), § 7 Rn. 42.
⑹5 Vgl. Hachenburg/Ulmer, a. a. O. (Fn. 17), § 7 Rn. 53 f.；Hüffer, a. a. O. (Fn. 3), § 36a Rn. 5, § 36 Rn. 7 f.；Lutter/Hommelhoff, a. a. O. (Fn. 19), § 7 Rn. 14.
⑹6 Lutter, a. a. O. (Fn. 10), § 188 Rn. 29.
⑹7 K. Schmidt, a. a. O. (Fn. 24), S. 250；Lutter, a. a. O. (Fn. 10), § 188 Rn. 29.
⑹8 Boehme, a. a. O. (Fn. 2), S. 56.
⑹9 Boehme, a. a. O. (Fn. 2), S. 99；ders., a. a. O. (Fn. 6), S. 846.
⑺0 Vgl. Boehme, a. a. O. (Fn. 2), S. 99 f.
⑺1 Vgl. Baumbach/Hueck, a. a. O. (Fn. 17), § 5 Rn. 25；Bork, a. a. O. (Fn. 4), S. 225；Döllerer, a. a. O. (Fn. 38), S. 39 f.；Haas, a. a. O. (Fn. 8), S. 176, 181 f.；Hachenburg/Ulmer, a. a. O. (Fn. 17), § 5 Rn. 40；Scholz/Winter, a. a. O. (Fn. 18), § 5 Rn. 46；Steinbeck, a. a. O. (Fn. 24), S. 125.
⑺2 Boehme, a. a. O. (Fn. 2), S. 99.
⑺3 Vgl. Baumbach/Hueck, a. a. O. (Fn. 17), § 5 Rn. 25；Brandes, a. a. O. (Fn. 47), S. 247；Hüffer, a. a. O. (Fn. 3), § 27 Rn. 23；K. Schmidt, a. a. O. (Fn. 24), S. 254；Kraft, a. a. O. (Fn. 13), § 27 Rn. 26；Lutter, a. a. O. (Fn. 10), § 183 Rn. 19；Scholz/Winter, a. a. O. (Fn. 18), § 5 Rn. 46；Steinbeck, a. a. O. (Fn. 24), S. 125. なお，疑義を有する見解として，Bork, a. a. O. (Fn. 4), S. 211 ff.
⑺4 Vgl. K. Schmidt, a. a. O. (Fn. 24), S. 254. なお，期限付の利用権に制限するものとして，Bork, a. a. O. (Fn. 4), S. 212.
⑺5 Vgl. Boehme, a. a. O. (Fn. 2), S. 101 ff.
⑺6 Boehme, a. a. O. (Fn. 2), S. 102.
⑺7 Vgl. Bork, a. a. O. (Fn. 4), S. 216 Fn. 57；Döllerer, a. a. O. (Fn. 38), S. 43.

(78) Boehme, a. a. O. (Fn. 2), S. 102.
(79) Boehme, a. a. O. (Fn. 2), S. 102 ff.
(80) Vgl. K. Schmidt, a. a. O. (Fn. 24), S. 255.
(81) ド民986条2項は，次のとおりである。
　「第931条により返還請求権の譲渡によって譲り渡されている物の占有者は，新所有権者に対して，譲渡された請求権に対して自己に帰属する抗弁をもって，対抗することができる」。
　なお，ド民931条は，次のとおりである。
　「第三者が物を占有する場合には，所有権者が取得者に対して物の返還請求権を譲渡することによって，引渡しに代えることができる」。
(82) Vgl. Boehme, a. a. O. (Fn. 2), S. 109 ff.
(83) Vgl. Boehme, a. a. O. (Fn. 2), S. 150 f. 土地に対する強制執行は，ド民訴法869条，強制競売法20条，22条1項に基づき，強制競売命令に関する執行裁判所の決定およびその債務者への送達，もしくは決定の土地登記簿への登記で足りる。
(84) Boehme, a. a. O. (Fn. 2), S. 112.

第3章 利用権(とくにライセンス)の現物出資

第1節 連邦通常裁判所 2000 年 5 月 15 日判決(アディダス事件)[1]

　利用権のなかでも,ライセンスの現物出資が問題となったのは,連邦通常裁判所の 2000 年 5 月 15 日判決であり,その事案は次のとおりである。もっとも,本件は,主として現物出資による新株発行の引受において,株主の新株引受権の排除が問題となったものである。

　【事実の概要】　原告 X は,株主総会決議取消の訴えを提起した。これによって,1997 年 5 月 28 日の被告 Y 会社(アディダス)の株主総会決議に反対する。被告 Y 会社の取締役は,この決議において,監査役会の同意を得て,金銭出資または現物出資によって資本を最高 700 万マルクで増加し,かつその限りで株主の新株引受権を排除する権利が付与されている。金銭出資による増資には,従業員株が発行され,株主の新株引受権を排除した現物出資によって,当該取締役は,資本参加権,事業またはライセンスを取得することができる。取締役は,ライセンスの取得について国内外のさまざまなスポーツ団体とスポンサー契約の締結について交渉することが認められている。被告 Y 会社は,スポンサー契約に基づき,自社製品を商品化するに際して,当該スポーツ団体の著名な名称とロゴを使用することができる。ライセンスの許諾者であるスポーツ団体は,ライセンスの付与と引き換えに,被告 Y 会社の株式の付与を求めた。この場合の発行額は,会社と株主の利益,およびそれぞれの目的を考慮して,相当に確定されるとともに,すでに取引所で取引された株式の現在の取引所相場を下回るものではない。

これに対して，原告Xは，株式の発行と引き換えのライセンスの取得は，定款の第2条1号で定められた事業目的と一致せず，これにより被告Y会社に定款所定の事業目的以外の新たな営業分野を開くものであると主張するとともに，このようなライセンスの利用は，当該利用契約における利用の経済的な価値を確定するのが一般的に困難なので，出資の目的にすることができないと主張した。地方裁判所および控訴裁判所において原告敗訴。これに対して，Xが上告。

連邦通常裁判所は，ライセンスの現物出資について次のように理由づけて，原告Xの上告を却下した。

【判決要旨】「原告Xは，被告Y会社の株主総会決議が定款および法律に違反するだけでなく，株主総会がライセンスとの引き換えによる株式の発行，および取締役と監査役に株主の新株引受権を排除する権限を付与する決議について違法であるとして，被告Y会社の株主総会決議を取り消すことはできない。

上級地方裁判所は，被告Y会社が自社製品の商品化の過程で，スポーツ団体の名称とロゴとを使用する旨のライセンスの取得が，被告Y会社の定款第2条1号の意味における事業目的と一致しているという見解である。上級地方裁判所は，ライセンスの取得と使用が宣伝効果をあげ，被告Y会社の販売の機会，売上および利益の増加に寄与しうる補助的な営業とする。被告Y会社の定款第2条1号によれば，事業の目的は，スポーツおよび休暇に使用するための繊維および靴製品，器具，およびこれに付随する範囲の製品の製造と販売，ならびに登録商標である「アディダス」を利用することにある。たしかに，ライセンスの取得と利用とは，この営業分野に含まれないが，それらが独自に商品化されるとともに，被告Y会社の製品の商品化と無関係に，売上と利益の増加に寄与することになるならば，その営業分野の拡大とみなされなければならない。しかしながら，むしろ，被告Y会社は，事業目的に定められた制限内で製造され，販売される製品のための宣伝効果をあげるためにだけ，スポーツ団体の名称とロゴを使用する。これを通じて，被告Y会社は，自社製品の販売高を上げるとともに，売上と利益を増加させ

ることになる。したがって，ライセンスの取得と利用とは，被告Y会社製品の販売との関係では，上級地方裁判所の指摘のように，単なる補助的な営業にすぎない。」

「上級地方裁判所が，スポンサー契約から生じる諸権利を現物出資することができると認めたことは，正当である。株式法27条2項によれば，現物出資は，その経済的な価値を確定しうる目的財産だけを出資することができるが，役務の義務は，現物出資としてこれを給付することはできない。本件で予定されたスポンサー契約の対象は，スポーツ団体の著名な名称とロゴを使用することである。これにより，役務の給付についてではなく，単なる利用契約について合意が結ばれるにすぎない。したがって，このような内容のスポンサー契約から生じる諸権利の現物出資は，その諸権利が確定できる経済的価値を有するかどうかによる。これらの諸権利の時価は，権利の行使期間の間に資本化された利用価値から明らかになろう。諸権利の経済的価値を確定するためには，利用期間は，確定された有効期間または具体的に確定された最低期間という形で定められなければならない。この利用期間を確定できないならば，当然に経済的価値も算定することはできない。したがって，この場合には，諸権利の現物出資能力が否定されなければならないであろう。

取締役は，自社製品を商品化する際に，ライセンスのもとで，著名な名称とロゴの使用について国内外のさまざまなスポーツ団体とのスポンサー契約の締結について交渉することができると同時に，株式の付与と引き換えのライセンス契約の締結も必要であり，またこれが会社の利益になることは明らかである。しかし，この場合の諸権利の価値は，個別に評価されなければならない。つまり，その価値は，それぞれのスポーツ団体で営まれるスポーツ種目，著名性の程度やこれに関連する名声ならびに意義といった諸要因によるからである。さらに，この場合には契約の有効期間も重要であろう。

取締役は，自己の業務執行責任および業務執行の裁量の範囲内で，詳細にこれらを適切に検討しなければならない。ここでは，取締役の行為の余地が制限されることはない。株式法255条2項に基づく株式の発行額の確定も，授権決議によ

り何ら制限を設けない限りにおいて，取締役の任務である。」

第2節 | 本判決に対する学説の評価

　ライセンスなどの利用権の現物出資能力の問題については，これまで，船舶その他の什器類が使用貸借の方法で出資された1909年のベルリン高等裁判所の判決が，引用されるにすぎなかった。ところが，本件の「アディダス」判決によって，利用権の現物出資能力の問題に関する実際的意義が改めて証明されたと指摘されている。本判決においては，現物出資者以外の第三者との関係において，ライセンスが潜在的に現物出資者に帰属し，かつ当該現物出資者から会社に現物出資として給付できることについては問題ないことが認められる。しかし，現物出資者の目的物に対する利用権の現物出資（出資を目的とした名称とロゴのライセンスによる資本参加）については，なお詳細な考察が必要であるとされる。

　ところで，判決は，スポーツ団体の名称とロゴが，ドイツ商標法4条（以下，ド商標法とする）の意味における商標の対象であるかどうかについて認定していない。しかしながら，通常は，経済活動に参加しようとするスポーツ団体は，商標の登録によって（ド商標法4条1号），自己の著名な名称とロゴが保護され，またたとえ商標登録がなくても，商標の実施（Benutzungsmarke）がなされている（ド商標法4条2号）。これは，スポーツ団体の著名な名称とロゴの場合でも疑いないことである。この場合，実際的な意義があると考えられるのは，第三者に対してライセンスを付与することによって商標が利用される場合である。この状況のもとでは，金銭出資に代わって，商標のライセンス化を通じて現物出資を給付するということに利点が認められる。

　さて，本件におけるライセンスの対象が，専用ライセンスかまたは通常ライセンスとして現物出資されたかどうかについては明確でない。ライセンスには，通常，専用ライセンスと通常ライセンスがある。専用ライセンスとは，ライセンスの被許諾者に対して，容認された権利の範囲内で，ライセンス化

された権利を単独で行使する権限（物権的効力または準物権的効力）が付与されるものであるのに対して，通常ライセンスとは，第三者に対する排他的効力を有しない利用権が，ライセンスの被許諾者に付与されるにすぎないものである[6]。したがって，排他的な利用権限がライセンスの被許諾者に付与される専用ライセンスとは異なり，通常ライセンスは，単なる利用権が付与されるにすぎないことになる。通常ライセンスは，契約当事者間で契約上の関係に基づいてのみ相互に権利義務が存在する結果，債権的権利であるにすぎず，契約当事者間でのみ効力を有することになる[7]。このような効力の相違により，ライセンスを現物出資する場合にも，個別的な検討が必要であると考えられるが，この相違について本判決は明確に述べていない。本判決では，スポーツ団体の名称とロゴを利用し，かつその利用期限が確定している利用権は，株式法27条2項の意味における確定できる経済的価値を有し，したがって，当該利用権は現物出資することができる旨が述べられるにすぎない。この判旨からは，期限が確定した通常ライセンスが重要であることを推論させるにすぎず[8]，両者の区別がないことから，本判決は問題であると思われる。ただし，上述した判旨によれば，株式法27条2項の意味における確定できる経済的価値を認定できることには疑いない。したがって，「経済的価値を確定できる現物出資目的物」という第一の要件は充足するといえよう。しかしながら，利用権の現物出資について決定的な処分要件については，まったく言及されていない。ライセンスを出資する場合にも，処分要件の検討が必要であるにもかかわらず，この検討に言及していないことについて，本判決は問題であろう[9]。

　それでは，どのような場合に，会社がライセンスの処分要件を充足するかについて言及したい。処分要件を充足するには，上述のように，現物出資の履行行為の法的な効果および現物出資者の財産からの分離が必要であるが，前者は法律上の要件を履践するにすぎないので問題はない。しかし，後者の要件には詳細な検討が必要である。なぜなら，ライセンスの処分要件を充足するには，ライセンスの付与によって発生している会社の法的地位が，(1)現

物出資者の解約に基づく危険，(2)権利承継に基づく危険ならびに(3)現物出資者に対する強制執行に基づく危険から保護されている必要があるからである。この保護については，次のように判断できる。
(10)

(1) **現物出資者の解約に対する危険**[11]　まず，現物出資者が，出資したライセンスを解約によって終結させることができないことが必要である。現物出資者による解約は，ライセンスの経済的価値の確定もしくはその評価だけでなく，ライセンスの処分要件も阻害する可能性があるからである。したがって，ライセンスの合意期間または合意された利用の容認期間は，当該ライセンスの経済的価値を確定する際に考慮される本質的な評価要因にほかならないので，短期間で常に行使できる解約権がライセンスの現物出資者に認められるならば，ライセンスの経済的価値も存在しないし，また会社が処分要件を充足しないと考えられる。裁判所が，ライセンスの利用期間を確定できな[12]いならば，当然に経済的価値も算定することはできないと述べるように，ライセンスの確定期間なしには，出資の評価は不可能であると思われる。それゆえ，利用期間の間，現物出資者の解約権が排除されている必要がある。解約権が排除されていなければ，ライセンスの現物出資能力は否定される可能性が強いものと思われる。このことは，専用ライセンスと通常ライセンスとにおいて相違はない。

(2) **権利承継に対する危険**[13]　商標は，法律上これを譲渡することができる（ド商標法27条）。この譲渡は，譲渡以前に第三者に対して付与されたライセンスの効力に影響を及ぼさない（ド商標法30条5項参照）。これは，専用ライセンスと通常ライセンスの両者について妥当する[14]。これにより，会社に対して出資されたライセンスが法律上存続するので，ライセンス許諾者である現物出資者が事後に基本権を譲渡する場合でも危険は生じない[15]。これに対して，処分要件との関連では，現物出資者が，自己が有する基本権に基づき，とくに第三者に対する無償ライセンス，または有利な条件でのライセンスの付与を通じて，すでに会社に出資されたライセンスの価値を減少させる可能性を有することがある。ここでは，現物出資者またはその承継人による第三

者に対するライセンスの付与によって，出資された通常ライセンスの実際の価値が，現物出資として給付された価値と一致しないことが問題である[16]。それゆえ，現物出資者に起因する現物出資目的物の価値の下落という危険は，通常ライセンスについて，処分要件に対する障害になると同時に，現物出資能力自体に対する障害にもなると考えられる[17]。これに対して，専用ライセンスの場合には，このような価値の下落の危険は存在しない。なぜなら，ライセンスの許諾者たる現物出資者から第三者に対して事後に付与されたライセンスは，ライセンスの被許諾者たる会社に対して，そもそもその効力が生じないからである[18]。したがって，専用ライセンスを現物出資として認めることが権利承継に対する会社の保護であるともいえよう。

(3) **現物出資者に対する強制執行に基づく危険**[19]　通常ライセンスの場合には，当該ライセンスの現物出資者に対する債権者の強制執行のときにも，権利承継の場合と同様の危険が生じる場合がある。なぜなら，たとえライセンスが出資されたとしても，現物出資者が基本権を有することから，第三者にライセンスを譲渡することができるとともに（たとえば商標については，ド商標法27条），これを差押えることができ（ドイツ民事訴訟法857条1項，851条，以下，ド民訴法とする），第三者に譲渡することによってライセンスを換価することができるので[20]，当該ライセンスの価値が減少することになるからである。そうであるならば，会社のライセンスの存続には抵触しないけれども，ライセンスの処分要件が保証されたとはいえない[21]。さらに，ライセンスの出資者が倒産する場合も，ライセンスの処分要件が問題になる可能性がある。なぜなら，この場合でも倒産法の一般原則が妥当するが，ここでは倒産債権者としての会社は，単に当該ライセンスの評価価値を倒産債権として主張できるにすぎないからである（ド倒法1条，38条，45条）。また，このことは，専用ライセンスの場合にも妥当する。ライセンスの評価価値での倒産債権だけが会社に帰属するにすぎないならば，たとえその評価が専用ライセンスの場合において通常ライセンスよりも高額であっても，これは現物出資者に起因する危険であることに変わりはない。

以上のように，専用ライセンスと通常ライセンスは，上述の要件を充足する必要があるが，この場合，処分要件との関連において問題がある。なぜなら，会社は，権利承継に対する危険（通常ライセンスの場合）もしくは現物出資者に対する強制執行に対する危険（専用ライセンスおよび通常ライセンスの場合）を有するからである。したがって，処分要件の基準について理由づけが不十分な連邦通常裁判所の「アディダス」判決には問題があると指摘される[22]。本判決では，会社の取締役が，ライセンスの現物出資による資本増加についての授権決議を実行する場合の明確な基準を設定することが重要であったということができ，この基準が明確にされるかは，連邦通常裁判所の今後の判断を待たなければならないと指摘されている[23]。

第3節 その他のライセンスの現物出資能力

 以上の判例の検討を通じて，商標権に基づくライセンスが，株式法上，現物出資との関連で問題あることが確認されたが，次に，他の無体財産権のライセンスについても上述の考察が妥当するかについてみていくことにする。

 たとえば，特許や実用新案に基づくライセンスを現物出資する場合でも，株式法27条2項の意味における確定できる経済的価値を有する目的財産という要件を充足する必要がある。これについては，会社債権者のための責任基金の機能に基づき，会社の債権者がライセンスに対して追及することができなければならず，また事業が破綻した状況においては，会社の倒産管財人による第三者の側からの強制執行を前提とした換価可能性が重要となる[24]。これについて，前述の判例では，商標に基づくライセンスの期限が確定される場合に，当該ライセンスの経済的価値が確定されうるとする。これは，一方では期限の確定を基礎として，他方では商標は法律上譲渡できることにより（ド商標法27条），ライセンスが，ド民訴法857条に基づく強制執行を通じてか，または倒産の場合にはド倒法35条に基づき，換価されうることによって基礎づけられる。したがって，ライセンスの期限が確定されるとともに，譲

渡可能であることが必要といえる。他の無体財産権でも，譲渡は可能であるので(たとえばドイツ特許法15条1項，ドイツ実用新案法22条1項)，ライセンスの期限が確定されれば，この要件を充足するものと思われる。これは，専用ライセンスと通常ライセンスとの間で相違しない。これに対して，株式法36条2項1文，36a条2項1文の意味における処分要件については，商標の場合と同様に問題がある。なぜなら，権利承継に対する危険との関連において，上述の考察からも明らかなように，通常ライセンスについて現物出資者が有する基本権に基づき，とくに第三者に対する無償ライセンス，または有利な条件でのライセンスの付与を通じて，すでに会社に出資されたライセンスの価値が減少する可能性を有することが考えられるからである。特許や実用新案でも，商標と同様の問題があるものと思われる。

さらに，著作権との関係でも，とくに処分要件について問題があるものと思われる[25]。商標や特許または実用新案は，法律上譲渡可能であることから明らかように，これらは完全に独立した財産権として取引できるのに対して，著作権は，著作者が著作物について有する人格的利益を保護するための人格権的な性質[26]に基づき，著作者と結合していることから，著作物の利用について処分要件が制限される可能性があるからである[27]。これは，社員が著作権を有し，自己が有する専用利用権または通常利用権を現物出資する場合にも同様である。

たとえば，利用権は，著作者の同意でもってのみ，これを譲渡することができるにすぎない(ドイツ著作権法34条1項1文)。もっとも，著作者は信義誠実に反して同意を拒絶してはならない。この同意の要件は，個別的に著作者の利益と利用者の利益との比較衡量に基づいて判断されなければならないといわれるが[28]，これによって，利用権の譲渡は，相当な不安定性を有していると指摘されている[29]。さらに，利用権の所持人と著作者との間で相違する合意は許容されており(同法34条4項)，これとの関連において，専用利用権の所持人も著作者の同意をもってのみ第三者に通常利用権を容認することができる(同法35条)。もっとも，利用権の譲渡が，企業の全部譲渡または企業の一

部譲渡の範囲内で行われる場合には，著作権者の同意を要しない（同法34条3項）。このようなドイツの著作権法34条，35条から生じる同意に基づく制限も，現物出資能力の問題に重要となる。したがって，たとえば社員が著作権の所有者である場合には，会社は，社員との相応の合意を通じて，利用権に関する処分要件を充足することができる。

　このような制限以外でも，利用権は，確信の変更に基づく回収権（Rückrufsrecht wegen gewandelter Überzeugung）が著作者に付与されるという不安定性をともなっている（同法42条）。これによれば，著作者は，著作物がもはや自己の確信と合致せず，したがって，著作物の利用を期待しえない場合には，所持人に対して利用権を回収することができるのである。この規定は，著作者人格権の一つの現れにほかならない。この目的は，著作物の利用が，その間に生じた変更に基づき，もはや著作者の個人的な確信を反映しない場合には，著作者の人格によって特徴づけられた精神的創作の使用を阻止することにある[30]。この回収権は，芸術または学問の著作物が問題である場合にのみ行使することができるが[31]，あらかじめこれを放棄することはできないし，回収権の行使を排除することもできない。しかしながら，このような回収権に関する規制は，実際上ほとんど意義がないといわれる[32]。なぜなら，回収権の行使に際して，著作者は，利用権の所持人に対して相当な補償をする義務を有するからである。さらに，適用範囲も芸術または学問上のものに制限されることから，現物出資と関連して，確信の変更に基づく回収権によって問題になる可能性は少ない。しかしながら，たとえ補償義務を履行したとしても，著作物の利用自体に価値があるものと思われるので，このような回収権に基づく規制によっても，これが処分要件に対する障害になる可能性を否定できないであろう。

　このように，商標の場合だけでなく，その他の特許や実用新案または著作権についても，とりわけ処分要件との関連で問題があると思われる。この要件についても現物出資に関する法律上の要件であることから，この要件を充足しなければ，法律上，現物出資能力が否定されるといわざるをえない。

第4節│小　　括

　第1節でみた連邦通常裁判所の判決は，スポーツ団体の名称とロゴとのライセンスについて争われた事件であることは明らかである。連邦通常裁判所は，この判決を通じて，改めて利用権の現物出資の問題に取り組む機会を得たといわれている[33]。しかしながら，連邦通常裁判所は，これらのライセンスも適格な現物出資であると表明したにすぎない。法律上，現物出資は，経済的価値を確定できる目的物であり（株式法27条2項），かつ処分要件として会社が終局的に自由に処分できること（株式法36条2項1文，36a条2項1文）が必要である。これについて，連邦通常裁判所は，現物出資目的物の経済的価値の確定について述べたにすぎず，処分要件を検討しなかった理由づけが不十分であるとして，学説から批判されている[34]。したがって，連邦通常裁判所は，今後の判決で，この要件を明確にする必要があるものと思われる。

　学説では，ライセンスの現物出資という特殊性に鑑みて，とりわけ現物出資者に起因する3つの危険が指摘される[35]。ライセンスの現物出資も認めるならば，会社は，これら3つの危険から保護されていなければならず，これらの危険が除去されてはじめて，ライセンスの現物出資能力を認めることができるといわれている。また，ライセンスにも，専用ライセンスと通常ライセンスの区別があるが，危険によってはいずれかまたは両者が問題となることが明らかにされた。したがって，これらの区別も重要であると思われ，今後の判決でも，連邦通常裁判所はこの区別について慎重に認定する必要があると考えられる。

　また，無体財産権でも，商標，特許または実用新案等の完全に独立した財産権として取引できる無体財産権は，連邦通常裁判所で争われた商標と同等に評価できるのに対して，著作権については，同意要件ならびに著作権の人格権的性質を基礎とした確信の変更に基づく回収権のような問題も，処分要件との関連において問題となることが指摘できよう。これにより，今後の判

決では，各無体財産権の性質に配慮した現物出資能力の認定も必要であると思われる。

このように，株式法上，ライセンスを含めた無体財産権の現物出資についてまだ問題点があることから，今後のドイツの議論には注目されなければならないであろう。

(1) BGH II ZR 359/98, Urt. v. 15. 5. 2000, BB 2000, S. 1643＝DB 2000, S. 1392＝GmbHR 2000, S. 870＝NJW 2000, S. 2356＝WM 2000, S. 1340＝NZG 2000, S. 836＝WuB II A. § 27 AktG 1.00, S. 985 mit Anmerkung Ekkenga/J. Schneider＝ZIP 2000, S. 1162. 原審については，Vgl. OLG Nürnberg 12 U 1538/98, Urt. v. 14. 10. 1998, AG 1999, S. 381＝NZG 1999, S. 409 mit Anmerkung Behnke. 本件連邦通常裁判所の評釈としては，Boehme, Sacheinlagefähigkeit von Lizenzen, Zugleich Besprechung des "adidas"—Urteil des BGH v. 15. 5. 2000, GmbHR 2000, S. 841 ff.；Hirte, EWiR § 203 AktG 1/2000, S. 941；Pentz, Genehmigtes Kapital, Belegschaftsaktien und Sacheinlagefähigkeit obligatorischer Nutzungsrechte—das adidas-Urteil des BGH Besprechung des Urteils BGH NJW 2000, 2354, ZGR 2001, S. 901. を参照。なお，Henze, Die Rechtsprechung des BGH zu den Kapitalaufbringungsgrundsätzen im GmbH-und Aktienrecht, DB 2001, S. 1469, 1471.
(2) KG Berlin 1 a X 328/09 v. 30. 4. 1909, KGJ 38 A, S. 161. なお，本件では，この出資の価値は4万マルクで確定され，基本出資はこの金額を基礎に行われた。
(3) Boehme, a. a. O. (Fn. 1), S. 841.
(4) Boehme, a. a. O. (Fn. 1), S. 842.
(5) この区別については，Vgl. Benkard/Ullmann, PatG, 9. Aufl., 1993, § 15 Rn. 52 f.
(6) Vgl. Stumpf/Groß, Der Lizenzvertrag, 7. Aufl., 1998, S. 51 f. Rn. 36, S. 54 Rn. 39.
(7) Vgl. Stumpf/Groß, a. a. O. (Fn. 6), S. 54 f. Rn. 39.
(8) Boehme, a. a. O. (Fn. 1), S. 842.
(9) Boehme, a. a. O. (Fn. 1), S. 842.
(10) これについては，第2章第2節の2を参照。
(11) Vgl. Boehme, a. a. O. (Fn. 1), S. 846.
(12) Götting, Die Einlagefähigkeit von Lizenzen an Immatarialgüterrechten, AG 1999, S. 1.
(13) Vgl. Boehme, a. a. O. (Fn. 1), S. 846.
(14) Althammer/Ströbele/Klaka, Markengesetz, 5. Aufl., 1997, § 30 Rn. 12.
(15) Boehme, Kapitlaufbringung durch Sacheinlagen, insbesondere obligatorische Nutzungsrechte, 1999, S. 141 ff.
(16) Boehme, a. a. O. (Fn. 15), S. 143 f.
(17) Boehme, a. a. O. (Fn. 15), S. 144 f.
(18) RG I 165/33 v. 21. 3. 1934, RGZ 144, S. 187, 190.

⒆　Vgl. Boehme, a. a. O. (Fn. 1), S. 846.
⒇　Stein/Jonas/Brehm, ZPO, 21. Aufl., 1995, §857 Rn. 112, m. w. N.
(21)　Boehme, a. a. O. (Fn. 15), S. 151 f.
(22)　Boehme, a. a. O. (Fn. 1), S. 847.
(23)　Boehme, a. a. O. (Fn. 1), S. 847.
(24)　これについては，第2章第1節の3を参照。
(25)　Vgl. Götting, a. a. O. (Fn. 12), S. 7 f.
(26)　Schricker/Dietz, Urheberrecht, 2. Aufl. 1999, §42 Rn. 1.
(27)　Gotting, a. a. O. (Fn. 12), AG 1999, S. 6.
(28)　Schricker/Schricker, a. a. O. (Fn. 26), §34 Rn. 16.
(29)　Götting, a. a. O. (Fn. 12), AG 1999, S. 7.
(30)　Götting, a. a. O. (Fn. 12), AG 1999, S. 7 f. なお，Schricker/Dietz, a. a. O. (Fn. 26), §42 Rn. 1.
(31)　その結果，ド著法42条は，著作権法上保護されたコンピュータープログラムに対する利用権（ド著法69a条以下）については意義がないともいわれる（Gotting, a. a. O. (Fn. 12), S. 7, Fn. 67)。
(32)　Vgl. Schricker/Dietz, a. a. O. (Fn. 26), §42 Rn. 3.
(33)　Boehme, a. a. O. (Fn. 1), S. 841.
(34)　Boehme, a. a. O. (Fn. 1), S. 841.
(35)　Boehme, a. a. O. (Fn. 1), S. 845, 846 f.

第4章 結 語―日本法の検討―

第1節 ドイツ法の議論の要約

　以上の考察のように，本編では，現物出資の目的物の適格性に関するドイツの議論を紹介し，さらに，とくにライセンスを中心とした利用権の場合に，どのような問題点があるかについて検討した。以下では，全体を要約して，結びに代えることにする。まず，この検討を通じて，ドイツにおける現物出資能力については2つの要件を確認することができる。これについては，第一に，法律上確定できる経済的価値（株式法27条2項），第二に，処分要件としての終局的に自由な処分可能性（株式法36条2項1文，36a条2項1文）の2つの要件がある。この場合，前者の要件は，次のことが認められることによって充足するとされる。すなわち，従来の貸借対照表計上能力に代わって，営業基金および責任基金という額面資本拠出の2つの機能に着目し，とくに責任基金の機能から，まず債権者への弁済提供の目的に供せられる目的物が会社に給付されるかどうかを考慮する，把握可能な財産的価値を基礎として，次に債権者が目的物に対して追及可能であれば，現物出資と金銭出資との機能的等価性が認められるということである。これに対して，後者の要件については，現物出資に必要な履行行為の実行によって，法律上会社に給付されるとともに，現物出資の目的物が，現物出資者の財産から分離されている必要がある。この場合，現物出資者の財産から分離されているためには，現物出資者に起因する，解約に基づく危険，権利承継に基づく危険ならびに強制執行に基づく危険が除去されていなければならない。これらの危険が除去されることによって，後者の要件を充足すると説明される。このように，ドイ

ツにおいて，法律上現物出資能力を有するというには，以上の要件を充足していなければならない。

　次に，実際に名称やロゴのライセンスの現物出資が問題となった連邦通常裁判所の判決においては，とくに前者の確定できる経済的価値の要件について次のように判断された。すなわち，名称やロゴのライセンスの期限が確定されていることによって，この要件が充足するとされるのである。判旨では明確に述べられていないが，商標が法律上譲渡できることも（ド商標法27条），認定の基礎にあるものと思われる。ここでは，把握可能な財産的価値および現物出資と金銭出資の機能的等価性については言及されていないが，いずれにせよ，ライセンスの期限が確定されていることを基礎にこの要件を認めている。これに対して，後者の処分要件については，その判断を避けていることから，学説からの批判があり，学説はこの要件を判断するために，財産が現物出資者から分離されているための3つの危険の排除を指摘している。したがって，当該判決はまだ検討の余地があるといわれ，後者の要件については，今後の連邦通常裁判所の判断を待たなければならない。しかしながら，この判例を契機として，ライセンスなどの利用権を現物出資の目的物とする場合の問題について，今後活発な議論がなされるであろうから，判例の展開と学説の動向には留意しなければならない。その意味において，当該判決は示唆的であろうと思われる。また，上述したことは，名称やロゴなどの商標だけでなく，たとえば特許や実用新案などについても，同様に考察することができる。これに対して，著作権については，ドイツ法上，同意要件ならびに著作権の人格権的性質を基礎とした確信の変更に基づく回収権があることから，個別の考察が必要となる。

第2節｜ドイツ法からの示唆

　このことは，わが国においても，現物出資の目的物の適格性を判断する要素として，貸借対照表計上能力だけが法的に重要となるのではないこと，な

らびに主として現物出資者の財産から目的物を完全に分離させるために危険が除去されていることについては，今後わが国の適格性の判断に際して参考になると思われる。わが国の商法172条（280条ノ14第1項，177条3項，172条）が定める「出資ノ目的タル財産ノ全部ヲ給付スルコトヲ要ス」との関係において問題になると思われる。わが国においては，ベンチャー・ビジネスの起業の際などにライセンスなどの利用権を現物出資の目的物とする途は閉ざされていない。少なくとも客観的な算定基礎のない個性が強い目的物の場合には，ここで検討した問題および解決の方向が参考となろう。これに関しても，今後さらに検討することにしたい。

事 項 索 引

あ 行

IBH/General Motors 事件 …………148
IBH/Babcock 事件 …………………150
IBH/Lemmerz 事件 ……………102,153
預合 ……………………………………173
アディダス事件 ………………………201
隠蔽された現物出資設立 ………………63
ヴェーグマン …………………………122
ヴュルテンベルグ王国商法典草案 ……39
ウルマー ………………………………158
営業基金 ………………………………184
役務の給付義務 ………………………34
役務の出資 ……………………………181
エッシェルホイザー ……………………52
親会社の計算 …………………………142
親子会社関係 …………………………139

か 行

カールスルーエ …………………………81
会社債権者の追及可能性 ……………186
会社法の調整に関する第二指令施行法 …8
確信の変更に基づく回収権 …………210
隠れた現物出資 ……………………3,99
仮装払込 ………………………………171
過大評価 ………………………20,99,165
株式会社および株式合資会社に関する法律
  （株式法） …………………………25
株式合資会社 ………………………16,17
株式詐欺 …………………………………20
株式法，銀行監督および租税減免に関する
  緊急命令 ……………………………25
関係者間の合意 ………………………110
関係者の合意 …………………………146
機能的等価性 ………………………5,184
基本権 …………………………………190
救済条項 ………………………………15
共同相続関係 …………………………89
金銭出資 ………………………………99

緊密な関係にある者 …………………152
クヴァソヴスキー ………………………25
クノッペ・コイク ……………………121
グロス …………………………………158
経済監査士 …………………………96,112
経済社会委員会 ………………………37
経済的一体性 …………………………159
経済的価値を確定できる目的財産 …181
形式的準則主義 ………………………14
結合企業関係 …………………………144
検査役調査 …………………………2,6,119
現物出資規制の潜脱 …………………1,99
現物出資者に対する強制執行に基づく危険
  ……………………………………192,207
現物出資者の解約に基づく危険 …190,206
現物出資設立報告書 ……………58,63,124
現物出資の給付時期 …………………35
現物出資の実態 ………………………81
現物出資報告書 ………………………133
現物出資目的物の適格性 ……………4,5,181
権利承継に基づく危険 ……………191,206
故意の仕向け関係 ……………………140
個人主義的会社形式 ……………………51
固定資産 …………………………………90
ゴムバンド（Gummiband）判決 ……32
コンツェルン計算報告書 ……………144

さ 行

財産引受 ……………………………3,19,22,53
差額填補責任 ……………………………63
詐欺設立 …………………………………52
自己資本の代替的貸付 ………………144
自己資本ピラミッド …………………162
事後設立 …………………3,19,22,37,56,59,121
事後設立契約 …………………………32,55
事後増資 ………………………………168
実質的審査権限 ………………………77,93
実体的および時間的関連性 …………9,109,145
実用新案 ………………………………208

私的企業による公共鉄道の許可に関する基
　本条件 ……………………………………13
自動車 …………………………………………91
指導者原理 ………………………………25, 54
支配契約 ……………………………………142
支払の払戻 ……………………………107, 168
資本拠出原則 ………………………………182
資本参加関係 ………………………………143
資本増加 ………………………………………24
社会的結合関係 ……………………………161
終局的に自由に処分できる可能性 …4, 188
シュナイダー ………………………………156
シュレーゲルベルガー ………………………25
準則主義 ………………………………………18
商業登記簿への登記申請 …………………134
商標 ……………………………………1, 4, 179
商標の実施 …………………………………204
商標のライセンス ……………………………5
信託関係 ……………………………………143
人的関連性 …………………………144, 146, 169
責任基金 ……………………………………184
責任のストック ……………………………187
責任把握 ……………………………………161
設立検査役 ……………………………………35
設立費用 ………………………………………31
設立報告書 ……………………………………55
1861年普通ドイツ商法典 …………8, 12, 15
1870年の株式法改正 ………………………18
1884年の株式法改正 ………………………20
1892年の有限会社法 ………………………52
1897年の新商法典 …………………………23
1930年の株式法草案 ………………………25
1931年の株式法の一部改正 ………………25
1937年の株式法改正 ………………………25
1939年の有限会社法改正草案 ……………54
1965年の株式法改正 ………………………29
1969年4月1日の有限会社法参事官草案
　…………………………………………………57
1971年草案 ……………………………………60
1973年草案 ……………………………………60
1977年草案 ……………………………………60
1978年の会社法の調整に関する第二指令
　施行法 ………………………………………33
1980年の有限会社改正法 …………………61

専用ライセンス ……………………………204
相殺 …………………………106, 107, 167, 168
創造会社 ……………………………………166

た　行

第9委員会 ……………………………………21
第三者介在型の隠れた現物出資 …10, 139
第三者割当増資 ……………………………170
貸借対照表計上能力 …………………87, 182
ダイヤモンド ……………………………89, 96
脱法行為 ……………………………………139
ダルムシュタット国民銀行 …………………25
団体主義的会社形式 …………………………51
治癒 ……………………………………9, 119
治癒手続 ……………………………………132
著作権 ………………………………………209
追加払込義務 …………………………………58
通常ライセンス ……………………………204
鉄道会社 …………………………………12, 22
テレスコープ効果 ……………………157, 163
ドイツ普通商法典草案 ………………………14
ドイツ法学院 …………………………………25
登記手続期間 …………………………………93
特定承継 ……………………………………192
特別利益 ………………………………………31
特許 …………………………………………208
特許権 …………………………………169, 170

な　行

ニュルンベルグ委員会 ………………………14
認可主義 ………………………………………14

は　行

把握可能な財産的価値 ……………………183
ハイデルベルグ ………………………………81
ハンス・フランク ……………………………54
BuM/Genossenschaftsbank 事件 ……151
BuM 事件 ……………………………………104
飛行機 ……………………………………90, 96
秘密出資金 ……………………………………91
不当利得返還請求権 …………99, 111, 169
フランクフルター・アルゲマイネ保険会社
　…………………………………………………25
フランクフルト草案 …………………………14

プリースター …………………………123
フリードリッヒ・クラウジング ………55
フレヒトハイム …………………………28
プロイセン株式会社法 …………………13
プロイセン諸国商法典草案 ……………14
プロイセン鉄道企業法 …………………13
分離原則 ………………………………141
変態現物出資 …………………………175
変態設立事項 ……………………………26
包括承継 ………………………………191
発起人時代 …………………………20,52

ま 行

マンハイム ………………………………81
見せ金 …………………………………171
無額面株式法 ……………………………33
無体財産権 ………………………………88

や 行

要式合意 ………………………………189
ヨースト ………………………………157
予防条項 …………………………………22

ら 行

ライセンス …………………………179,201
ラルフ・リュール ……………………9,81
利益供与契約 …………………………142
利益配当払込方式 …………………64,107
流動資産 …………………………………90
利用期間 ………………………………203
利用権 ……………………………10,179,201
ルッター ………………………………156
ルッターとゲーリング ………………121
ロゴ ……………………………………195

著者紹介

久保　寛展（くぼ　ひろのぶ）

　略　歴
1973年　大阪府和泉市生まれ
1996年　京都産業大学法学部卒業
1998年　同志社大学大学院法学研究科博士課程前期課程修了
2000年　ドイツ学術交流会（DAAD）の奨学生としてドイツ・ハンブルグ大学法学部に留学（2001年9月まで）
2003年　同志社大学大学院法学研究科博士課程後期課程修了〔博士（法学）〕
現　職　福岡大学法学部専任講師

主な研究業績

・「欧州市場濫用指令の動向について」福岡大学法学論叢第48巻第3・4号（2004）
・「ドイツ第4次資本市場振興法に基づく相場操縦規制の改正」同志社法学第55巻第7号（2004）

ドイツ現物出資法の展開

2005年3月31日　初版第1刷発行

著　者　　久保寛展
発行者　　阿部耕一

〒162-0041　東京都新宿区早稲田鶴巻町514
発行所　　株式会社　成文堂
電話 03(3203)9201（代）　FAX 03(3203)9206
http://www.seibundoh.co.jp

製版・印刷　三報社印刷　　　製本　佐抜製本
☆乱丁・落丁本はおとりかえいたします☆
© 2005　H. Kubo　　　Printed in Japan
ISBN 4-7923-2459-9　C 3032　**検印省略**

定価（本体 4000 円＋税）